图解

中国通史

文森◎编

中国华侨出版社

·北京·

图书在版编目（CIP）数据

图解中国通史 / 文森编. — 北京：中国华侨出版社，2018.3（2025.5重印）

ISBN 978−7−5113−7486−8

Ⅰ.①图… Ⅱ.①文… Ⅲ.①中国历史—通俗读物 Ⅳ.①K209

中国版本图书馆CIP数据核字（2018）第023296号

图解中国通史

编　　者：文　森

责任编辑：张亚娟

封面设计：阳春白雪

经　　销：新华书店

开　　本：720毫米×1040毫米　　1/16　　印张：18　　字数：270千字

印　　刷：唐山玺鸣印务有限公司

版　　次：2018年5月第1版

印　　次：2025年5月第2次印刷

书　　号：ISBN 978−7−5113−7486−8

定　　价：65.00元

中国华侨出版社　北京市朝阳区西坝河东里 77 号楼底商 5 号　邮编：100028

发 行 部：（010）88866779　传　真：（010）88877396

如发现印装质量问题，影响阅读，请与印刷厂联系调换。

前　言

　　历史蕴含着经验与真知，它记录了人类社会的成功与失败、兴盛与衰退、辉煌与悲怆、交替与更新，也预示着人类的未来。

　　面对风云变幻、飞速发展的当今世界，只有了解历史，才能更好地把握现在，充实人生，创造未来；只有借鉴历史，才能更好地完善自己，充实人生；只有学会反思历史，才能更好地认清未来。

　　中国是一个拥有五千年灿烂文明史，充满生机与活力的泱泱大国。中华文明源远流长，历史曲折而厚重，其间发生的历史事件、出现的历史人物错综复杂、头绪繁多，要从总体上把握中国历史的发展进程并不是一件容易的事情。相应地，研究者们出版了各种典籍，有的写专门化、不同主题的历史，有的写不同朝代的历史，出现了当代历史研究中的细化和碎片化现象，使得普通读者望而生畏，很难找到入门之捷径，对中国历史的面貌缺乏清晰的认识。针对这种情况，有学者创建了"通史"这种体例，即在一定的历史观的指导下，通过精练的文字连贯地记叙各个时代的史实，涉及重大历史事件、杰出历史人物和多领域的文化等，内容广泛，对中国历史进行现代诠释，体现出贯穿人类历史的线索，能给人一种整体的认识。

　　为了帮助读者在较短时间内了解中国历史进程，丰富知识储备，我们精心编撰了这部《图解中国通史》，以时间为序，分为六大篇章，精彩扼要地勾勒出中国历史演进的基本脉络，系统地介绍了中国历史上的重大事件、风云人物、辉煌成就等内容，力求在真实性、趣味性和启迪性等方面达到一个新的高度，并通过科学的体例，全方位、新视角、多层面地阐释中国历史。为读者提

供想知道的、需要知道的、应该知道的中国历史知识，帮助读者从宏观上把握中国历史，进而掌握人类发展的内在规律。

本书还精心选配了各种内容涵盖面广、表现形式丰富的图片，包括出土文物、历史遗迹、战争示意图、名人画像等，与文字内容互为补充与诠释，使读者仿佛置身于一座真实立体的历史博物馆，更加直观地了解中国历史。简洁精要的文字，配以多元化的图片，打造出一个立体直观的阅读空间，使读者获得图与文赋予的双重享受。

本书所选取的人物和事件，在保证史料可靠的基础上，力求做到通俗易懂、生动活泼，通过浅显易懂的文字还原历史真相，不戏说、不恶搞，适于想要快速了解中国历史的一般读者阅读。

历史蕴含着经验与真知。在这里，我们用一本书来解读中国历史，将鲜活的历史人物、丰富的多元文化呈现于读者面前。阅读本书，读者可以在轻松愉悦中了解人类历史发展的进程，增长知识和提高胆略，提升历史修养，进而用世界胸怀和历史眼光更好地把握现在，展望未来。

目 录

隋·唐·五代

宋·元·明·清

远古·夏商·西周

远古文明

远古人类

　　人类历史究竟应该从哪儿说起呢？在科学比较发达的今天，我们已经知道，人类最早的祖先是一种从古猿转变而来的猿人，这种认识可以从地下发掘出来的化石得到证明。

　　从我国科学工作者在祖国各地先后发掘出的猿人遗骨和遗物的化石中可以看出，我国境内最早的原始人，是距今有170万年的云南元谋人。另外，还有80万年前的陕西蓝田人、四五十万年前的北京人。

　　约170万年前，云南元谋地带是一片宽广的亚热带草原和森林。先有枝角鹿、爪蹄兽等第三纪残存的动物在这里生存繁衍。再往后推一段时间，则是桑氏鬣狗、云南马等早更新世的动物出现在这片草原和森林。它们大多数是食草类野兽。为了生活下去，元谋人便使用粗陋的石器捕猎它们。在元谋上那蚌村附近的早更新世地层中，元谋盆地内暴露的695米厚、共4段28层的河湖沉积而形成的地层里，发现了两枚上内侧门齿化石。经过考古学家们检测，这两枚牙齿属于170万年前的一个原始人，男性，大约30岁。它确证了中国人的历史起源和存在。在发现这两枚牙齿化石的同时，从褐色黏土层中出土的还有7件元谋人制造和使用的刮削器与脉石英石核。从这一古迹遗址中，我们看到了中华文明的萌芽。

　　又过了几十万年，也就是80万年~75万年前，

北京人背鹿像

·金牛山人·

1984年，临近渤海的营口永安乡金牛山的一个洞穴中发现了一具比较完整的男性头骨和体骨。据考证，其年代距今28万年，这就是"金牛山人"。他们是迄今东北地区发现最古老又较完好的人类化石。同时与金牛山人化石共同发现的遗物有骨器、打制石器、烧骨和灰烬，这一切表明，此为东北旧石器时代较早期的文化遗存。

此外，该遗迹还出土了大量动物化石，如剑齿虎、肿骨鹿、梅氏犀、大河狸、三门马等，多达70种，很多是绝灭了的古老种属。其中如犀、鹿、熊等，曾是金牛山人的猎物。当继续往下掘至洞中的第七、第八层堆积，更进一步显示了当年金牛山人群居洞穴、肢解动物、围火烧烤、敲骨吸髓的生活场面。再往下挖掘发现的动物烧骨和敲碎的肢骨、一堆堆燃尽的灰烬，估计年代已超过30万年了。这一片遗址真是一部原始人类遗留于地下的无字史书。

在今陕西省蓝田县公王岭地带，生活着一些原始人类。他们低平的前额上，明显地隆起粗壮的眉脊骨。他们打制的石器比较简单，又粗又大，但仔细一看，却发现已经有不同类型石器分工的迹象。这就是著名的蓝田人。他们的化石于1963～1965年在陕西省蓝田县公王岭更新世早期地层中被发现。考古学家研究表明，蓝田人比后来的北京人大脑容量要小一些，大约有778毫升。但是有一点却引起了人们的关注，那就是他们已经能完全直立行走，而且这是已发现的亚洲北部最早的直立人。这个发现的意义十分重大，因为直立起来是成为人的重要标志。

后来出现的北京人，他们的体质结构已经构成了人的基本特征，但仍然残存着某些猿类的性质。他们的身材矮小，男性平均身高只有1.558米左右，女性平均身高约1.435米。他们和现代人相比较，面部稍短而嘴巴特别前伸，看不见下颌，前额比现代人低平，有点向后倾斜。他们的脑壳比现代人厚，大约是现代人的一倍。头盖下部膨大，上部收缩。平均脑容量是1075毫升，仅仅是现代人平均脑容量的75%，但是，他们比现代类人猿的平均脑容量大一倍以上，类人猿的脑容量只有415毫升。

北京猿人已经能够制造和使用工具，他们使用的工具有骨器、木器，更多的还是石器。考古学家们以北京猿人制造和使用的工具为依据，证明他们跟动物有了本质上的区别，已经具备了人类的某些特征。

北京猿人还有一个更为进步的举措是已经会人工取火，这是一个确凿无

疑的事实。在北京人居住过的洞穴中发现了厚达数米的灰烬层，说明篝火在这里连续燃烧的时间很久，也说明北京人已经懂得保存火种，不需要火时用灰土盖上，使火阴燃，到下次要用火时，扒开灰土，添上草木，经风一吹便能引燃。灰烬中被火烧过的石块、兽骨和朴树籽，则证明北京人已经能使用火烧熟食物。

几十万年过去了，猿人在同大自然的斗争中进化了。人类进入石器时代，分为旧石器时代和新石器时代。马坝人和丁村人同属于旧石器时代中期，他们在早期智人中很有代表性。马坝人遗址残存于今天广东曲江马坝圩狮子岩洞穴中，所发现的头骨资料表明，"马坝人"的脑容量大约为1225毫升，顶骨前突处厚度薄于"北京人"，比现代人约厚7毫米。汾河中游临汾宽谷的南端是丁村人遗址，即现在山西汾河流域襄汾丁村等地，"丁村人"的人骨化石已有明显的进步，其中一点是顶骨较薄。他们的门齿舌面呈铲状，和后来的黄种人相似，臼齿的咬合面纹理结构介于直立人与现代人之间。以丁村、马坝石器时代中期文化与早期文化进行比较，其差别主要表现在打制石器技术不断提高，石器的形状比较规整，类型比较明确，种类也有所增加，表明当时的技术和生产水平较旧石器早期有所提高。在丁村文化遗址中还发现了一些鱼类和软体动物的遗存，说明丁村人除以狩猎为主要生存方式外，捕鱼也提供了重要的食物来源。此外，我们从遗迹中发现，在北京周口店龙骨山的山顶洞穴里生活的原始人，已经和现代人没有区别。我们把他们称为"山顶洞人"。

山顶洞人的劳动工具同以前使用的工具相比，在质量上有很大提高。他们不但能够把石头打制成石斧、石锤，而且还把野兽的骨头磨制成骨针。

山顶洞人过着群居生活，但他们的群居生活已经按照血统关系固定下来，彼此之间都有血缘关系。每个成员都有着共同的祖先，于是产生了原始人群。后来，又逐渐演变为氏族公社。

黄帝战蚩尤

大约在5000年以前，在我国黄河、长江流域一带生活着许多部落。传说以黄帝为首领的部落最早住在今陕西北部的姬水附近，后来沿着洛水南下，东渡黄河，在河北涿鹿附近定居下来，开始发展畜牧业和农业。

与黄帝同期的另一个部落首领叫作炎帝，当他带领部落向东发展的时候，碰到一个极其凶恶的九黎族的首领蚩尤。传说蚩尤有81个兄弟，全是猛兽的身体，铜头铁额，凶猛无比。他会铸刀造戟，还经常带着他的部落到处侵扰，闹得周围部落不得安宁。炎帝部落定居山东后，经常受到蚩尤的侵扰，炎帝几次起兵抵抗，但不是蚩尤的对手，被打得一败涂地。

炎帝像

炎帝即神农氏，曾遍尝百草为人治病，晚年在南巡途中因误尝毒草而身亡，死后葬于长沙茶乡之尾。

黄帝像

传说黄帝时候开始种植五谷，养蚕缫丝，裁制衣裳，制作弓箭，制造舟车等。

炎帝战败后，带领他的部落逃到涿鹿，请求黄帝帮助复仇。黄帝早就想除掉蚩尤这个祸害，就与炎帝联合起来，并联络其他一些部落，召集人马，在涿鹿郊外与蚩尤展开了一场殊死决战。

蚩尤也称得上一代枭雄，自不甘示弱。他集结所属81个支族，又联合巨人夸父部族和三苗一部，在兵数上已占据优势，又挟战胜炎帝之余威，并依仗精良的武器装备，气势汹汹地向黄帝扑来。黄帝临危不乱，率领以熊、罴、貔、

黄帝战蚩尤图

貅、貔、虎等为图腾的氏族部众迎击蚩尤。黄帝还利用位居河上游的条件，令大将应龙"高水"，即在河上筑土坝蓄水，以抵御蚩尤的攻势。

当时正值浓雾弥漫，大雨倾盆，这很适合来自东方多雨环境的蚩尤族开展军事行动。蚩尤适时利用天气变化，不断偷袭黄帝军得手，于是得意忘形，趾高气扬，认为不多时黄帝就不得不束手就擒了。

黄帝陵冢

黄帝陵位于陕西省黄陵县城北的桥山上。

黄帝毕竟不是等闲之辈，他知道恶劣气候不是己方进攻的时机，就主动避敌锋芒，井然有序地组织后撤，因而保存了实力。不多久，风云突变，雨过天晴，黄炎联军反败为胜的契机来了。黄帝当机立断，一声令下，大将常先、大鸿从正面开始了反攻。

黄帝又利用狂风大作、飞沙走石的天时，命风后、王亥把经过训练的300匹火畜组成一支"骑兵"，朝蚩尤军心脏长驱直入。黄帝还准备了80面夔牛大鼓，趁风沙弥漫之时擂鼓吹号以震慑敌人。

突如其来的反攻让蚩尤猝不及防，其军队开始自相践踏、慌不择路，终于陷入崩溃，节节败退。蚩尤无心恋战，向南逃跑；而粗犷骄横的夸父不承认失败，率本部奔大鸿军杀来。忽然一阵狂风，夸父眼中进了沙子，大鸿自不肯放过制敌机会，拦腰砍伤夸父，夸父军四散奔逃。

黄帝身边众多谋臣一再进言不可放走蚩尤，黄帝采纳群臣意见，联合炎帝族和玄女族紧追蚩尤，在冀州之野将之包围。黄帝命令擂鼓击钟，蚩尤军被钟鼓声震得耳聋眼花、溃不成军。

蚩尤落荒南逃，被黄帝擒获并杀于野外。刑天及蚩尤的部下把蚩尤的尸体偷运到河南濮阳西水坡秘密下葬，下葬的日期相传是正月初八。不久刑天与黄帝大战，因寡不敌众被黄帝斩首，但刑天的尸身不倒，他的两乳变成双目，肚脐变成了嘴巴，继续舞动兵器战斗。夸父则在潼关被应龙万箭齐发射死，鲜血染红了潼关。黄帝取得了对九黎族的决定性胜利，九黎族这一支力

· 黄帝与中医起源 ·

《黄帝内经》是我国现存最早的一部中医理论专著，相传是黄帝与岐伯、雷官等六臣讨论医学的论述。《黄帝内经》将阴阳五行等哲学思想用于解释人体之生理、病理，形成了人与自然紧密关联的基本认识。在解释具体问题时，以脏腑、经脉为主要依据；在治疗方面，针灸多于方药。《黄帝内经》在我国中医史上，以其不可替代的四个最早（最早建立医学理论体系，最早研究和描述人体的解剖结构，对人体血液循环最早认识，最早总结针灸、经络的理论和实践），为我国的中医发展做出了杰出的贡献。

量融入炎黄族中。

黄帝、炎帝打败蚩尤后，同盟关系破裂，两个部落战于阪泉，即阪泉大战。经过三次艰苦卓绝的战争，黄帝战胜炎帝。炎帝部落的共工与黄帝的战争失败，一怒之下用头碰撞不周山，从此天地西北高、东南低。这次战争后，黄帝向南发展，经过52次战争后天下归附，黄帝由此成为黄河中下游部落联盟的大盟主。公元前2698年，黄帝在釜山会盟并取代神农氏登上帝位。

传说中，黄帝还是一个大发明家，他不仅发明了在地面上建房屋，还发明了车、船和制作衣裳，等等。这当然不会是他一个人发明的，黄帝只不过是个带头人罢了。传说他的妻子嫘祖亲自参加劳动，也有一些发明，养蚕缫丝就是她的功劳。相传，嫘祖在一片桑树林里发现满树结着白色的小果，观察了好几天，才弄清这种白色的小果是一种虫子口吐细丝绕织而成的。她把此事报告给黄帝，并要求黄帝下令保护本国山上所有的桑树林。从此，在嫘祖的倡导下，人们开始了栽桑养蚕的历史。后世人为了纪念嫘祖这一功绩，就将她尊称为"先蚕娘娘"。

黄帝为创造远古时代的文明立下了汗马功劳，在后代人的心目中占有极其重要的地位，所以人们都尊黄帝为中华民族的始祖，自己是黄帝的子孙。因为炎帝族和黄帝族原来是近亲，后来融合在一起，所以我们常常把自己称为炎黄子孙。

尧舜禅让

传说在黄帝之后，出了三个很有名的部落联盟首领，名叫尧、舜和禹。

他们原来都是一个部落的，先后被推选为该部落联盟的首领。

尧是我国古代传说中一位著名的贤君。相传帝喾是黄帝的曾孙，为五帝之一，号高辛氏。有四妻四子，死后葬于今商丘市的高辛集。而尧就是帝喾之子，原封于唐，又称唐尧。相传尧继帝位时21岁（一说16岁），以平阳（今山西临汾）为都城，以火德为帝，人称赤帝。他性格仁慈，十分聪明，年轻有为，

尧帝像

当上天下共主后，也不因此而骄横傲慢。他勤于政事，很少休息，礼仪简单，生活俭朴，绝不浪费百姓的一分一毫——他只吃用陶簋盛的粗饭淡汤。尧为了人民尽心尽责，但他的儿子丹朱却是个不肖之子。尧不愿意传位给儿子，就时常留心天下贤人，准备将帝位禅让给他。在尧让位给舜之前，尧听说许由是一位很贤能的人。于是，他派人把许由找来，并想将帝位让给他。许由推辞道："您在帝位，人民满意；您治理天下，天下安定。而我还来代替您，这是为什么呢？您知道，小鸟在树林里筑巢，所需的不过是一枝而已；鼹鼠到河里去饮水，它所需的也不过是果腹而已。我的君主，请收回您的打算。我现在能为百姓做一点事就足矣，我要天下做什么呢？厨子即使不到厨房里去，主祭的人也不会越位去代替他烹饪。现在，您就是丢下天下不管，我也决不会代替您去治理天下。"后来，尧召集四方部落首领来商议，到会的人一致推荐舜。

尧听说舜这个人很好，便让大家详细说说舜的事迹。大家便把了解到的情况说给尧听：舜有个糊涂透顶的父亲，人们叫他瞽叟（就是瞎老头儿的意思）。舜的生母死得早，后母心肠很坏。后母生的弟弟名叫象，极其傲慢，而瞽叟却很宠他。生活在这样一个家庭里的舜，待他的父母、弟弟都很好。因此，大家认为舜是个德行好的人。

尧舜禅位图

尧听了挺高兴，便把自己两个女儿娥皇、女英嫁给舜。为了考察舜，又替舜筑了粮仓，分给他很多牛羊。舜的后母和弟弟见了，非常妒忌，便和瞽叟一起用计想暗害舜。

有一次，瞽叟叫舜修补粮仓的仓顶。当舜沿梯子爬上仓顶时，瞽叟就在下面放了一把火，想把舜烧死。舜在仓顶上一见起火，想找梯

壁画中宁静的尧舜时代

《史记》载，舜在20岁时就以孝闻名。30岁时，尧询问可用的人才，四岳诸侯都推荐舜。经过长期的考察，尧对舜很满意，就把帝位禅让给了舜。

子下来，却发现梯子已经被人拿走了。幸好舜随身带着两顶遮太阳用的笠帽。他双手拿着笠帽，像鸟一样张开翅膀跳下来。笠帽随风飘荡，舜安然无恙地落在地上。

瞽叟和象不甘心失败，他们又叫舜去淘井。舜跳下井去后，瞽叟和象就在上面向井里扔石头，想把舜埋在井里面。但是舜下井后，在井边挖出一个通道，从通道中钻了出来，又安全地回家了。

从此以后，瞽叟和象不敢再暗害舜了。舜还是像过去一样和和气气对待他的父母和弟弟。

尧听了大家的介绍后，又对舜进行了一番考察，认为舜确是个众望所归的人，就把首领的位子让给了舜。这种让位方式，历史上称为"禅让"。

舜担任首领后，又俭朴，又勤劳，跟老百姓一起参加劳动，大家都信任他。过了几年，尧死了，舜想把部落联盟首领的位子让给尧的儿子丹朱来担任，但是遭到众人的一致反对。舜才正式成为部落联盟的首领。

大禹治水

尧舜禹禅让说的是上古时代华夏族的三个首领尧、舜、禹之间以"让

贤"的原则依次传承"天子"位的故事。当时的"天子"乃是部落联盟首领，实行民主推选制度。不过，对于尧舜禹禅让的真实性，历代都有人表示怀疑，不管其真假，作为历史事件来说，尧舜禹的"禅让"代表了华夏民族在原始社会的尾声，其后华夏民族便进入了更加高级的文明时期。

在尧担任首领期间，黄河流域经常发生水灾，良田沃土，房屋牲畜，都被淹没。这时居住在崇地的一个名叫鲧的部落首领，奉了尧的命令去治理洪水。鲧用了将近9年的时间治理洪水，不仅没有制伏洪水，反而使洪水闹得更大、更凶了。鲧只知道筑造堤坝挡住洪水，却不知道疏通河道，后来，堤坝被洪水冲垮了，灾情便越来越严重。

舜接替尧担任部落联盟首领后，发现鲧的工作失职，便杀了鲧，并让鲧的儿子禹去治理洪水。

夏禹王像

禹，传说中夏朝的第一个王，鲧之子。因禹治水有功，舜让位于他。在他死后，其子启即位，从此开始了王位的世袭制。

禹汲取了父亲治水失败的教训，把以堵为主改为以疏为主。他偕同益、稷二人带领工人四处考察，立了许多标记，最终得出治水方案。他认为黄河水患最严重，其次是济水、淮水和长江。于是，他从壶口起把龙门山开了一条大路，又在砥柱山挖了一条深坑，从孟津往北连开九条大河，使黄河水患平了下去。然后又疏通济水的源头，使济水一面通黄河，一面通山东的汶水，治平了济水之患。他又从河南桐柏山起，把淮水分为两路，一路通山东泗水，一路通山东沂水，把淮河水患平下去了。疏导长江的工程则从四川的岷山做起，也以疏浚河道、加速行洪为主，把长江水引到东海去了。

传说在禹治水的13年当中，他曾经有3次路过自己的家门而不入。他一直想着老百姓仍在遭受洪水的祸害，庄稼被淹，房子被毁，于是，3次经过家门都顾不上进去探望家人。经过多年的努力，禹终于治理好了水患，把洪水引到大海里去，对社会的安定、繁荣、发展起到了积极的推动作用。

人们为了表达对禹的感激之情，尊称他为"大禹"，即伟大的禹。

大禹虽然只是一个封国国君，却很受舜的宠信，每有要事舜都要请他去商量。每逢舜当众表扬他的功绩，他总说是舜领导得好，指挥得好，运筹得好，是舜的德行、仁政、风范感动了民众，民众拥戴舜的结果。或者

· 地理学著作《禹贡》·

《禹贡》托名大禹，作于战国时代，作者不详。它是中国历史上出现较早、影响很大的一部自然地理考察著作和原始的经济地理著作。

书中假托大禹治水经过，把中国东部按自然条件中的河流、山川和大海等分界，划分为九州，同时分别叙述每州的山脉、河流、薮泽、土壤、物产、交通、田赋、民族等情况。书中还有"导山"和"导水"两部分，对于山系和水系的描述明了、准确，对当时以黄河为中心的水系网络记述得井井有条，是宝贵的历史资料。

说舜慧眼识人，善于用人，把功劳都记在其他几位大臣的账上。舜于是越发觉得大禹仁厚可靠。后来，干脆让大禹直接代替自己摄政，把国家大事全都托付给大禹，让大禹替自己管理国家政事。

通过16年的观察，舜觉得大禹可以当自己的接班人，就当着众位大臣说要把帝王之位禅让给大禹。大禹多次推辞，并竭力推举舜的儿子商均嗣位。不久，舜突然病逝。大禹为了避免与商均发生冲突，就躲避到夏地的一个小邑阳城去，一躲就是3年。3年中，天下诸侯不去朝见商均，却来朝见大禹。大禹看到了自己的威望和实力，于是在舜死后的第三年，返回故都，南面天下，登天子之位。在他的治理下，部落和平，九州安定。后来，大禹命人铸造了象征九州和平的九鼎。这时，随着生产力的发展，社会产品出现了剩余。那些氏族、部落的首领们利用自己的权力，将剩余产品据为己有，以公有制形式存在的氏族公社开始瓦解。

大禹死后，被大禹选定的继承人东夷首领伯益拒不接受。后来大禹所在的夏部落的贵族便拥戴大禹的儿子启为部落联盟首领。启建立了中国历史上第一个奴隶制国家——夏朝，从此开创了子继父位的世袭制度。

夏 "家天下"

天下为家

公天下制度被大禹的儿子夏启破坏后，自然遭到一些人的反对。夏启没有急于镇压那些反对他的人，他认为当前最需要做的是安定人心，让民众心服口服地拥护自己。于是夏启在迁都到山西安邑后，严格要求自己，以博得人们对他的信任。他每顿饭只吃一份普通的蔬菜；睡觉只铺一床粗糙的旧褥子；除了祭神和祭祖以外，他不许演奏音乐来娱乐；他尊敬老人，爱护小孩；谁有本领，他就亲自请来加以重用；谁懂得武艺，他就让谁带兵打仗。

白陶爵 夏

一年后，夏启的声誉就大大提高了。大家一致认为夏启理所当然地是大禹的继承人了，对于父死子继的家天下制度，人们觉得并没有什么不合理。但后来夏启还是过上了荒淫的生活，喜欢饮酒、打猎、歌舞。他的儿子们也开始了权力之争，他的小儿子武观因此被放逐到黄河西岸，并试图反叛自己的父亲。

夏启死后，他的儿子太康做了君主。太康是个不管政事，昏庸无能的人。他只有一个爱好，那就是打猎。有一次，太康带着随从到洛水南岸去打猎。他越打越起劲儿，一去竟然100天没回家。

这时，在黄河下游有个夷族，部落首领名叫后羿，后羿的射箭技能非常出众，他射出的箭百发百中。有一个关于后羿的神话，说古时候天空中原有十个太阳，把地面烤得像焦炭似的，致使庄稼颗粒无收。大家请后羿想法子，后羿搭弓射箭，"嗖嗖"几下，将天空中的九个太阳射了下来，只留下一个太阳。从此，地面上气候适宜，不再闹干旱了。后羿看到太康出去打猎，觉得这是个夺取夏王权力的机会，就亲自带兵把守住洛水北岸。等到太康带着一大批猎得的野兽兴高采烈地归来时，发现洛水北岸排满后羿的军队，拦住他的归路。无奈之下，太康只好流亡在洛水南面。当时后羿还不敢自立为王，另立太康的兄弟仲康当夏王，而他自己却操纵了国家的权力。

仲康死后，后羿赶走了仲康的儿子相，夺了夏朝的王位。他仗着射箭的本领，也作威作福起来。后羿和太康一样，整天打猎，把国家政事交给他的亲信寒浞处理。寒浞瞒着后羿，笼络人心。有一天，后羿打猎回来，寒浞暗地里派人把他杀死。

后羿一死，寒浞便夺了王位，他担心夏族再跟他争夺王位，便杀死了被后羿赶走的相。那时候，相的妻子已经怀了孕，为了保住自己和胎儿的命，相的妻子迫不得已，从墙洞里爬了出去，逃到娘家有仍氏部落，后来生下了儿子少康。

少康从小就十分聪明。后缗觉得这个孩子很有希望恢复夏王朝，在他刚刚懂事的时候，便把先辈创建夏王朝的故事讲给他听，叮嘱他长大以后一定要报仇雪恨。

少康从小在这种教育的耳濡目染下，果然发愤图强，为夏朝复兴做准备，先在外祖父有仍氏的部落担任管理畜牧的官。浇（寒浞长子）知道少康长大后，便派人来杀他。少康逃到虞舜的后代有虞氏那里。有虞氏的首领虞思觉得少康很有出息，就任命他为部落里管理膳食的官，学习管理财物的本领。后来，虞思又把自己的女儿嫁给少康，把一块叫纶的地方交给他管理。纶这个地方有5平方千米大小，有很好的田地，并有500名士兵。这样，少康就建立起恢复夏朝的根据地和武装。

· 品类两分的夏朝服饰 ·

　　夏代的等级分化特别明显，至少在服饰上表现出了明显的品类两分现象。所谓服饰品类，大体包括服装及其饰品材料来源的难易、质地的贵贱、制作的精粗、形制的新旧、种类的多寡、组合的繁简、品第的高低，以及穿戴佩挂者身份地位的尊卑和所服之意。其实，这种服饰品类的两分现象，早在夏代立国之前就已存在，只不过在夏代更为明显、更进一步深化，有了严格的等级之分。

少康宣扬他的祖先夏禹的丰功伟绩，以此来号召人们支持他复兴故国。少康把那些被后羿和寒浞搞得妻离子散、家破人亡、流浪在外的夏朝旧官吏召集到纶地，叫他们跟着自己重建夏朝。他先派一个名叫艾的大将去刺探浇的实力，又派自己的儿子季予攻打浇的儿子戈豷的领地，削弱浇的力量。艾和季予都出色地完成了任务。少康对于浇的情况已经了如指掌，趁势消灭了浇的儿子戈豷，这样一来使得浇处于孤立无援的地步。

一切都准备就绪后，少康便从纶地起兵，向夏朝的旧都城安邑杀去。这时候寒浞已经死了，浇虽然想抵抗，无奈力量过于弱小，最终被少康消灭了，天下又回到了夏禹子孙的手里。

夏朝从太康到少康，中间大约有一百年的时间，在这段时间里，国家一直处于混战状态。长期的战乱使生产荒废，民不聊生。少康执政以后，首先要做的就是发展农业。少康深知要想得到人民的拥护，就要关心人民的生产和生活。所以，少康即位后，恢复了夏王朝稷官管理农业生产的制度。同时，他又恢复了水正的官职，重新整治黄河、管理水利工程。

除此之外，少康还让他的小儿子去越国世代祭祀祖先大禹的陵墓。

还有一件事常常使少康感到心中不安，那就是夷族和夏朝之间的斗争仍在继续。为了杜绝这种祸患再次发生，少康决定征战夷族，以显示夏王朝的实力和威风。但可惜的是，少康很早就过世了，征服东夷成了他的未竟之业。

后来，少康的儿子季杼（也作予）即位。他继承了少康的遗志，积极地准备征服东夷。传说为了战争的需要，杼制造了许多进攻的武器，还发明了一种可以避箭的护身衣，叫作"甲"。季杼终于战胜了夷族，夏的势力范围又扩大了。

殷商盛象

伊尹辅政

夏朝最后一个君主叫桀，是个暴君。约公元前1600年，汤的军队占领了夏朝的首都斟鄩（今河南巩义西南），夏王朝灭亡，汤建立了商王朝。汤，又叫成汤或成唐，有时候，后人也叫他商汤。甲骨文记载他名叫大乙，就是这个人把夏桀消灭掉的。

灭夏的战斗胜利后，商汤在三千诸侯的拥立下称帝，宣告商王朝的建立。商汤从残暴的夏桀身上吸取了教训，总结出夏桀是因为老百姓的反对才灭亡的。于是，他便以身作则，为老百姓做

商汤像

好事，整饬朝纲，将阿谀奉承的奸臣赶走，重用忠心为国的大臣。商汤这一系列的举动深受各地诸侯的欢迎。商朝的建立和兴旺，有力地促进了生产力的发展，使古代文明的进步获得转机，使中国成为伟大的文明古国之一。

伊尹，出生于伊水流域（今河南洛阳附近），在他很小的时候，就被卖到了有莘国（今开封陈留一带）做奴隶。

有一回，商汤的左相仲虺去给夏桀送贡品，途中在有莘国停留了几天。无意中，他发现送饭菜的奴隶伊尹才智出众，交谈之下，发现伊尹果然是个贤人。

回国后，仲虺就向商汤举荐了伊尹。求贤若渴的商汤，立即派了一名使臣带着聘礼，到有莘国去请伊尹。使臣到了有莘国后，明察暗访，费了很大劲儿，才在野外的一间小茅草屋里找到了伊尹。使臣上下打量了一番这个又黑又

矮、蓬头垢面的伊尹，实在看不出这个人有什么出众之处，不由得显出一副傲慢无礼的神情来，他对伊尹说道："你就是伊尹吧，你的运气来了，我们商王想见你，赶快收拾东西跟我走吧！"伊尹被使臣傲慢无礼的言行激怒了，立即以一种凛然不可侵犯的态度，从容地回答说："我伊尹虽然贫寒，但我有田种，有饭吃，过得像尧舜一样痛快，为什么要去见你们商王呢？"商国的使臣讨了个没趣，只好垂头丧气地回商国了。

有莘国的国君听说商汤派使臣来请伊尹，他怕伊尹被商国请回去对自己不利，就找了个借口把伊尹抓了起来。后来仲虺亲自来请时，伊尹已失去了人身自由。

仲虺回商国后，把伊尹的情况向商汤汇报了，商汤十分失望。后来，仲虺想出了一个主意，便对商汤建议向有莘国君求婚，让伊尹作为陪嫁奴隶，和有莘国的国君的女儿一起到商国来。这样，不仅可以请来伊尹，而且可以使有莘国免除疑虑。商汤表示赞同，马上派人到有莘国去求婚。使臣到了有莘国，向有莘国求婚，有莘国的国君答应了商汤的要求，于是伊尹作为陪嫁奴隶来到了商国。

伊尹来到了商国后，经过交谈，商汤感到伊尹果然是个了不起的人才，于是就任命伊尹为商国右相，和仲虺共同策划处理各种国事。就这样，伊尹由一个奴隶一跃成为商国的宰相。在伊尹的辅助下，商国的势力更加强大，最后终于灭掉了摇摇欲坠的夏王朝，建立了商朝。

商汤死后，伊尹成为商朝的重要辅臣。商汤原来有三个儿子，大儿子太丁死得早，于是汤死后，伊尹扶持商汤二儿子外丙继位做了商王。但是外丙不久也死了，于是伊尹又立他的弟弟中壬为王。过了不久，中壬也死了，伊尹只好立商汤的长孙太甲为王。

太甲从小生长在帝王之家，过着无忧无虑的生活，因此他即位后，政务民事从不过问，整天只知寻欢作乐。

对于太甲能否做好国王，伊尹很是担心，因此他辅太甲，用力最勤。太甲刚一即位，伊尹就在祭祀先生的典礼上作了长篇训话（后题为《伊训》），教导太甲要继承先主遗志，勤于政事，努力修身治德，以使商朝的江山能够永不消逝。还作了《肆命》，陈述天命之无常，劝诫太甲。不久后，再作《祖后》，以远古君主兴亡之事劝谏太甲以史为鉴，避免亡国厄运……

伊尹一再教导太甲要勤政爱民，不能耽于游乐，但太甲根本听不进去。伊尹看到太甲执迷不悟，心想：太甲这样放纵下去说不定将来会成为夏桀一样的人。由于劝诫毫无结果，伊尹在和其他大臣商议后，把太甲软禁在汤墓附近的桐宫（今河南偃师县西南），让他静心思过。

三年的时间过去了，看到太甲稚气脱尽，行为简朴，与三年前相比判若两人，伊尹非常高兴，便亲自携带商王的冠冕衣服到桐宫，迎接太甲返回亳都再登王位，把国政交还太甲。桐宫三年，太甲好像变了个人。他早起晚睡，关心百姓疾苦。诸侯见太甲宽厚仁德，待人诚恳，因而都来归附；百姓见君王和蔼可亲，关心人民，因而都同心爱戴……

太甲复位后，实行了一系列好的政策，诸侯归顺，百姓安居乐业，商朝仿佛又回到了商汤当政的时候。传说太甲死后，伊尹作《太甲训》三篇，称颂太甲，并尊他为太宗。太甲死后，沃丁即位，伊尹自觉年老，不再参与朝政。伊尹于沃丁八年病死，相传他活了一百多岁。沃丁以天子之礼隆重地安葬伊尹，用牛羊豕三牲祭祀，并亲自为伊尹戴孝三年，报答他对商王朝的贡献。伊尹的名字见于甲骨文，记载他历享后代商王的隆重祭祀。伊尹树立了中国历史上第一位名臣形象，在商王朝的建立和巩固中起到了不可估量的作用，特别是他的政治主张对整个商代都起到了关键性的作用。

"实维阿衡，实左右商王！"这是一首颂扬商朝开国历史的乐歌中的歌词，是歌颂伊尹担任"阿衡"官职辅佐商王的功绩的。伊尹辅佐了汤、太甲、沃丁等五位商王，是名副其实的五朝元老。像伊尹这样的辅佐大臣，在商朝还有很多，他们在维护商朝的长治久安中起到了非常重要的作用，伊尹是其中最杰出的一位。

· 青铜器 ·

距今4000年左右，中国进入青铜时代。早期的青铜器以河南偃师二里头遗址晚期所出土的文物为代表，已具有一定的铸造水平。除刀、锥、铃等小铜器外，还有戈、戚一类兵器，爵、角、斝一类铜礼器；但这时铜器的胎很薄，器表也大都朴素无文；商代中期的青铜器以郑州商代遗址和黄陂盘龙城遗址出土的青铜器为代表，年代大致在仲丁至盘庚迁殷以前。铜器出土较多，其中礼器有鼎、鬲、簋、瓿、爵、斝等，而胎质一般较薄，只有单线条的花纹带；晚期以安阳殷墟出土的青铜器为代表。这个阶段的中期最富有特点，以河南安阳妇好墓所出土的铜器为代表，有很多新的器类，器形也更丰富，礼器一般较厚，花纹繁缛，并开始出现铭文。

盘庚迁都

商汤建立商朝时，将国都定在亳（今河南商丘）。后来300年当中，前后5次搬迁都城。其原因是多方面的，有王族内部经常争夺王位，发生内乱的缘故；还有黄河下游常常闹水灾的缘故。有一次洪水泛滥，把都城全淹了，商朝就不得不迁都。

从商汤到盘庚，商王朝经历了18个国王。前九王统治时期，基本上能继承商汤开创的事业，统治也比较稳定，因此都城一直在亳。可是从商汤的五世孙中丁到九世孙阳甲，商统治集团开始腐朽起来。在王室贵族当中，争夺王位的斗争愈演愈烈，兄弟之间、叔侄之间，甚至父子之间，展开你死我活的斗争。动乱的结果，致使王位更替频繁，这就是所谓的"九世之乱"，商朝王权的势力逐渐削弱。

在这种情况下，奴隶主加紧了对平民和奴隶的剥削，阶级矛盾也尖锐起来，再加上水涝、干旱等自然灾害，使商朝很快地衰落下去。原来臣服于商朝的一些少数民族和诸侯国也都纷纷反叛。为了摆脱这种困难的局面，商王曾采取了迁都的办法，但都没有从根本上解决问题。盘庚就是在这种情况下，在他的哥哥阳甲死后做了商王。

盘庚在诸商王中，是一个很有作为的国王。他既通晓自己国家和民族的历史，

安阳殷墟遗址分布示意图

铸铜或制骨作坊遗址
墓葬区
居住遗址
祭祀坑
其他遗址

通过多年的调查与发掘，殷墟的范围和布局已大体清楚。洹河南岸的小屯村东北地为商代官殿、宗庙区，周围分布有手工作坊、居民区及平民墓地；北岸分布有大面积的王陵区。殷墟周围可能是贫民的居所。

又有一套现实的统治办法；他能很好地笼络、使用商朝功勋旧臣，又能不被这些人左右、利用。因此，在盘庚继承王位的时候，尽管他还很年轻，却能率领商朝的臣民摆脱困境。为了改变当时社会不安定的局面，他决心再一次迁都。

可是，迁都的想法遭到大多数贵族的反对，他们贪图安逸，都不愿意搬迁。还有一些有势力的贵族煽动平民起来反对，一时间闹得满城风雨。

在强大的反对势力面前，盘庚丝毫没有动摇迁都的决心。他把反对迁都的贵族找来，耐心地劝说他们："迁都是为了我们国家的安定。你们要理解我的苦心，不要产生无谓的惊慌。我的主意已定，不容更改。"

迁都于殷，盘庚是经过了周密考虑的。新都殷地处黄河以北、洹河之滨，不仅有着良好的地理条件，还有着可控四方的战略优势，可以有效防御北方、西北地区各少数民族的侵扰。另外，殷还是商的先祖起源活动的地方，盘庚以恢复"成汤之政"为目标，有利于号召人民。从政治上来说，迁殷之后远离了旧都奄（今山东曲阜），可以摆脱王族在旧都发展起来的各种势力，避开其锋芒，摆脱其牵制影响，巩固自己的政权。从经济上看，避开因年久失修而水涝不止的泗水流域，迁到一片肥沃的土地上，更有利于农业生产的发展。

盘庚坚持迁都的主张终于挫败了反对势力，他带着平民和奴隶，渡过黄河，搬迁到殷（今河南安阳小屯村）。仅仅迁都，并不能彻底改变朝政混乱的局面。盘庚立即实行了一系列有效的措施。他一扫昔日王族奢侈淫逸的风习，一切从简，使人们的思想行为变得质朴。紧张的营建开垦、艰苦奋斗的建设改变了商人的精神面貌，昔日贪污腐化、争权夺利的内耗得到抑制。盘庚选贤任能，惩恶扬善，论功行赏，重新以法度正天下，整顿朝政。另一方面，他也十分注意收揽民心，减轻剥削，得到了人民的支持；同时打击了侵扰边境的少数民族游牧部落，安定了边疆。这样，商的势力才渐渐强盛起来，王权得到巩固。以后200多年，一直没有迁都。所以商朝又称作殷商。

盘庚迁都是商朝历史的转折点，对商朝的巩固和发展起到了相当重要的作用。历史证明盘庚是位富有远见卓识、具有非凡魄力的君王，他顶住了各方面的压力，迁都成功，去奢就俭，根治腐败，盘庚也因此被称为中兴贤王。

从那以后，又经过3000多年的漫长岁月，商朝的国都就变为废墟。到了近代，人们在殷地旧址上已发掘五六十座宏大宫殿宗庙基址，发现大中型夯土

·甲骨文·

甲骨文是商代后期王室用于占卜记事而刻在龟甲和兽骨上的文字，又叫甲骨卜辞。它是一种比较成熟的文字，以象形、假借、形声为主要造字方法，已经具备后代汉字结构的基本形式，今天的汉字仍然是以象形字为基础的形符文字。甲骨文所记载的内容涉及商代社会的各个领域，包括国家和阶级的构成，帝王及大臣的名字，战争、祭祀和狩猎的事迹，农业生产的情况，以及各种大事发生的时间和地点。它还记录了我国最古老的日月食和各种气候现象。到目前为止，已经发现了16万片以上有字的甲骨，分别藏于中国、日本、美国、英国、加拿大等国。甲骨文是研究商代历史的重要史料，对于它的研究已经形成了专门的学问。

大型涂朱红牛骨刻辞　商

商朝的甲骨文是占卜时刻在龟甲或者兽骨上的象形文字，也称卜辞。河南安阳殷墟有大量出土。

基址和小型房子百余座，发掘铸铜作坊等手工作坊10多处，还有上千座的祭祀坑、殉葬坑、车马坑。因为那里曾经是商朝国都的遗址，就把那里命名为"殷墟"。殷墟遗址面积30余平方公里，中心区域是宫殿区和王陵区，其外为居民区和手工业作坊区，再外则是墓葬区。宫殿区和王陵区均处在洹河南北两块高地上。王室作坊分布于宗庙区周围，呈卫星状分布着家族墓地以及其他邑落。整个国都布局合理，沿洹河而建。在宫殿区的西边、南边都发现了相当宽阔的壕沟，均是人工挖的，起着城墙护卫的作用。

从殷墟发掘出来的遗物中，有龟甲（就是龟壳）和兽骨10多万片，上面都刻着很难辨认的文字。经过考古学家的研究，才把这些文字弄明白。当时，商朝的统治阶级很迷信鬼神。他们在祭祀、打猎、出征时，都要用龟甲和兽骨来占卜吉凶。占卜之后，就把当时发生的情况和占卜的结果用文字刻在龟甲、兽骨上。现在，我们把这种刻在龟甲、兽骨上的文字叫作"甲骨文"。我们今天使用的汉字就是从甲骨文演变过来的。

在殷墟上发掘出的遗物中，还发现了大量的种类繁多的青铜器皿、兵器，工艺制作都很精巧。有一个叫作"后母戊"的大方鼎，重量为875千克，高130多厘米，上面还刻着富丽堂皇的花纹。从这件青铜器上可以看出，在殷商时期，冶铜的技术和艺术水平都是很高超的。

西周灭亡

周厉王毁国

　　成王、康王之后，周朝逐渐加重了对平民和奴隶的统治与剥削，刑罚也变得更严酷。周厉王是周王朝第十代国君，是个十分残暴的君主，他即位后对人民的压迫更加严酷了。

　　周国形成以后，渐渐破坏了原始部落公有制的土地制度。周朝初年，周天子又分封了70多个诸侯国，把土地山林赏赐给各级贵族，国人可以进山采集果实、砍柴、打猎，在江河湖泊捕鱼。人们利用这些收入来补贴生活上的不足。

　　周厉王宠信一个名叫荣夷公的大臣，荣夷公唆使他改变了原有制度，把原来公有的山林江河湖泊和贵族占有的山林土地收为国有，不准国人使用。荣夷公派兵在道路上设关立卡，盘查来往行人，不许人们上山打猎、下水捕鱼，把人们采集来的果实、山珍统统没收。他们还勒索财物，虐待人民。这样一来，上至贵族、大臣，下至平民百姓，都毫无例外地蒙受了经济损失。周厉王的暴虐措施，激起国人的强烈不满。

　　厉王对大臣芮良夫的忠告拒绝接受，提拔荣夷公为卿士，继续推行专

玉鹿　西周中期

　　两件鹿皆青玉质。体扁，一大一小，大者昂首前视，小者回首顾盼；大者角长枝繁，小者角枝短且枝杈不茂；大者饰臣字目，小者饰圆目；大者于角根钻一圆孔，小者于角中钻一圆孔，均可供佩穿。此玉鹿饰纹简洁，但形态逼真，栩栩如生，为西周玉鹿之精品。

利。于是全国民众怨怒，街头巷尾，到处都有人咒骂这种政策。后来，大臣召公虎进宫奏报厉王，外面的百姓对朝政不满，到处都在议论国事，并劝说厉王及早改变做法，免得出乱子。周厉王不仅不听劝说，还从卫国找来巫师，让他用巫术监视发表不同意见的怨恨者，并告谕国民，有私议朝政者，杀无赦。卫巫在厉王的纵容下，肆意陷害无辜，不少人死于非命，还说这是神灵的意愿。于是，人们不敢再在公开场合说话，路上相遇也只能以目示意。

这样到了第四个年头，也就是公元前841年，人们终于忍受不了周厉王的残暴，掀起一次大规模的暴动，史称"国人暴动"。参加暴动的人有平民，也有贵族，开始仅几十人，后来迅速发展到几万人，整个镐京成了沸腾的海洋。国人拿起武器、农具，像洪水一样向王宫冲去。王宫卫士看到愤怒的人群，吓得纷纷躲避起来。周厉王顾不得体面，慌里慌张带了一批人逃命。他一直逃到彘地才停了下来，总算保住了一条命。

国人冲进王宫烧毁了宫殿，搜遍了各个角落也没有找到周厉王，听说他的儿子静躲在召公虎家里，于是又围住召公虎家。召公虎无法控制人们愤怒的情绪，出于无奈，只好将自己的儿子冒充静交给人们处死，这样才平息了这场规模巨大的暴动。

周厉王被赶下台后，朝廷里没有国王，国内人民拥戴大臣周公和召公主持国政，替天行使职权，历史上称为"共和行政"。从共和元年，即公元前841年起，中国历史才有了确切的纪年。周厉王从这一年一直到共和十四年（公元前828年），一直待在彘地没敢回来，最后死在那里。这次起义动摇了周王朝的统治。在起义者的打击下，周室王权大大削弱了，诸侯对王室的离心倾向越来越大。后来周厉王的儿子静即位，就是周宣王。此后，周王室虽然表面上仍维系着从前的制度，实际上已经外强中干，周王朝正走向分崩离析的道路，渐渐衰落。

烽火戏诸侯

周宣王在公元前781年死了，太子宫涅即位，这就是周幽王。周幽王是一个昏君，只知吃喝玩乐，不理政事。

幽王继位的第二年，泾、渭、洛地区发生强烈地震。百姓的生命财产遭受巨大损失，动荡不安的政局日益加剧。

周幽王不仅残暴昏庸，而且耽迷女色。他整日派人四处寻找美女。有一个叫褒珦的大臣，劝谏幽王节制享受，幽王不仅不听，反而把褒珦判了罪。

褒珦被关入监狱3年，他的族人十分焦急，他们想了各种办法，解救褒珦。有人说，用珍宝赎罪；也有人说，找个美女送去，替褒珦赎罪。

后来，褒珦家人将褒姒进献给周幽王。周幽王一见褒姒貌若天仙，马上就把褒珦释放了。从此，幽王整天与褒姒在后宫饮酒作乐，将朝政抛在脑后。

然而，幽王虽然宠爱褒姒，但褒姒性格内向，不喜笑颜，任凭幽王想尽一切办法讨她欢心，褒姒都笑不出来。

有一天，幽王忽然心血来潮，让人在宫外贴一个布告：有谁能逗王妃娘娘笑一次，就赏他1000两金子。

奸臣虢石父得知后，马上向幽王献计，用"烽火戏诸侯"的玩笑来博取褒姒一笑。烽火是古代军情危急时的报警信号，周王朝在骊山上建有20多座烽火台，每隔几里便有一座，专门用来防备西戎的进攻。一旦西戎来犯，烽火台上的烽火会像接力棒一样点燃，一个地点一个地点地传下去，附近的诸侯远远见了就会发兵来救援。

第二天，幽王兴致勃勃携爱妃褒姒上了骊山。他们白天在骊山吃喝玩乐，到了晚上，让士兵把烽火台的烽火点燃。附近的诸侯一见滚滚的烽火狼烟，以为西戎兵打来了，立即率兵来援。赶到时，却不见西戎兵的影子，只听见山上丝竹管弦之声。这时虢石父从山上下来说，大家辛苦了，这里没有什么事，大王和王妃放烟火不过想取个乐，你们回去吧！

诸侯们从老远跑来，却被幽王耍了一番，一个个气得肺都要炸了，掉转马头就走。褒姒在山上，借着火光看到诸侯们气愤、狼狈的样子，真的笑了一下。幽王瞧见了她这一笑，不由得心花怒放，马上赏给虢石父1000两金子。

人面纹玉饰　西周

此物由青玉雕成，圆形人面像，方脸大耳，矩口獠牙，造型自然生动，别致有趣。

幽王自宠幸褒姒以后，被她迷得神魂颠倒，竟然想废掉太子宜臼，改立褒姒生的儿子伯服为太子。

周幽王在幽王五年（公元前777年）废申后及其太子宜臼的时候，遭到大臣卿士的极力反对，但周幽王一意孤行。宜臼被废后，逃难到其母家申国。这时候周王朝的力量十分衰微，只相当于一个中等诸侯国的实力，齐、鲁、晋、卫已不听从周王朝的命令。申侯虽不满周幽王，但还没有公然叛周。幽王八年（公元前774年），周幽王立褒姒之子伯服为太子，遂使周、申之间的矛盾深化。幽王九年（公元前773年），申侯与西戎及缯侯联合，准备反周。第二年，周幽王针锋相对，与诸侯结盟于太室山，并派兵讨伐申国以示威。幽王十一年（公元前771年），申侯与缯国、西戎举兵讨伐镐京。幽王下令点起烽火求援，结果各路诸侯对上次的羞辱记忆犹新，加上对幽王昏庸乱政的不满，连一个救兵也没有派。西戎兵很快攻破周都镐京，把逃到骊山脚下的幽王和伯服杀了，把美貌的褒姒抢走了。

幽王死后，申侯、鲁侯和许文公在申国立原来的太子姬宜臼为王，这就是周平王。平王后来回到镐京，看到镐京已被西戎人破坏得面目全非，只好于公元前770年，东迁至洛邑。历史上把周朝定都镐京的时期，称为西周；迁都洛邑之后，称为东周。

·奴隶社会军制的特点·

1.王是最高军事统帅，方国诸侯的军队虽有一定独立性，但战时要听王的调用。

2.由王的卫队发展演变而来的常备军，在征战中起主要作用，战时军队主要靠临时征发。

3.实行奴隶主贵族血缘种族兵役制和军政一体、文武不分的民军制。

4.军政官吏实行世卿世禄制，与宗法制度相适应。

春秋·战国

- ❀ 春秋图霸
- ❀ 战国争雄

春秋图霸

 ## 齐桓公称霸

迁都到洛邑以后的东周，分为"春秋"和"战国"两个时期。春秋时期，周王室几经衰落后，周天子名义上是各国共同的君主，而实际上，他的地位只等同于一个中等国的诸侯。一些比较强大的诸侯国家经常使用武力兼并小国，大国之间也互相征伐，争夺土地。强盛的大国诸侯可以号令其他诸侯，成为诸侯国的霸主。

春秋时期第一个称霸的是齐国（都城临淄，在今山东淄博）。齐国原是姜尚的封地。

公元前686年，齐国发生了内乱。在这次内乱中，国君齐襄公死于非命。襄公有两个兄弟，一个叫公子纠，当时在鲁国（都城在今山东曲阜）；另一个叫公子小白，当时在莒国（都城在今山东莒县）。两个人身边都有辅佐的能人，辅佐公子纠的叫管仲，辅佐公子小白的叫鲍叔牙。两个公子听到齐襄公被杀的消息，都准备回齐国争夺君位。

鲁国国君庄公决定亲自把公子纠送回齐国。管仲对鲁庄公说："公子小白在莒国，离齐国很近。万一回到齐国去，事情就不好办了。让我先带一路人马在路上截住他。"

正如管仲所预料的那样，公子小白在莒国的护送下眼看快要到齐国

齐桓公与管仲画像砖

出土于山东嘉祥，反映了法家思想在春秋战国时期受到当政者的推崇与重视。

了，管仲在路上截住了他。管仲拈弓搭箭，向小白射去。小白中箭倒在车里。

管仲以为小白死了，就不慌不忙地护送公子纠向齐国去。可是，管仲却不知他射中的不过是公子小白衣带的钩子，公子小白大叫倒下，原来是假装的。等到公子纠和管仲进入齐国国境，小白和鲍叔牙早

《管子》书影

已赶到了国都临淄，小白自然做了齐国国君，这就是齐桓公。

齐桓公即位以后，为报一箭之仇，立即发兵攻打鲁国，并且逼迫鲁庄公杀掉公子纠，把管仲送回齐国治罪。鲁庄公无可奈何，只好照办。

管仲被关在囚车里押送到了齐国。鲍叔牙立即向齐桓公推荐管仲，说他是个很有才干的人，可以帮助齐桓公干一番大事业。

齐桓公也是个豁达大度的人，听了鲍叔牙的话，不仅没有治管仲的罪，还任命管仲为相，让他管理国政。

管仲相齐后，尽心辅佐齐桓公，对齐国进行了一系列的改革。在政治上，他推行国、野分治的叁国伍鄙之制；在经济上，实行租税改革，采取了一些有利于农业、手工业发展的政策；在管理上，他号召礼法并用，知礼可以使民众懂得廉耻，明法可以让民众遵守规矩，两者结合起来，便可以使国力大增。在国内政治经济形势得到改善和稳定的基础上，管仲积极促使齐桓公采取尊王攘夷、争取与国的手段，以建立霸权。管仲的这些政策为齐国称霸准备了物质条件。

齐桓公五年（公元前681年），是齐桓公霸业的开始之年。此前，齐国曾几度与邻近的鲁国交战，结果都没有取得多少胜利。这使齐桓公与管仲看到，仅靠齐国自己的力量，是不能称霸于天下的。于是，他们想到了利用周天子了。

齐桓公首先与周室结亲，他迎娶周庄王之女共姬，向全国诸侯表明自己与周天子的亲近关系。在拉拢到周天子之后，齐桓公又以尊崇周天子为口号，取得各国诸侯的支持。

公元前681年，齐桓公奉周釐王之命，通知各国诸侯到齐国西南边境上的北杏（今山东东阿县北）开会。这时候，齐桓公在诸侯中的威望并不高。通知发出以后，只有宋、陈、蔡、邾四个国家来了。还有几个接到通知的诸侯国，

· 管鲍之交 ·

　　管仲出身于没落贵族，后来家道中落，也就成了一名寒士，几次求仕，都不成功。管仲有一个好友，名叫鲍叔牙，经常接济他。鲍叔牙非常理解管仲，他常说："管仲是为了年迈的母亲，才不惜遭人嘲笑，保全性命。管仲之所以苟且偷生，不为公子纠死节，是因为他有更远大的志向，为了富民强国他会成就一番大业。"他知道管仲有经世治国的大志，所以才不拘小节。正是因为鲍叔牙的推荐，管仲才得到齐桓公重用，成为春秋第一名相。

　　管仲曾感慨地说："生我者父母，知我者鲍子也。"管鲍之交成为一段流传千古的佳话。

如鲁、卫、曹、郑（都城在今河南新郑）等国，采取观望的态度，没有来。齐桓公便以此为突破口，杀鸡骇猴，制伏了鲁国，随后，齐桓公又软硬兼施，把卫国和郑国拉入同盟。

　　齐桓公七年（公元前679年），在齐国的帮助下，原先国内政局很混乱的宋国和郑国也实现了初步的稳定。齐国一天天强大，征服了许多割据一方的诸侯国，最后只剩下一个实力较强的楚国。当时，楚国盛产鹿，而齐国却视鹿为珍稀动物。一天，管仲派了100多名商人到楚国去买鹿，并四处扬言："齐桓公最喜欢鹿，无论多贵，都要大量购买，供齐桓公玩赏。"楚成王听大臣说齐桓公不惜重金买鹿玩赏的事后，发号施令，鼓励国民去捕鹿，卖给齐商。由于齐商重金买鹿，楚国的老百姓觉得一头鹿的钱竟能买到上万斤粮食，纷纷弃农捕鹿，大家带上猎具到深山老林去捕鹿，田就无人种了。后来，连军队的士兵也偷偷上山捕鹿卖钱。一年之后，楚国的老百姓个个腰缠万贯，但是，楚国的大片良田却荒芜了，老百姓有钱也买不到粮食。这时，管仲又下令各诸侯国不得将粮食运往楚国，楚国的老百姓饿死的饿死，逃荒的逃荒，最后连军饷也没有了，上下一片混乱。管仲见时机已成熟，率领大军向楚国进攻，楚国内外交困，无力招架，楚成王只好派大臣到齐国去求和。齐桓公的霸主地位终于被各诸侯国认可，齐国开始称霸中原。

重耳流亡

　　公元前672年，晋献公讨伐骊戎，骊戎首领献上两个女儿骊姬和少姬，以此求和。晋献公欣然笑纳，率领大军载美人而归。晋献公自回国后，宠爱二女，尤其喜爱骊姬，立骊姬为夫人，少姬为次妃。骊姬奸猾诡诈、献媚取怜，得到晋献公的专宠。后来，骊姬生子名奚齐，子以母贵，奚齐也得到晋献公的喜爱。骊姬为了让自己的儿子成为太子，设计陷害原来的太子申生，晋献公便狠了狠心，将原来的太子申生杀了。申生一死，晋献公的另外两个儿子重耳和夷吾都感到性命难保，便都逃到别的诸侯国避难去了。

晋献公死后，夷吾回国夺取了君位。夷吾感到重耳是个祸患，便想除掉重耳，重耳不得不到处逃难。重耳在晋国时很有声望，一批有才能的大臣都愿意辅佐他。

重耳在狄国一住就是12年，后来有人行刺他，只好逃往卫国。卫国国君看他时运不济，也不肯接待他。重耳没有得到卫国的一丝援助，又再度启程。然而，钱财、食物都没有得到补给，重耳终于忍不住了，放下架子向一个农夫乞讨。一个普通农民又有多少粮食去施舍给重耳这一帮人呢？农夫从地上拾起土

晋文公复国图卷　南宋　李唐

块，调侃重耳："拿去，吃吧！"重耳气愤地举起鞭子要抽打农夫。狐偃赶忙阻止了重耳，他说："这是上天要赐给我们土地啊！说明我们复国有望。"他向农夫磕了个头，接过土块，装在车上走了。重耳一班人一路流亡到齐国。那时齐桓公在位，待他也不错，送给重耳不少车马和房子，还把本族一个姑娘嫁给他。重耳觉得留在齐国挺舒适，便不再想回国的事，可是跟随的人都思念晋国。于是，众人商量了个办法，把重耳带出了齐国。

后来，重耳又到了宋国。正赶上宋襄公生病，他手下的臣子对重耳的随从狐偃说："宋襄公是非常器重公子的，但是我们实在没有能力帮助你们回晋国去。"

狐偃明白宋国的意思，便与重耳等人离开宋国，又到了楚国。楚成王把重耳当作贵宾，还用招待诸侯的礼节招待他。由此，重耳十分尊敬楚成王。两个人渐渐成了朋友。

有一次，楚成王邀请重耳到王宫去，在宴会上开玩笑说："公子要是将来回到晋国当上国君，那么会怎样报答我呢？"

重耳说："我愿意和贵国永远友好。如果两国交兵打仗，在两军相遇时，我一定退避三舍。"等宴会结束，楚国大将成得臣对楚王说："重耳言谈没有分寸，我看他是个忘恩负义的人。不如趁早杀掉他，免得以后吃他的亏。"

楚成王对成得臣的意见不置可否，正好秦穆公派人来接重耳，成王就让重耳到秦国（都城雍，在今陕西凤翔东南）去了。

当初秦穆公帮助重耳的异母兄弟夷吾回晋国当了国君。没想到夷吾做了晋国国君以后，不仅不感恩戴德，还和秦国发生了战争。夷吾死后，他儿子又同秦国发生事端。于是，秦穆公决定帮助重耳回国。

秦穆公派人向重耳提亲，意将女儿怀嬴嫁给重耳。重耳大惊，自己六十有一，与秦穆公年龄相仿，若做了他的女婿，以后晋秦相交，岂不凡事都吃亏三分？再说当年秦穆公为笼络夷吾，已将怀嬴嫁与入秦为质的夷吾之子子圉，秦晋翻脸后，子圉逃回晋国，怀嬴实为重耳侄媳。如今穆公提此要求，如何回答是好？重耳的谋士赵衰长思半晌，对重耳说："听说怀嬴貌美而有才华，穆公及夫人视之为掌上明珠，如今提出此议，正是看重公子。公子如拒绝，就无法结好于秦，自然无法得到秦国倾力相助。古人说，'欲人爱己，必先爱人；欲人从己，必先从人。'臣意公子不可拒绝穆公的美意。"狐偃说："公子今日赴秦，意在图晋，君位尚且可夺，何在乎区区一女子？"重耳想想有理，便依言允婚。

公元前636年，秦国的大军护送重耳渡过黄河，从此流亡了19年的重耳在晋国当上了国君。这就是晋文公。

退避三舍

晋文公即位以后，治理内政，发展经济，晋国又渐渐强盛起来。晋文公的机智、仁慈、勇敢与宽厚都预示着他将成为中原霸主。

这时候，逃往郑国的周朝天子周襄王派人到晋国讨救兵。原来周襄王有个异母兄弟叫太叔带，联合了一些大臣，向狄国借兵，夺取了周襄王的王位。

晋文公马上发兵攻打狄人，狄人大败，晋文公又杀了太叔带和拥护他的一帮人，护送天子重返京城。

周襄王设宴款待，并允许晋文公向自己敬酒。晋文公乘机请求周襄王，自己死后能用天子葬礼的仪制安葬。周襄王说："这是天子的典章。现在还没有人能取代周王室，天下不能有两个天子，那样您也不会喜欢的。"周襄王宁肯损失土地，也不愿损害周礼，他将阳樊、温、攒茅、原等地的田地赏赐给晋文公。

周襄王二十年（公元前632年），楚国攻打宋国，宋襄公的儿子宋成公又来向晋国求救，说楚国派大将成得臣率领楚、陈、蔡、郑、许五国兵马攻打宋国。大臣们都同意出兵救援宋国，扶助有困难的国家，以建立霸业。

晋文公知道，要拥有中原霸主的地位，就得打败楚国。他便将部队编为上、中、下三军（三阵），于公元前632年一月渡过黄河。根据战略方案，

兽头陶范　春秋

出土于山西侯马古代晋都遗址。此地出土有大量精美的铸铜陶范，证明这里曾大批铸造过青铜器。

晋军进攻卫国并将其占领，又于三月攻克曹都陶丘，俘虏曹共公。因为曹、卫是楚的依附国，晋文公以为楚军必然弃宋而北上救曹、卫。然而楚不为所动，仍全力围攻宋都，宋再次向晋告急。

晋文公感到进退两难：若不救宋，则对不住宋襄公当年的礼遇，而且宋敌不过楚而降之会使晋失去一个盟友，对晋称霸中原计划不利；但若移兵救宋，则使原定诱楚决战曹、卫之地的战略意图泡汤；且南下主动攻楚一来违背了自己在楚国对楚成王的承诺，二来使晋军远离本土，劳师耗财，对手又是强大的楚国，取胜很难。晋文公一筹莫展。这时元帅先轸有了良策，他主张让宋国贿赂齐、秦两国，由齐、秦出面劝楚罢兵；并把曹、卫的一部分土地赠送给宋，使宋坚定抗楚的决心；楚与曹、卫是盟友，看到自己盟国的土地为宋所拥有，更不会放过宋国，齐、秦再善意劝解楚也不会听的；齐、秦这样一定怨恨楚不给面子，就会放弃中立而站到晋国一边，晋国实力就将压倒楚国，楚军就需小心了。

晋文公大赞"妙谋"，立即实行。楚国果然不听齐、秦劝解，继续围宋。齐、秦恼楚眼空一切，于是宣布与晋国结盟抗楚。

楚成王见晋军降曹灭卫，深知其实力非比寻常，而又结盟齐、秦，形势已开始对楚不利，就命令楚军退到申地，并撤回戍守齐国穀邑的申叔军，令尹子玉也被要求撤去宋围，避免与晋军交锋。他训诫子玉，晋文公德高望重，并非等闲之辈，晋军不好对付，凡事量力而行，适可而止。但骄傲自负的子玉对楚成王之言不以为然，坚持要与晋军决一死战，并派伯棼去向楚成王请战，要求增兵。楚成王此时优柔寡断，最后抱着希望楚军侥幸取胜的心理同意了子玉

· 弭兵之会 ·

春秋时期，旷日持久的争霸战争带来普遍的灾难。对于夹在大国之间的中小国家来说，灾难最为严重，因此它们不遗余力地倡导"弭兵"。春秋时共有两次"弭兵之会"，都是宋国倡导的。公元前579年，宋国大夫华元倡导的第一次弭兵运动促成了晋楚两国暂时休兵罢战。三年之后鄢陵之战爆发，宋国大夫向戍第二次倡导弭兵，得到晋楚的赞同。公元前546年，"弭兵会议"在宋国都城商丘召开，晋、楚、齐、秦、鲁、卫、郑、宋、陈、蔡、许、曹、邾、滕一共14个国家参加会议，会议规定，晋的盟国朝楚，楚的盟国朝晋，双方的盟国同时承认晋、楚两国的霸主地位，齐、秦两国则与晋、楚平起平坐。这样，延续了一百多年的春秋中期的大国争霸战争，终于以休战而结束。

的请求，但他又畏晋强大，怕失败了元气大伤，只派西广、东宫、若敖之六卒北上增援。

子玉得到支援，更坚定了与晋作战的决心。他派大夫宛春使晋，提出"休战"条件：晋让曹、卫复国，楚则撤离宋国。晋大夫子犯（狐偃）认为子玉太无礼，晋应主动南下击楚；晋中军主帅先轸轻轻摇头以示不妥，他再次献策晋文公，表示这回管教楚师铩羽而归。

晋文公私下答应曹、卫复国，但前提是曹、卫必须与楚绝交；并扣留宛春以激怒子玉北上挑战。子玉见曹、卫已附晋，而楚使被扣，认为受到巨大侮辱，勃然大怒，下令撤去宋围，移军北上伐晋。

成得臣先派人要求晋军释放卫、曹两国国君。晋文公却暗地通知这两国国君，答应恢复他们的君位，条件是他们先跟楚国断交。曹、卫两国真的按晋文公的意思做了。

成得臣本想救这两个国家，不料这两个国家不讲道义倒先来跟楚国绝交，气得他率领全军直奔晋军大营。

楚军一进军，晋文公立刻命令往后撤。这种做法让许多晋军将领费解。狐偃解释说当初楚王曾经帮助过主公，主公在楚王面前许过愿：万一两国交战，晋国会退避三舍。今天后撤，就是为了信守这个诺言啊。

子玉见晋军不战而退，以为晋文公胆怯，不过徒有虚名，于是催军追逐。楚军中有人感到事有蹊跷，建议持重收军，伺机再追。子玉斥责他们当断不断，贻误战机，认为聚歼晋军，夺回曹、卫指日可待。楚军追晋军至城濮。

晋军在城濮屯兵，齐、秦两军和刚被解围的宋成公军队会合。而楚军此时军分三阵，严阵以待。公元前632年四月四日，晋军向楚军发起攻击，晋下军佐将胥臣把驾车马匹蒙上虎皮，突然攻向楚右军——战斗力最差的陈、蔡军，陈、蔡军遭此突袭，加之又被虎皮迷惑，顿时溃散。

接着晋军又"示形动敌"。晋上军主将狐毛在战车上竖两面大旗，引车后撤假装退却；晋下军主将栾枝也用战车拖曳树枝使尘土飞扬，造成晋后军也退却的假象以诱楚军出击。子玉不知是计，命楚左翼子西进击。晋中军主帅先轸见楚军上当，便命佐将郤臻率最精锐的中军迎击楚左军，而狐毛、栾枝也乘机回军侧击楚左翼。楚左军陷入重围，后退又无路，只能接受被歼的命运。子

玉见两翼均被消灭，情知无力挽回败局，无奈下令中军脱离战场，才没有全军覆没。

晋文公连忙下令，吩咐将士们不要追杀，把楚军赶跑就是了。成得臣带着残将败兵向后败退，自己觉得没法向楚成王交代，就在半路上自杀了。

晋国打败楚国的消息传到周都洛邑，周襄王和大臣都认为晋文公立了大功。晋文公趁机约了各国诸侯开了个大会，订立了盟约。这样，晋文公就成了中原霸主。

崤山之战

公元前628年冬，孟明视、西乞术、白乙丙奉秦穆公之命率秦军偷越晋境的崤山伐郑。晋国卿大夫先轸得到消息后对晋襄公说："秦国违背蹇叔的忠谏，因为贪婪中原的土地而劳民伤财，攻打偏远的国家，这是上天给予我们的机会，不能错过！我们应攻灭它，否则会留下祸患；诚请主公率军进攻秦军。"下军主帅栾枝提出异议："在秦国的帮助下文公才得以归国即位，我们若进攻秦国，岂不是违背先君的遗命吗？"先轸答道："秦不为我们国丧而悲痛，反而趁机攻打我们的同姓国家，它如此无礼，我们还同它讲什么恩施？我听说，'一日纵敌，数世之患'，为我们的后代着想，不能算违背先君遗命。不遵循天意是不吉利的！"襄公于是同意出兵。

公元前627年春，晋襄公把丧服染成黑色，以先轸为中军元帅率晋军南渡黄河，控制了崤山北麓的险要路段，又联合了姜戎军队，晋军埋伏在原上，姜戎军多伏于沟谷，布好袋形阵以待秦军。

这时秦军已抵滑国境内，值郑国商人弦高在滑国贩牛，他判定秦师将袭郑，决定做出点牺牲以求挽救郑国。于是他牵12头牛假托奉郑君之命，犒劳秦军。孟明视等3帅不知是假，还以为郑国已知道秦军来袭的消息并做好了防范准备，他们怕攻郑攻不下来，围困郑国又没有长期的补充

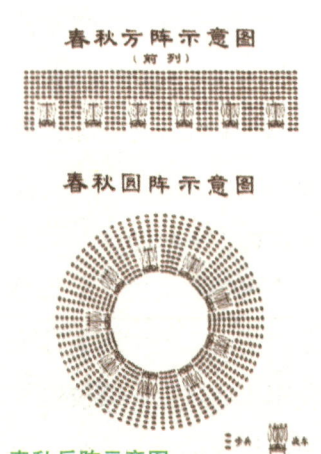
春秋方阵示意图（前列）
春秋圆阵示意图
春秋兵阵示意图

·兵书·

三代（夏、商、西周）时，文字的普遍使用和战争经验的积累，是军事思想产生最原初的客观条件。甲骨文、金文及早期典籍（如《尚书》《易经》《诗经》）对军事问题均有不同程度的探讨，专门性的军事典籍如《军政》等更是为传统兵学的形成奠定了基础。及至秦汉，兵学的发展开始重视军队建设和国防建设，并趋向于理论的整合，也出现了兵书整理和兵学流派分类。《汉书·艺文志·兵书略》更是以汉成帝时期的整理成果为基础，对中国兵书进行了大规模的著录和分类。它共分为兵权谋家、兵形势家、兵阴阳家、兵技巧家四大类，这基本上构架了兵学的理论范畴与层次，规范了兵学发展的方向。除了名垂千古的《孙子兵法》之外，还有一些兵书如彗星划过，在久远的时空有过耀目的划痕。它们是中华军事文化的结晶，整个中华文明史也自有它们的地位。

资源，遂放弃伐郑计划，灭了滑国后撤军回秦。

孟明视对晋军埋伏于崤山毫无所知，秦军很自然地进入晋军包围圈。当四月十三日秦师全部进入崤山北麓狭谷隘道时，先轸令旗一挥，埋伏于两侧的晋军和姜戎军蜂拥而出，杀向秦军。秦军哪里来得及布阵防御抵抗？顿时被冲得七零八落，而兵车又无法回旋御敌，终于全军覆没，无一人得脱，孟明视等3帅全成俘虏。

晋襄公的母亲文嬴原是秦国人，不愿同秦国结仇，她对得胜回朝的襄公说："秦国和晋国原是亲戚，一向友好。如果把孟明视这些人杀了，恐怕两国的冤仇越结越深，还是把他们放了，让秦君自己去处置他们吧。"

晋襄公觉得母亲说得有道理，就把孟明视等人释放了。

元帅先轸一听让孟明视跑了，立刻去见晋襄公，说："将士们拼死拼活，好不容易把他们捉住，怎么轻易把他们放走呢？"他一面说，一面气得向地上吐唾沫。晋襄公听了，也感到后悔，立即派阳处父将军带领一队人马飞快地去追孟明视等人。

孟明视等3人快到秦国的时候，秦穆公听到全军覆没，便穿了素服，亲自到城外去迎接他们。

孟明视等人跪在地上请罪。秦穆公说："责任在于我，没有听你们父亲的劝告，害得你们兵败受辱，我不怪你们。再说，也不能因为一个人犯了一点小过失，就抹杀他的大功啊！"

孟明视等人感激涕零，从这以后，他们认真训练军队，一心一意要报仇

雪耻。

公元前625年，孟明视请求秦穆公发兵攻打晋国，去报崤山之战的仇，秦穆公考虑之后同意了。孟明视等3员大将率领400辆兵车打到晋国。晋襄公早有防备，又一次打败了孟明视。

这一来，秦国就有人说孟明视是无能之辈。附近的小国和西戎一看秦国连打败仗，纷纷脱离秦国的管制。但秦穆公仍旧没有治他的罪。孟明视把自己的财产和俸禄全拿出来，送给在战争中阵亡将士的家属。他天天苦练兵马，一心要报仇雪耻。这年冬天，晋国联合了宋、陈、郑三国打到秦国的边界上。孟明视嘱咐将士守住城，不准随便跟晋国人交战，结果又让晋国夺去了两座城。

又过了一年，也就是崤山之战后的第三年。孟明视做好一切准备，在国内挑选精兵强将，拨发了500辆兵车。秦穆公还拿出大量的粮食和财帛，安顿好将士的家属。将士们斗志旺盛，浩浩荡荡地出发了。

秦军渡黄河的时候，孟明视对将士说："咱们这回出征，只能成功，不能失败，我想把船烧了，大家看行不行？"大伙说："烧吧！打胜了会有船的。打败了，就不回来了。"孟明视的兵士们士气高涨，憋了几年的仇恨全在这时候迸发出来。没过几天，秦军就夺回了上次丢失的两座城，接着又攻下了晋国的几座城池。

面对秦国的凌厉攻势，晋国上下惊慌失措。晋襄公跟大臣商量以后，命令只许守城，不许跟秦国人交兵。

看到晋国人龟缩在城里不敢出来，有人向秦穆公建议："晋国已经认输了，他们不敢出来交战。主公不如埋了崤山兵士的尸骨再回去，也可以洗刷以前的耻辱了。"于是，秦穆公率领大军到崤山，收拾起3年前死亡将士的尸骨，掩埋在山坡上，并带领孟明视等将士祭奠了一番，才班师回国。

一鸣惊人

秦国打败晋国，报了崤山之战之仇后，一连十几年两国相安无事。这期间，南方的楚国却一天比一天强大起来。

公元前613年，楚庄王熊旅继位。当年楚庄王还不满20岁，掌握楚国大权的是他的两个老师——斗克和公子燮。年轻的楚庄王根本不把国家大事放在心上，一切事务全由斗克和公子燮两人决断。在即位的前三年时间里，他白天打猎，晚上饮酒作乐，并下了一道命令：谁要是敢来劝谏，就处死谁。

山羊装饰战斧　春秋

三年过去后，楚庄王毫无悔改之意，仍然日夜歌舞欢宴不止。此时的朝廷混乱不堪，公子燮和公子仪便乘机发动叛乱。幸好朝廷中有庐戢黎与叔麇两位忠臣，他们当机立断平定了叛乱。但此时，楚国周边的国家陈、郑、宋等小国都依附了晋国。楚国的国势已经危若累卵了。

一天，大臣成公贾实在看不下去了，他请求面见楚庄王。在富丽堂皇的宫殿里，钟鼓丝竹之声绕梁不绝，楚庄王面前的几案上摆满美酒佳肴，楚庄王一面饮酒，一面欣赏美女们跳舞。庄王一见成公贾便问道："大夫来此，是想喝酒呢，还是要看歌舞？"成公贾话中有话地说："有人让我猜一个谜语，我怎么也猜不出，特此来向您请教。"楚庄王听说要让他帮着猜谜，觉得挺有趣，便一面喝着酒，一边问道："什么谜语，这么难猜？你说说。"成公贾于是清清喉咙说道："南山上有一只大鸟，三年里站在大树上不飞不动也不叫，这是只什么鸟？"楚庄王沉思了一会儿，说："这是一只与众不同的鸟。这种鸟三年不飞，一飞冲天；三年不鸣，一鸣惊人。你的意思我明白了，你下去吧！"

成公贾以为楚庄王已幡然醒悟，朝政会有新的变化，就兴冲冲地告诉了好友大臣苏从，两人眼巴巴地等待。可是，楚庄王照旧宴饮享乐。

苏从见楚庄王依旧没有变化，便冒死直谏楚庄王。他才进宫门，便大哭起来。楚庄王问道："先生，为什

· 先秦音乐 ·

先秦时，夏、商时代的乐器已较发达，至周代，据史料所记已达70余种。在西周，根据乐器的不同质料分为金、石、丝、竹、匏、土、革、木等八类，称为八音。八音分类见于《周礼·春官》。编钟属于八音中的金类，最早可溯及殷商，而大盛于春秋战国时期。1978年出土的曾侯乙墓编钟有65枚，音域达五个八度，钟身有3000余字的铭文，记述编钟的音律以及当时各国律制情况，是中国最早的乐理专著。曾侯乙为战国初时的人物，由此可见当时编钟所达到的水平。

么这么伤心啊？"苏从回答道："我为自己就要死了伤心，还为楚国即将灭亡而伤心。"楚庄王很吃惊，便问："你怎么能死呢？楚国又怎么能灭亡呢？"苏从说："我想劝告您，您听不进去，肯定要杀死我。您整天观赏歌舞，游玩打猎，不管朝政，楚国的灭亡不是在眼前了吗？"楚庄王听罢勃然大怒，抽出佩剑指着苏从的心窝说："你不知我下的禁令吗？"苏从面无惧色，从容不迫地说："我知道，但是楚国政事已不可收拾，活着也没什么意思，请大王赐臣下一死！"说罢延颈怒目而视，正气凛凛。楚庄王也用眼珠子紧瞪着苏从。突然，他将宝剑插入剑鞘，上前走了几步，双手紧紧抱住苏从的双肩，激动地说："你才是我要寻找的国家栋梁呀！"

楚庄王立刻下令罢去乐师鼓手、歌妓舞女。然后与苏从相对而坐，促膝谈心。苏从此时才知道，原来楚庄王因为当时朝政十分复杂，权臣乱政，依附者甚多，忠奸难辨，才故意装糊涂。这样做就是要让奸臣充分暴露，让忠肝义胆的贤臣挺身而出，然后做他的助手。

第二天，楚庄王上朝，召集文武百官，振乾立纲。楚国从此蒸蒸日上，他首先整顿内政，起用有才能的人，将伍举、苏从提拔到关键的职位上去。当时楚国的令尹斗越椒野心勃勃，想要篡位。楚庄王便任命了三个大臣去分担令尹的工作，削弱了他的权力，防止斗越椒作乱。楚庄王一边改革政治，一边扩充军队，加强训练军士，准备与晋国决战，雪城濮之战的耻。

楚庄王争霸

《史记》中说，楚庄王有一匹心爱之马，庄王对马的待遇不仅超过了对待百姓，甚至超过了士大夫。庄王给它穿刺绣的衣服，吃有钱人家才吃得起的枣脯，住富丽堂皇的房子。后来，这匹马因为享受过度，得肥胖症而死。楚庄王让群臣给马发丧，并要以大夫之礼为之安葬。大臣们认为楚庄王在侮辱大家，说大家和马一样，因而都很不满。

青铜马形饰　春秋

楚庄王下令，说再有议论葬马者，将被处死。优孟听说楚庄王要葬马，忙跑进大殿，仰天痛哭。楚庄王很吃惊，问其缘由。优孟说："死掉的马是大王的心爱之物，堂堂楚国，地大物博，无所不有，而如今只以大夫之礼安葬，太吝啬了。大王应该以君王之礼为其安葬。"楚庄王听后，无言以对，只好取消以大夫之礼葬马的打算。庄王葬马这个故事，映射了庄王从昏庸之君到圣明霸主的史实。"庄王葬马"以及"一鸣惊人"是楚庄王人生的一个缩影。

楚国经过整顿军队发展生产，出现了富国强兵的新局面，楚庄王认为与中原诸侯争霸的时机成熟了。

公元前606年，楚国讨伐陆浑的戎族，这是邻近东周的小国。得胜之后，楚庄王令大军在洛邑近郊举行一次盛大的阅兵式。一时间，洛邑周围旌旗蔽日，枪矛如林，鼓声号声震天动地。这样一来可把那个挂名的周天子吓坏了，他搞不清楚庄王打的是什么主意，慌忙派殿前大臣王孙满前去打探消息。

王孙满见楚庄王后，代表周天子对楚庄王及楚军表示慰问，并送上了犒劳的礼物。

楚庄王和王孙满交谈了一会儿后，楚庄王问王孙满："我听说大禹铸有九鼎，从夏传到商，又从商传到周，成为世界上的宝贝，现在放在洛阳。这鼎有多大？有多重？"王孙满听话听音，心中对楚庄王此番阅兵用意也已明白大半了。原来九鼎是用九州贡铜铸成，它既代表了九州，又象征着国家权力。现在楚庄王居然问起九鼎，表明了他有夺取周天子权力的野心。王孙满是个善辩的人，面对楚庄王大逆不道的言行，他说："治理天下的人，主要靠德服人，不是靠鼎。过去大禹有德，远方部落进

·铜鼎文化·

在先秦时代，钟鼎彝器这些礼仪祭祀用的贵重青铜器并非没有实用价值。《国语》曾记载，一年鲁国出现饥荒，鲁卿臧文仲对鲁庄公说："国家铸造钟鼎这些宝器，储藏玉帛这类财物，本来就是为人民遭受意外灾祸准备的。现在国家出现了饥荒，您何不用这些宝器作抵押，向齐国借些粮食以救济灾荒？"庄公答应了他的请求并派他前去齐国。可见钟鼎彝器是那时国家的信物。西周灭亡、平王东迁时，就将象征国家权力的九鼎先行迁往洛邑。鼎在则国存，鼎失则国亡，并非夸张的说法。鼎在中国社会的政治文化生活中的影响深远，现代汉字中的"鼎"字历经甲骨文、金文、小篆、隶书等多次变化，但至今仍保留着鼎的风范和形体特点，我们的语言中"一言九鼎""大名鼎鼎""定鼎之作""鼎力相助""问鼎""鼎盛"等说法依然不绝于口耳，其丰富的文化内涵可见一斑。

贡山川珍奇。禹以美金铸鼎，周身饰鬼神和万物图案，护佑小民防祸备荒。后来，夏桀无德，鼎移至殷人之手；纣王暴虐，鼎归于周。由此可见，朝政清明，鼎虽轻不移；朝政昏乱，鼎虽重但必迁。至于九鼎的大小轻重，别人是不应当过问的。"

楚庄王听了王孙满的话，知道自己还没有灭掉周朝的能力，就带兵回去了。回国后，楚庄王请来楚国一位有名的隐士孙叔敖当令尹（楚国的国相）。孙叔敖当了令尹以后，开垦荒地，挖掘河道，奖励生产，增强国力。

公元前598年，陈国发生内乱，楚国出兵征服了陈国，然后又迫使郑国归附。后来，郑国派人前往晋国，表示愿意服从。楚庄王得知这一消息，勃然大怒，于第二年亲率楚军进攻郑国。

楚军很快到了郑国新郑城下。郑襄公命兵士深沟高垒，坚守不出，又派人前往晋国求救。楚国日夜攻城，3个月后，由于晋兵久久未至，楚军最后攻陷新郑。

来救援郑国的晋军主将是荀林父，他听说新郑已被攻克，便下令班师回朝。副将先轸不听命令，偷偷率部分人马渡河追击楚军。荀林父见军队有分裂的危险，他控制不了先轸率领的兵马，于是横了横心，就下令三军渡河，与楚军主力决战。

楚庄王下令对晋军发起进攻，并亲自擂起战鼓助威。楚军将士如排山倒海般冲向晋军。由于晋军将领意见不一致，不能统一指挥，一下就被击溃了。晋军战败，渡黄河时，自相践踏，落水淹死的不计其数。有人劝楚庄王追上去，把晋军赶尽杀绝。楚庄王说："楚国自从城濮失败以来，一直抬不起头来。这回打了这么大的胜仗，总算洗刷了以前的耻辱。晋国、楚国都是大国，早晚总得议和，何苦多杀人呢？"说完，立即下令收兵。

公元前593年，楚庄王又使宋国降服。这样一来，楚庄王就问鼎成功，成了春秋五霸之一。楚庄王也真不愧把自己说成是一只一鸣惊人的大鹏鸟。

先师孔丘

孔子名丘，字仲尼，是鲁国陬邑（今山东曲阜）人，春秋末年的思想家、政治家和教育家，同时也是儒家学派的创始人。孔子的祖先是殷商王室的后裔，居住在宋国，后来为了避祸才逃到鲁国，定居下来。孔子的父亲名叫叔梁纥，曾以勇敢和臂力过人立下战功。叔梁纥在66岁左右与未满20岁的颜徵在结婚。婚后两人曾到山东曲阜东南的尼山拜神求子；后来生下了孔子，便取名为"丘"，字"仲尼"。

孔子像

孔子3岁时就遭受了丧父之痛，母亲颜氏把他带到当时鲁国的都城曲阜。由于父亲早逝，家中贫困，孔子只好瞒着母亲，辍学在叔孙氏家放牛。叔孙氏家有许多藏书，孔子经常借来阅读，慢慢成了知识渊博的人，孔子的名声也渐渐传开了。

20岁时，孔子的妻子为他生了一个儿子，鲁昭公闻信，派人送来鲤鱼，表示祝贺。昭公赐鱼之事，使孔子在曲阜声名鹊起。随后季平子根据孔子的业绩，擢升他为管理户口的司职吏。孔子上任以后，施行了五条措施，鲁国人奔走相告，外邦人陆续迁入，鲁国人口剧增。孔子不到30岁，就已经掌握了"六艺"，也就是礼节、音乐、射箭、驾车、书写、计算。此外，还掌握了以《诗经》《尚书》《礼记》《乐经》《周易》《春秋》为代表的各种文献资料，真正是才高八斗、学富五车了。这样一来，许多人都愿意拜他为师，他便办了一些私塾，收了许多学生，提出有教无类的教育方针。"孔门四科"意为孔子所传授的4门学术，指的是德行、言语、政事和文学，相关的记述见于《论语·先进第十一》："子曰：'从我于陈、蔡者，皆不及门也。德行：颜渊、闵子骞、冉伯牛、仲弓；言语：宰

"四书"书影

"五经"书影

我、子贡；政事：冉有、季路；文学：子游、子夏。'"孔子在此分别举出了4个学科门类中最为优秀的学生。从唐代开始，"孔门四科"的提法逐渐受到学者的重视。明清时期，"孔门四科"演变为"儒学四门"——义理、辞章、经济和考据。

孔子在34岁时，赴洛阳会见道家学派的创始人老聃。这一次会见，使孔子了解了周朝的礼乐及文物制度。孔子对老子的道家思想佩服得五体投地，称他为云中之龙。公元前513年，鲁国发生"三桓"之乱，鲁国掌权的三家大夫——季孙氏、孟孙氏、叔孙氏把鲁昭公轰下了台。这时，孔子也在鲁国待不下去了，只好来到齐国。这一次齐景公待他很客气，还向孔子询问了治国的道理。孔子提出了"正名"的主张，即所谓"君君、臣臣、父父、子子"，也就是说，君、臣、

·曲阜孔庙与孔府·

曲阜孔庙建于2400多年前，是我国现存建筑时间最早的祭祀孔子的古代祠堂建筑群。面积为327亩，南北全长1120米，前后9进院落，共466间房屋，其中有5座大殿、53座门坊、13座碑亭以及其他祠、坛、阁、堂等，布局严谨，气势雄伟，建筑壮丽巍峨，既有帝王宫殿的金碧辉煌的气魄，又不失文化发源地的庄重儒雅之风。它包括9重院落，前三重院落为引导性庭院建筑，包括金声玉振坊、棂星门、太和元气坊、至圣庙坊、圣时门、壁水桥、弘道门、大中门、同文门、奎文阁、十三碑亭等。从第四重院落开始，曲阜孔庙的布局则分为左路、中路和右路。中路建筑是祭祀孔子和先儒名士的场所，包括大成门、大成殿、寝殿、圣迹殿和两庑。左路建筑为孔子的家庙，是祭祀孔子上五代先祖的场所，包括承圣门、诗礼堂、故井、鲁壁、崇圣祠。右路的重要建筑有：启圣门、金丝堂、启圣王殿、寝殿等，主要祭祀孔子的父母。孔庙的碑林也同建筑本

孔庙杏坛

位于孔庙大成门与大成殿之间甬道正中，原为孔子旧宅教授堂遗址，宋时将此堂旧址"除地为坛，环植以杏，名曰杏坛"。整个建筑玲珑典雅，为孔子从事教育活动的重要标志。

身一样闻名全国，共有大小碑刻2200多件，集中在大成殿两侧的东西两庑和十三碑亭中，真、草、隶、篆俱全，堪称石刻艺术宝库。孔庙东侧便是孔府，是孔子嫡长孙的府第，孔子死后，子孙世代居于故宅，称为庙宅。

父、子都应当名副其实，各自都按等级名分的要求行事。齐国宰相晏婴认为孔子学说不过是书生之见罢了，并非齐国的当务之急。齐景公听从晏婴的话，决定不用孔子。这样，孔子便离开齐国，又回到鲁国教书，跟他学习的人越来越多。

到了公元前501年，鲁定公任命孔子为中都宰，后来又提升为司空、司寇。孔子作司寇时，齐国与鲁国假意会盟的事引起了孔子的注意。他建议鲁定公防备齐国的阴谋，多带一些大将和兵马前去。在夹谷（今山东莱芜之夹谷峪）会盟上，孔子发挥了重要作用，使鲁国在外交上取得了胜利。鲁定公被胜利冲昏了头脑，以为天下太平了，便不过问政事，整天吃喝玩乐。孔子想劝说他，但他总是躲着孔子。无奈之下，孔子便离开了鲁国。

孔子先后到过卫国、曹国、宋国、郑国、陈国、蔡国、楚国。这期间，孔子曾经在陈、蔡之间受困，7天没吃上饭，但孔子依旧不改其初衷，坚持讲

孔子讲学图　清

此图表现了春秋时期孔子在杏坛讲学的情景。图中孔子端坐讲授，弟子们在周围恭敬地聆听。作品因是宫廷绘画，所以特别讲求用色和整体结构。

诵弦歌，表现了他乐观豁达的人生态度。

公元前484年，孔子又回到了鲁国。鲁哀公和大臣们多次向孔子问政，但最终还是没有起用孔子。此后的5年里，孔子专心从事文献整理和教育事业，删《诗经》《尚书》，定《礼记》《乐经》，修《春秋》，授徒多达3000多人，其中，道德高尚精于"六艺"的有72人。

公元前479年，孔子去世。孔子死后，为后代留下了丰富的思想遗产。孔子强调仁，这是充满人道主义的光辉思想，也是春秋时期社会动荡不安的客观反映。经孔子编著整理保存下来的诸如《春秋》《尚书》《诗经》等书籍，对后世的学术思想影响极大。

卧薪尝胆

晋国在邲打了败仗，霸业开始衰落。楚国渐渐强盛起来。此后，晋楚争霸，各不相让。后来，经宋国调停才罢兵讲和。

在中原局势渐趋平静的时候，南方的吴越争霸开始了。吴国的国王阖闾，依靠伍子胥、孙武等人的辅佐，在柏举（今湖北麻城）之战中打败了楚国。但就在吴军攻入郢都的时候，越国军队向吴国发起了进攻，从而揭开了吴越争霸的序幕。

吴王阖闾得知越国攻吴的消息，立即从前线回师攻打越国。公元前496年，越王允常病死，其子勾践继位。吴王阖闾趁越国刚刚遭遇丧事，发兵攻打越国，两军在檇李（今浙江嘉兴）展开大战。结果，吴军大败，阖闾中箭受了重伤。阖闾临死前，对儿子夫差说："千万不要忘记越国的仇恨。"

夫差即位后，发誓一定要打败勾践，为父亲报仇。他任命伍子胥为相国，伯嚭为太宰，励精图治，准备攻打越国。

过了两年，勾践探知夫差昼夜练兵，就想先发制人。吴王夫差率兵迎战，双方大战于夫椒。结果，越军大败，勾践战败逃到会稽山上，被吴国追兵围困起来。

勾践以为局面已临近最后关头，准备杀妻与吴王决一死战。他手下有两个很有才能的人，一个叫文种，另一个叫范蠡。他们认为一味蛮干，只有死路一条，不如先贿赂吴国权臣伯嚭，以求生路。勾践便暗中派人把一批越女和奇珍送给他，托他在夫差面前说好话。伯嚭果然接受了礼物，在夫差面前劝说一番。

夫差不顾伍子胥的反对，答应了越国的求和条件，但要勾践到吴国去赎罪。

勾践把国家大事托付给文种后，就带着夫人与大夫范蠡去了吴国。夫差派人在其父阖闾墓旁筑了一个石屋，将勾践夫妇、君臣赶进屋中，换上囚衣，做喂马的苦役。夫差每次坐车出去，都叫勾践牵马，叫范蠡伏在地上当马镫。

这样过了两年，勾践在吴国吃尽了苦头。文种又给伯嚭送去珍宝美女，请他在夫差面前进言放回勾践。夫差对伯嚭一向唯命是听，又觉得勾践这两年的表现的确是真心归顺了他，也就微笑点头了。

勾践在越3年，受尽苦难。周敬王二十九年（公元前491年），吴王夫差赦勾践归国。自此，勾践广纳贤士，立志报仇雪恨。为了不忘屈辱，磨砺志气，他自己身穿粗布衣服，不吃肉食，住在简陋的屋子里，把席子撤去，用柴草做褥子；在吃饭的地方悬挂一个苦胆，每逢吃饭的时候，先尝一尝苦胆，然后大喊一声："勾践，你忘记会稽的耻辱了吗？"他不断激励自己，振作精神。这就是"卧薪尝胆"故事的由来。

勾践亲自与百姓一起共同劳作，让夫人织布裁衣，与民同甘共苦。经过长期的艰苦奋斗，"十年生聚，十年教训"，越国最终从失败中重新崛起。

面对越强吴弱的发展态势，伍子胥忧心如焚，他对夫差说："我听说勾践卧薪尝胆与百姓同甘共苦。"夫差不仅不听，反而疏远了伍子胥。又过了两年，夫

越王勾践卧薪尝胆图

差带兵进攻齐国，得胜而归。文武官员全说恭维话，只有伍子胥在夫差面前批评说："这次进攻齐国，只能算是一次小胜利。如果越国不灭，才是心腹大患。"吴王夫差大怒，赐伍子胥一把宝剑，令他自杀了。不久，勾践留下文种处理朝政，自己与范蠡率精兵5万袭击吴国，打败吴国守军，杀了吴国太子。

公元前473年，勾践再次进攻吴国，把夫差包围在姑苏山上。随后，越军消灭了吴军。勾践封给夫差一块地方甬东，在会稽东边的一个海岛。夫差痛悔自己相信伯嚭之言，却听不进忠言，于是他以布蒙面，伏剑自杀了。勾践以国王的礼节埋葬了夫差，又诛杀了伯嚭。

当时，吴越之地的铸剑技术很高超，与勾践有关的有一把名剑——越王勾践剑。越王勾践剑于1965年在湖北江陵望山一号墓出土，保存完好，剑长55.7厘米，出土时寒光闪闪，剑刃仍很锋利。剑身满布黑色菱形花纹，纹饰精美，镂刻最细处仅0.1毫米。近剑格处有两行鸟篆铭文，此剑寒气逼人、锋利无比，历经2000多年，纹饰仍然清晰精美，加之"物以人名"，此剑被誉为"天下第一剑"。剑柄、剑格乌黑，剑格两面铸有花纹，分别嵌有蓝色玻璃与绿松石。剑首向外翻卷作圆箍形，内铸11道宽度不到1毫米的同心圆。越王勾践剑制工精美，显示出铸剑师的卓越技艺，堪称国宝。吴越战争是春秋时期的尾声。到了公元前475年，进入战国时期，我国封建社会开始了。

战国争雄

 三家分晋

东周时期，诸侯国内有大夫采邑，一个采邑实际是一个小国。因为诸侯兼并，某些诸侯国土地扩大了，国内某些采邑也跟着扩大起来。大采邑间由开始兼并到盛行兼并，与诸侯兼并走着同样的道路，不过两种兼并的作用却明显有所不同。诸侯兼并破坏了被灭国的宗族，加强了本国内的宗族；采邑兼并则是破坏了国内失败的宗族。家族代宗族而兴起，这主要是战争的结果。

食采邑的贵族有两类。一类是国君的儿子，按规定，嫡长子得以继承君位，其余食采邑做大夫，如鲁国的三桓，郑国的七穆，齐国的高、国、崔、庆

·《国语》·

　　《国语》也叫《春秋外传》，是杂记西周、春秋时周、鲁、齐、晋、郑、楚、吴、越八国人物、事迹、言论的国别史。据说为春秋晚期鲁国人左丘明所作，与《左传》同为解说《春秋》的姊妹篇。近代学者研究证实，春秋战国时有称为瞽蒙的盲史官，专门记诵、讲述西周历史。左丘明即是著名瞽蒙之一，他比孔子略早一些，其讲史曾得到孔子的赞赏。瞽蒙讲述的史事被后人笔录成书，称为《语》，按国家名称区分为《周语》《鲁语》等，总称为《国语》。西晋时曾在魏襄王墓中发现很多写在竹简上的古书，其中有《国语》二篇，言楚、晋之事。这表明战国时该书已流传于世。今本《国语》应该就是这些残存记录的总集。由于是口耳相传的零散原始记录，所以很多内容是言辞，在国别和年代上也很不平衡。全书21卷中，《晋语》9卷，《楚语》2卷，《齐语》只有1卷。《周语》从穆公开始，还属西周早期；《郑语》仅记桓公谋议东迁之事，应在春秋之前；《晋语》记到智伯被杀的事，已属战国之初。《国语》分国别记言，开创了史料编纂学上的国别体。

《国语》书影

等。另一类是有功的异姓人，也得食采邑做大夫，如晋国六卿中范氏、赵氏、齐国陈氏等。大夫的采邑与名位都是子孙世世继承不绝，国君在这些世袭贵族中选出一人或数人做卿，助国君掌管国政。到后来，华夏诸侯国如晋、齐、鲁、宋、郑、卫等国，卿也成为子孙世袭，国政被几家世卿把持，某些宗族变成强宗，采邑变成强国。

大夫被宠或有功或有权力，可以获得国君赏田、赏人，也可以向国君请赏，或瓜分其他宗族的土地，甚至可以瓜分公室。鲁国在公元前562年，季孙、孟孙、叔孙三家三分公室，作三军各得一军；到公元前537年，三家又四分公室，季孙得二，孟孙、叔孙各得一，季孙私属甲士多至7000人。

东周前期，诸侯武力兼并，晋悼公兴霸业，先给人民免旧欠、救灾难、轻赋敛、赦罪人等好处。东周后期，齐国田氏、晋国的韩赵魏三家，政治上比较开明，所以成为大夫兼并的最后胜利者。

在周代初年的所有封国中，晋国的面积最大，力量最强，最有实力统一中国。

晋国国君的权力衰落后，实权由栾、中行、赵、魏、韩、智六家大夫把持，他们又以自己的地盘和武装，争权夺利，互相攻战。后来只剩韩、赵、魏、智四家。四家中智伯瑶势力最大，野心也最大。智伯瑶打算下一步侵占韩、赵、魏三家的土地，于是把赵襄子、魏桓子、韩康子三大夫请到家中，设宴款待。席间智伯瑶对三家大夫说："晋文公时，晋国是中原霸主，后来霸主地位被吴、越夺去了。为了重振晋国雄风，我主张每家献出一百里土地和相应的户口交国君掌管。"韩康子害怕智伯瑶的势力，首先表示赞同，愿把韩家土地和一万家户口交给智家；魏桓子心里不愿意，但也不得不表态，也把百里土地和九千家户口交给智家，智伯瑶见赵襄子一言不发，便用言语威胁他。赵襄子性格耿直，看智伯瑶贪婪的样子，非常气愤，便说："土地是祖宗遗产，要送给别人，我实在不敢做主。"智伯瑶听罢立刻翻脸，智、赵在席上争吵不休，赵襄子一甩袖子走了。智氏立刻决定讨伐赵襄子，并亲自带兵马为中军，让韩为右军、魏为左军，三军直奔赵城。赵襄子寡不敌众，边战边退，退到晋阳（今山西太原）闭关固守。整整打了两年的仗，智军就是攻不下赵城。

智伯瑶无计可施，十分恼火。一天，智伯瑶绕赵城察看地形时，看到晋阳城东北有晋水河，水势湍急，受到启发。智伯瑶便命令士兵筑坝蓄水，想把晋阳全城淹没。

大水进了晋阳城以后，赵襄子焦虑不安，愁眉不展，就与谋士张孟谈探讨对策。赵襄子说："目前百姓情绪稳定，只是水势若再往上涨，全城就难保了，这可怎么办呢？"张孟谈分析说："攻城不如攻心。我看韩、魏把土地割让给智家，并不是心甘情愿的，我们何不派人游说，把韩、魏争取过来，请他们帮我们一起对付霸道的智伯瑶？"赵襄子同意这主意，就派张孟谈连夜出城，直奔韩、魏两营。韩、魏二大夫正担忧自己的前途，经张一说，都赞同合力对付智伯瑶。

第二天深夜，智伯瑶在营帐里睡得正香，突然听见一阵喊杀声。他连忙披衣察看，发觉床下到处是水，以为大堤决口的水从晋阳城漫过来了，心里还挺高兴。但出帐外一看，兵营里一片汪洋，士兵被突来的大水弄得惊慌失措，乱作一团。智伯瑶惊魂未定，转瞬间，三家军分由韩、赵、魏大夫带领，撑着木筏，从四面八方冲杀过来，打得智家军措手不及，被砍死的和淹死在水里的不计其数，智伯瑶也死于乱刀之下。

韩、赵、魏全歼了智家军，并乘势瓜分了晋国土地。公元前403年，三家派使者上洛邑去见周天子，要求晋封他们为诸侯。周天子见木已成舟，也就顺水推舟送个人情，正式晋封韩康子、赵襄子、魏桓子三人为诸侯。

从此以后，韩、赵、魏都成为中原大国，与秦、楚、燕、齐四个大国并称为"战国七雄"。

商鞅变法

在战国七雄当中，秦国的政治、经济、文化各方面落后于中原各诸侯国。

公元前361年，秦国的新君即位，这就是秦孝公。他下决心发愤图强，把秦国治理成强国，他做的第一件事就是搜罗人才。卫国的一个贵族公孙鞅（就是后来的

商鞅像

商鞅），在卫国的时候，国君不重用他。听说秦国在招收人才，便来到秦国，托人引荐给了秦孝公。

商鞅对秦孝公说："一个国家要富强，必须发展农业，奖励将士；治理国家，必须有赏有罚，赏罚分明，朝廷就会树立起威信，一切改革也就容易施行了。"商鞅的一席话非常符合秦孝公的心意。可是秦国的一些贵族和大臣却竭力反对。

过了两年，秦孝公控制了朝廷，稳定了君位，就拜商鞅为左庶长（秦国的官名），并把改革制度的事全权给予商鞅。

于是，商鞅起草了一个改革的法令，但是担心老百姓不信任他，不遵守新法令。他便想了个法子，叫人在都城的南门竖了一根三丈高的木头，下命令说："谁能把这根木头扛到北门去，就赏这个人10两金子。"不一会儿工夫，南门口围了一大堆人，大伙儿你瞧我，我瞧你，就是没有一个人上前扛木头。商鞅知道老百姓不相信他的命令，就把赏金又加了40两。可是，赏金越高，看热闹的人越觉得不近情理，仍旧没人敢去扛。正在大伙儿犹豫不定的时候，从人群中跑出来一个人，那人说："我来试试。"边说边扛起木头就走，一直扛到北门。商鞅立刻派人赏给扛木头的人50两金子。这件事立即传开了，一下子轰动了秦国。从此，老百姓都知道左庶长的命令不含糊。

但是，这次改革遭到了许多贵族、大臣的反对。有一次，秦国的太子犯了法。商鞅对秦孝公说："国家的法令人人都要遵守。如果当官的人不遵守，老百姓就不信任朝廷了。太子犯法，应当惩罚他的师傅。"后来，商鞅治了太子的两个师傅公子虔和公孙贾的罪，一个被割掉了鼻子，另一个在脸上刺上字。这样一来，那些贵族、大臣都不敢触犯新法了。

周显王十七年（公元前352年），大良造商鞅率兵围安邑（今山西夏县西北），安邑降秦。第二年，商鞅又率军攻魏之固阳，迫使固阳归秦。秦因此越过洛水，收复公元前408年被魏夺走的部分河西之地。

为了进一步巩固秦国的统治，加强中央集权，商鞅于周显王十九年（公元前350年）进行更大规模的第二次变革。

"开阡陌封疆"，废除井田制。"开阡陌封疆"就是废除土地国有，把标志土地国有的阡陌封疆去掉。井田制首废于晋六卿中的赵氏。商鞅变法吸收赵氏改革的经验，并加以发展，在秦国境内正式废除井田制，确认地主和自耕农的土地所有制，在法律上公开允许土地买卖，并将政府拥有土地的授田制度扩大，便于地主经济的发展，增加地主政权的地税收入。

大力推行县制。商鞅第二次变法以前，在秦国某些地区就已存在县一级的行政机构。商鞅变法将这一行政机构推行于全国，使之成为秦国地方政权的基本组织形式。最初设置的县有30多个，其后，随着国土的扩张，又增加了许多。每县设县令和县丞，全县最高行政长官是县令，县丞是县令的助手。此外还设县尉，掌管全县军事。县制的普遍推行，把地方政权和军权集中到中央，巩固了中央集权的封建统治。

统一度量衡。此前，各地度量衡不一，不便于贸易往来。统一斗、桶、权、衡、丈、尺等度量衡后，地区间的商业往来十分便利，商业很快就兴旺起来，这一切对赋税和俸禄制的统一产生了积极作用。

扩大疆域，迁都咸阳。咸阳南临渭河，北依高原，地处秦岭怀抱，既便于往来，又便于取南山之产物。咸阳城规模宏伟，城内建筑有南门、北门、西门，由商鞅监修的咸阳宫在城内，是由众多的宫殿连接而成的宫殿群，雄伟壮观。为了加强秦王朝的封建统治，商鞅按照中原风尚、习俗，将秦的社会风俗改变。这次变法同样获得了巨大成功，秦的国力在变法之后继续上升。不久，秦国进攻魏国，从河西打到河东，最后攻下了魏国的都城。商鞅变法的成功为秦统一六国创造了条件。

张仪连横

秦国经过改革，国力日渐增强。面对势力不断扩张的秦国，其他六国都感到恐慌。为了抵抗秦国，有人建议六国采取联合抗秦的策略。这种策略叫作"合纵"。另有一些人站在秦国一边，拉拢各国与秦国合作，打击其他国家，这种策略叫作"连横"。在主张"连横"的政客当中，要数张仪最有名望。

张仪是魏国人，他早年和苏秦同在鬼谷子先生门下求学。张仪学完课业之后，告别了老师和同学，到诸侯国去进行游说。

张仪历经千辛万苦到了秦国，这时，秦孝公已经死了，他的儿子秦惠王即了位。张仪凭借他的口才，果然得到秦惠王的信任，当上了秦国的相国。这时候，六国正在组织合纵。

在六国当中，要数齐、楚两国最强大。张仪认为要实行"连横"，必须拆散齐国和楚国的联盟，他向秦惠王献了个计策，他假装辞去秦国相位，带着厚礼，以游说者的身份投奔楚国。

楚怀王对张仪在秦的显赫地位早有耳闻。张仪一到楚国，楚王就盛情款待了他。楚王对张仪说："您来我们这个偏僻落后的国家，有什么指教吗？"

张仪接过话茬说："大王如果能听我的意见，首先同齐国断交，不再同它往来，我能把秦国商、於一带的600里土地献给贵国；让秦王的女儿嫁给大王做妻妾。秦、楚两国之间娶妇嫁女，结为亲戚，永远和好。这样，削弱了北边齐国的力量，西边得到秦国的好处，我看没有比这更好的主意了。"

楚王喜出望外，赞成张仪的主张，一群溜须拍马的大臣都向楚王祝贺。楚国把相印交给张仪，宣布与齐国解除盟约，并派使臣随张仪接收商、於之地。

士的崛起

战国时期，养士之风盛行，著名的"战国四公子"都养士千人。士与主人之间建立起一种新型的隶属关系。张仪、苏秦便出自这样的阶层。

·苏秦合纵·

苏秦是战国时期纵横家的代表人物。他与张仪是同学，师从于鬼谷子。苏秦入燕，深受燕昭王信任。苏秦认为，燕国欲报强齐之仇，必须先向齐表示屈服顺从，掩饰复仇的愿望，赢得振兴燕国所需的时间。其次，要鼓动齐国不断进攻其他国家，以防止齐国攻燕，并消耗其国力，为此，他劝说齐王伐宋，合纵攻秦。公元前285年，苏秦到齐国，挑拨齐赵关系，取得齐湣王的信任，被任为齐相，暗地却仍在为燕国谋划。齐湣王不明真相，依然任命苏秦率兵抗御燕军。齐燕之军交战时，苏秦有意使齐军失败，5万人死亡。他使齐国群臣不和，百姓离心，为乐毅五国联军攻破齐国奠定了基础。

之后，苏秦又说服赵国联合韩、魏、齐、楚、燕攻打秦，赵国国君很高兴，赏给苏秦很多宝物。苏秦得到赵国的帮助，又到韩，游说韩宣王；到魏，游说魏襄王；至齐，游说齐宣王；又往楚，游说楚威王。诸侯都赞同苏秦之计划，于是六国达成联合的盟约，苏秦为纵约长，并任六国相。回到赵国后，赵王封他为武安君。秦知道这个消息后大吃一惊。此后15年，秦兵不敢图谋向函谷关内进攻。

张仪出使楚国的目的达到了，他一回到秦国便假装从马上掉下来伤了脚，一连3个月都不理楚国使臣。后来，齐国见楚国不讲信义，便与秦国联合了。张仪见计划实现了，便把楚国使者打发走。楚国使者再一次向张仪索要土地时，张仪要赖不承认有这回事了。

使者回来一报告，楚怀王怒发冲冠，发动10万大军攻打秦国。秦惠王也发兵10万人迎战，齐国赶来助战。楚国一败涂地，10万人马只剩了两三万，商、於600里地没到手不说，还被秦国夺去了汉中600里地。

后来，张仪又去韩国、齐国、赵国、燕国等国逐一地推行他的连横策略。在他的策划下，秦对韩、魏采取又拉又打的策略，迫使这些国家就范，力图侍奉秦国以求相安无事。张仪还曾率军向东侵伐，使秦完全占有了河西、上郡等地，并在河东占有土地，掌握了黄河，国威大振。

张仪作为一个纵横家，活跃在战国的政治舞台上，他以言辞和策术游说各国君主，成为战国时期特有的政治活动家。

胡服骑射

北方的赵国看到秦国恃强凌弱的做法，知道只有发愤图强，才能国泰民安。赵国的国君武灵王，是个很有远见的国君，面对周边的诸侯国日益强大，

赵武灵王胡服骑射复原图

便考虑着赵国的发展前途。

周赧王八年（公元前307年），赵武灵王率军攻取中山国的房子（今河北高邑西南）之后，大军直达无穷之门（今河北张北），又自北向西到达黄河边，考察了赵国北面的游牧部族地区。赵武灵王意识到，在北方山地和丘陵地区不能使用车战，胡人身着胡服骑马射箭的作战技术则显示出特有的长处。于是他就着手进行军事改革。

有一天，赵武灵王对他的臣子楼缓说："咱们国家东边有齐国、中山（古国名），北边有燕国、东胡，西边秦国、韩国和楼烦（古部落名），我们如果不强大起来，随时都会遭受灭顶之灾。要发愤图强，就必须改革一番。我觉得咱们穿的长袍大褂，干活、打仗都不方便。相比之下，胡人（古代泛指北方的少数民族）的短衣窄袖倒是很灵活。我打算效仿胡人的风俗，把我们的服装改一改，你看怎么样？"

楼缓一听，连声说好，他说："咱们效仿胡人的穿着，也能学习他们打仗的本领啦！"

赵武灵王说："对啊！咱们打仗全靠步兵，或者用马拉车，这样不如骑马灵活机动。我们学胡人的穿着，就是要学胡人那样骑马射箭。"

这个想法一传开去，就遭到许多大臣的反对。公子成是赵武灵王的叔父，在赵国影响力很大。他先是以不能"变古之教，易古之道"为由拒绝穿胡服。赵武灵王于是亲至公子成家，反复说明事与礼可以随时代而变，并讲述胡服的优越性，赵国要想永远立于不败之地，就得改革以加强军事实力。赵武灵王表示要继承赵简子、赵襄子的事业，振兴赵国。赵武灵王的慷慨陈词令公子成备受感动，于是第二天他便穿着胡服上朝。公子成对胡服骑射改革的支持，使得赵武灵王更加有信心将这项军事改革坚决贯彻下去。

赵武灵王向全国发布胡服命令。这时有王族赵文、赵造和王子傅周绍等大臣向赵武灵王进谏以质疑胡服骑射，不断陈述习俗、礼教的不可变更性，希望他收回成命。赵武灵王批驳说，"三代不同服而王，五伯不同教而政"，"法度制令，各顺其宜，衣服器械，各便其用"。批评他们不知时变，不谙治国。他们最后不得不接受了胡服。

赵武灵王看到条件已经成熟，就发布了一道改革服装的命令。不久，赵国人不分贫富贵贱，都穿上了胡服。一开始，人们还觉得有点不习惯，后来觉得穿了胡服实在方便灵活得多。

赵武灵王接着又号令国人学习骑马射箭。他把攻下的原阳（今山西大同北）改为"骑邑"，用来培训骑兵。大臣牛赞进谏："使不得，大王！国家和军队的常规是不能改变的。"赵武灵王立即驳斥他："依你说，经济发展，社会进步了，国家和军队还应该是一成不变吗？""今重甲循兵，不可以踰险；仁义道德，不可以来朝。"牛赞被斥责得无言以对。从这里可以看出，赵国胡服骑射改革的过程是艰难而又曲折的。这不只是单纯的易服，而且还是一场尖锐的思想政治斗争。

赵国原来的服装是宽袍大袖，里三层外三层，十分烦琐；改为胡人服饰后变成紧身短装，束皮带，穿皮靴，轻巧利索，很适合马上训练、作战。赵武灵王组织培养出一支强大的骑兵，使之成为赵国军队中一个重要组成部分，为赵国发展成为东方六国中最强国做出了卓越贡献。春秋以来，骑兵虽已出现，但数量很少，在军队中地位无足轻重。赵武灵王通过骑射改革，建立起强大的骑兵队伍，为中原国家军队的发展提供了范例。

赵武灵王的改革很快收到了成效。胡服骑射举动不仅拓展了赵国的疆土，壮大了赵国的实力，而且使赵国继晋之后与燕国同为北方民族融合的中

北方民族的折沿皮帽

身壮腿粗的河套马

轻便的短衣

骑马俑　秦

　　骑兵是战国以来形成的新兵种，机动性强，富有杀伤力，至战国末年，骑兵成为各国的主要兵种。秦国在六国中对骑兵的建制最为重视，不仅有优良的马种，而且有身材极为强壮的骑士。这是目前发现的最早的骑兵陶俑，也是现在所知的最早的胡服。通常所说的胡服是指古代我国北方少数民族轻便简洁的一种适宜骑马的服装。

心，也为中原的生活方式带来了新的因素。公元前305年，赵武灵王亲自率领骑兵打败了临近的中山，又收服了东胡和临近几个部落。到了实行胡服骑射以后的第七年，中山、林胡、楼烦都被收服了，赵国的土地扩大了许多。

赵武灵王经常带兵外出打仗，把国内的事务交给儿子处理。公元前299年，他把国君的位子传给了他的儿子，就是赵惠文王。赵武灵王改称自己为主父（意思是国君的父亲）。

远交近攻

赵国因为将相和睦，使秦国不敢侵犯。秦国便把矛头指向其他国家。到了公元前270年，秦国又派兵攻打远离秦国的齐国。

正在这时，有人向秦昭襄王推荐一个人，他叫范雎。范雎是魏国人，才高八斗，能言善辩，但家境贫寒，在魏国大夫须贾府里当门客。

有一回，魏昭王要与齐国结盟，派遣须贾出使齐国。须贾带着范雎一起去了。齐襄王听说范雎很有才能，便想与他交好，特意叫手下人赏赐给范雎很多黄金以及佳肴美酒。范雎想到自己是随员身份，不便接受这份厚礼，再三不肯接受，有人把这件事告诉了须贾。

几天后，须贾率随员回到魏国，向魏国的相国公子魏齐告发范雎。魏齐立即派人把范雎抓起来，严刑拷问，几次把范雎打得昏死过去，牙齿打掉了，肋骨也打折了，浑身上下皮开肉绽。范雎只好直挺挺地一动不动，假装已经被活活打死。魏齐以为范雎死了，叫人把范雎用破席卷起来扔到厕所里。天黑后，范雎才从席子里爬出来。

郑国的郑安平与范雎有很深的交情，他认为范雎是个难得的人才，暗地里把范雎救下来，连夜帮他逃出虎口，改名张禄。

后来，秦昭襄王派使臣王稽访求贤士，郑安平扮作士兵模样服侍王稽，找机会向王稽推荐了范雎。经过交谈，王稽觉得范雎的确是个难得的大才，便设法把范雎带到秦都咸阳。

秦王非常恭敬地请范雎进宫，虚心求教。范雎分析了各国的情况，主张对于远离秦国的国家，要采取联合的策略；对于邻近秦国的国家，采取进攻的策

略。如果攻打遥远的国家，即使打胜了，也不好管理；而攻占了邻近的国家，那么这个国家的土地，都是自己的了。秦昭襄王听后大加赞赏。立刻拜范雎为客卿。过了几年，正式拜他为秦国宰相。秦王振兴朝政后，准备攻打魏国。

魏王听说秦国要发兵攻魏，忙派须贾出使秦国求和。范雎听说须贾来到秦国，便扮作贫寒落魄的样子，前往馆舍见须贾。须贾见到范雎还活着，吓了一跳，问道："你还活着呀，你现在在干什么？"范雎答："我就在这儿给人家干杂活。"须贾看到范雎的可怜相，就让人取了一件锦袍送给范雎。须贾顺便问道："听说秦国宰相张禄很得秦王的赞赏，我很想见见他，不知有没有人能给我引见？"范雎笑了笑说："我家主人同张相国很有交情，我倒愿意替须大人说句话。"须贾说："那太好了。"

到了第二天，范雎带须贾到了相府门口。范雎让须贾在门口等候，自己一直走进相府内，门卫们不加盘问还肃然施礼。须贾一一看在眼里觉得有些不对劲儿，便忍不住向守门人打听："我今天特来拜会你家主人，不知你家主人在不在家？"守门人告诉他："刚才陪你一起来的就是我家主人，秦国宰相张大人。"须贾一听吓得目瞪口呆。一会儿听到里面传唤："相爷叫须贾进去。"须贾慌忙匍匐在地爬着进入大厅，见到高堂上坐的丞相正是范雎，便连连磕头说："须贾罪该万死，请相国饶恕小人的罪过吧！"范雎愤怒地痛斥须贾一番。接着又说："昨天你送我一件锦袍，念你还有一点良心，饶你一命。今天交给你一个任务，回去替我告诉魏王，把魏齐的脑袋送来。不然的话，我发兵直取魏都大梁。"须贾狼狈地退出相府，赶紧回国把范雎的话告诉了魏王。魏齐知道在魏国会成为牺牲品，再也无法待下去了，他偷偷地逃到赵国去，在平原君门下避难。

后来，秦国答应了魏国的求和条件，按照范雎的远交近攻计策，先出兵攻打韩、魏，同时，为了防止齐国与韩、魏结盟，秦昭襄王还派使者主动与齐国结盟。开始时，齐虽不愿意秦抢先兼并中原而图谋合纵伐秦，但它同时也怕其他小国强大难制。秦正是利用这一点开展远交近攻的。

到秦王嬴政时，他依然坚持"远交近攻"之策；远交齐、楚，首先攻下韩、魏；然后又从两翼进兵，攻破赵、燕，统一北方；攻破楚国，平定南方；最后把齐国也收拾了，实现了四海归一、统一中国的愿望。

 **纸上谈兵**

公元前262年，秦昭襄王派大将白起向韩国进攻，切断了上党郡（治所在今山西长治）和韩都的联系。在形势危急的情况下，上党的韩军将领打发使者去赵国请降。赵孝成王派军队接收了上党。过了两年，秦国又派王龁带兵把上党团团围住。

赵孝成王得知消息，连忙派廉颇率领20多万大军去援救上党。他们到长平（今山西高平西北）时，听说上党已经落入秦军之手。

王龁转而进军长平。廉颇连忙叫兵士们修筑堡垒，坚守阵地，准备做长期抵抗。王龁无计可施，只好派人回报秦昭襄王。

秦昭襄王请范雎出主意。范雎说："要打败赵国，必须把廉颇调开。"他沉思了一会儿，想出了一条计策。

过了几天，赵孝成王听到左右纷纷议论，说："秦国就是怕让年轻有为的赵括带兵，廉颇老了不中用了，眼看就快投降啦！"

他们所说的赵括，是赵国名将赵奢的儿子。赵括自幼爱学兵法，谈起用兵之道，口若悬河，自以为天下无敌，不把任何人放在眼里。

赵王听信了左右的议论，叫人把赵括找来，问他能不能打败秦军。赵括说："秦国的大将白起比较难对付。但是王龁没有什么了不起的，不过是廉颇的对手。要是换上我，打败他轻而易举。"

赵王听了很高兴，就拜赵括为大将，去接替廉颇。这个决定遭到了蔺相如的反对，可是赵王听不进蔺相如的劝告。

赵括的母亲也给赵王上了一道奏章，不赞成赵王派他儿子去换廉颇。赵王把她召了来，问她什么原因。赵母说："他父亲临终时再三嘱咐我说，'赵括这孩子把用兵打仗看作儿戏，派不上用场。将来大王不用他还好，如果用他为大将的话，只怕赵军会断送在他手里。'所以我请求大王千万别让他当大将。"

赵王说："你不要管了，我已经决定了。"

赵括替换廉颇的消息传到秦国，范雎知道自己的反间计成功，就秘密派白起代替王龁为上将军，去指挥秦军。白起其人非同一般，伊阙一战斩韩、魏军24

万；南破楚都郢，焚楚夷陵；华阳斩魏、赵军15万。他战功显赫，威震东方，纸上谈兵的赵括又怎是他的对手？赵括上任，一反廉颇所为，更换将吏，改变固守防御战略，让大小将领大为不满。接着他制订了进攻方案，传令准备出击。

公元前260年八月，赵括率赵军主力出城进攻秦军。两军稍事交锋后，白起命秦军佯败后撤，诱敌深入。赵括误认为秦军抵挡不住，便挥师紧追。当赵军前进到长壁后，预伏在这里的秦军主力精锐迎面扑来，赵军攻势受阻；白起又组织了一支轻装突击队直插过来。正面的秦军主力已让赵军疲于应付了，又怎么经得起这一股新生力量的冲击？赵军逐渐抵挡不住，赵括欲退兵，但为时已晚：白起埋伏于两翼的2.5万秦兵在赵军与秦军主力格斗时已迂回到赵军侧后，抢占了西壁垒高地，截断了赵军的退路，赵军被全面包围。白起见袋形阵已形成，为防止这"庞大猎物"逃脱，"口袋"还得系上口，他即派精骑5000迅速插入赵军营垒间，牵制、监视守营的那部分赵军。赵军被围困，只得筑垒坚守。

赵王大惊，忙派兵增援。秦王知道赵派援兵后，便往河内（河南黄河以北地区）征发年满15岁的男丁参加长平之战，堵截赵国援军，断其粮道。9月，赵军已被困46天，粮尽援绝，内部自残以人肉充饥；他们还不时受到秦军突击队的冲击，死亡的阴影笼罩着全军。突围4次失败后，赵括孤注一掷，亲领赵军精锐强行突围，结果再遭惨败，赵括本人也中箭身亡。赵军失去主帅，又身心疲惫，便放弃抵抗，白起怕赵军日后反叛，只让年少体弱的240人归赵，其余全部坑杀于长平。

秦赵长平之战，结果以赵国的惨败而告终，赵军先后死亡达45万人，秦军也死亡过半。赵国实力由此大为削弱。

李斯谏逐客

秦国虽然在邯郸打了败仗，但是第二年（公元前256年）战胜了韩、赵两国。后来，索性把挂名的东周王朝也灭掉了。秦昭襄王死去后，他的孙子秦庄襄王即位。没过3年，秦庄襄王也死了，继承王位的是年仅13岁的太子嬴政。吕不韦被尊为相国，主持朝政。大权落入太后赵姬、吕不韦和假宦官嫪毐手中。

公元前239年，也就是嬴政亲政的前一年，吕不韦和嫪毐不甘心放弃自己

的权力，采取种种手段，力图保住自己的地位。同样，富有谋略的嬴政也不甘心听任吕不韦和嫪毐的摆布，一场激烈的政治斗争开始了。

公元前238年，嬴政下令发兵镇压嫪毐叛乱，车裂嫪毐。因为嫪毐是吕不韦引荐的，因此牵连到吕不韦。秦王政觉得吕不韦不听摆布，便免了吕不韦的职。后来又逼吕不韦自杀。

吕不韦一死，秦国的一些大臣就议论起来，说，各国的人跑到秦国来，都是为他们本国的利益考虑，还有一些是来当间谍的。他们请秦王政把所有的客卿都撵出秦国。

秦王政表示赞同，就下了一道逐客令，让所有不是秦国人的官员都离开秦国。

有个楚国来的客卿李斯，原是著名的儒家学派代表荀子的学生。他来到秦国后，受到吕不韦的赏识，留下来当了客卿。这次，李斯也在被驱逐之列，心有不甘。离开咸阳的时候，他给秦王上了一道奏章。

李斯在奏章上说："从前秦穆公在位时，因为有了百里奚、蹇叔，当了霸主；秦孝公在位时用了商鞅，变法图强；惠文王在位时，用了张仪，拆散了六国联盟；昭襄王用了范雎，建立了功业；现在大王执政，却把外来的人才都撵走，这不是帮助其他国家增加实力吗？"

秦王政看了奏章，觉得李斯说得有道理，便派人把李斯追回来，恢复了他的官职，把逐客令取消了。

从这以后，秦王政很信任李斯，李斯也给秦国出了不少好主意。这样，秦一面加强对各国的攻势，一面派人到列国游说诸侯，拆散他们的联盟。

秦·汉

- ✿ 天下归秦
- ✿ 西汉盛衰
- ✿ 东汉挽歌

天下归秦

天下归一统

赢政在亲政后，用了大约9年的时间，确立自己的绝对权威，对六国的斗争也由先前的蚕食变为吞并。他根据李斯的建议，确立了"先取韩，以恐他国"的策略。从公元前230年起，赢政全面发动了兼并六国的统一战争。

战国后期，七雄中只有赵国是可以勉强与秦国抗衡的国家。但是公元前260年的长平之战，赵国惨败，40万赵军被坑杀，赵国实力大损，其他国家更加无力抵御秦国的进攻。

赢政亲政，更把削弱赵国的军事实力作为统一的重要一步，并于公元前236年和公元前232年先后两次进攻赵国，但由于赵国大将李牧的英明指挥而没有成功，不过也使赵国的实力大为削弱。

公元前230年，秦王赢政令内史腾率领大军转而进攻韩国，韩国几乎没有进行任何抵抗，就被秦军迅速攻下其都城新郑，并俘虏了韩王安。韩国灭亡，

·封建中央集权制·

秦始皇顺应国家政治制度从君主制向专制集权制演变的趋势，首先树立了绝对的皇权。他为了避免列国纷争历史的重演，适应专制皇权和统一国家的需要，采纳廷尉李斯的建议，彻底废除分封诸侯的制度，全面推行郡县制，把全国分为36郡，均为中央政府下辖的地方行政单位。他又以秦国原有官制为基础，对官制进行了调整和扩充。建立了一整套从中央到地方的新的政府机构：在中央设有三公（丞相、太尉、御史大夫）和九卿（郎中令、卫尉、太仆、廷尉、治粟内史、少府、典客、宗正、奉常），可以对国家大政进行廷议，最后由皇帝裁决；地方行政机构分为郡、县两级，郡设守、尉、监，县设令或长，并有相应的官吏考核制度。为维护这种集权制度，秦始皇还颁布了严苛的封建法律，在全国统一施行。

秦国在此设颍川郡。

第二年，即公元前229年，秦王嬴政派大将王翦率兵从上党进攻赵国，赵国仍然由李牧率兵抵抗，双方相持达一年之久。于是秦国使用反间计，以重金贿赂赵王的宠臣郭开，向赵王诬陷李牧，结果李牧被罢，后被处死。这样，赵国无人可以统兵抗敌。于是，王翦在公元前228年俘虏赵王，并攻入赵国都城邯郸。赵国灭亡。

灭赵的同时，秦已兵临燕境。燕国自知无力抵抗，太子丹于是孤注一掷，重金雇勇士荆轲，于公元前227年遣其入秦刺杀秦王，结果刺杀未遂。

秦王政杀了荆轲后，余怒未消，他立即命令大将王翦加紧攻打燕国。燕国哪里抵挡得住秦军的攻打，很快就溃败下来。秦军不肯罢休，非要抓住太子丹不可。燕王喜被逼无奈，只好杀了太子丹，向秦国求和。

秦王政打败了燕国，又采用了尉缭的计策，派王翦的儿子王贲带兵10万进攻魏国。魏王派人向齐国求救，齐王建没有回应。

公元前225年，王贲灭了魏国。灭魏的同时秦已策划伐楚。秦王问诸将灭楚需多少兵力，青年将领李信说需20万，而老将王翦则认为非60万不可。秦王以为王翦年老怯战，否定了他的意见，而派李信、蒙恬领兵20万攻楚。公元前225年，秦军南下伐楚，楚将项燕率军抵抗。初时秦军进展顺利，在平舆和寝击败楚军，进抵城父。但楚国毕竟地大兵多，项燕在城父集结数十万楚军发起反击，大败秦军，李信败逃回国。秦王方知王翦估兵不虚，屈尊亲自登门向王翦赔礼，命他征楚。

公元前224年，大将王翦带领60万人马，浩浩荡荡向楚国进攻。楚国也出动全国兵力奋起抵抗。

王翦到了前方后，修起了壁垒，坚守不出。楚国大将项燕一再挑战，他也不理睬。

几个月的时间一晃而过，双方的将士都因为无仗可打而心烦。王翦四处巡视，见将士们无所事事，就想了个办法：让大家每天吃饱睡好后，比赛跳远、蹦高和投掷石块。这样一来，将士们不像原来那样无所事事，士气消落，而是生机勃勃、士气高涨，无形中成了全军大练兵。而楚军屡次挑战不成，整日无所事事，军中烦躁、懒散风气日盛。

　　过了一段时间，项燕认为王翦是上这儿来驻防的，就不怎么把秦国的军队放在心上了。没想到项燕没有防备的时候，秦军突然发起进攻，60万人马一拥而上杀了过去。楚国的将士如梦方醒，晕头转向地抵抗了一阵，便各自逃命去了。秦军一鼓作气打到寿春（今安徽寿县西），俘虏了楚王负刍。楚国就此灭亡了，这一年是公元前223年，即秦王政二十四年。

　　王翦灭楚之后，回到咸阳，由他的儿子王贲接替做大将。公元前222年，王贲灭掉燕国，进而攻占了赵国最后留下的代城。

　　这时候只剩下一个齐国了。齐王建向来不敢得罪秦国，每回遇到诸侯向他求救，他总是拒绝。他满以为齐国离秦国远，只要死心塌地听秦国的话，就不会遭到秦国的进攻。等到其他五国一一被秦国吞并，他才慌了手脚。

　　公元前221年，王贲带了几十万秦兵直扑临淄。没有几天，秦军就攻进了临淄，齐王建也束手就擒了。

　　自从公元前475年进入战国时期起，各诸侯国经过250多年的征战，终于被秦国各个击破，结束了长期的诸侯割据的局面，建立了一个统一的多民族的封建国家——秦王朝。

千古第一帝

秦始皇像

　　秦朝以前，统治者最高的称号是王。商、周时君主都称为王。后来周王室衰微，群雄并起，各诸侯国君也相继称王。但是，经过10年左右的兼并，其他六国的国王都成了阶下囚。秦王面对自己取得的成就，深感"王"的称号不足以显示自己的地位。于是，秦王下令说："寡人以眇眇之身，兴兵诛暴乱，赖宗庙之灵，六王咸伏其辜，天下大定。今名号不更，无以称成功，传后世。其议帝号。"

　　于是，王绾、冯劫、李斯等人与博古通今的博士们商议后，对秦王嬴政说："以前五帝时，不过统治方圆千里之地，而且周边的少数部落只是时向时离，但是天子也没有办法。现在，陛下兴义兵，平定天下，这是自古以来没有的功业，三皇五帝也没法与陛下相比，所以请陛下尊称泰皇，自称为朕，命令称为诏。"但嬴政认为应采用上古帝位号，称"皇帝"，并立即制命天下。在制命中，嬴政决定自称始皇帝，后世继承皇位者以数计，为二世、三世，直至万世，传之无穷。这样，秦始皇就成为秦王嬴政的称号，皇帝也就成为中国封建社会最高统治者的专称。

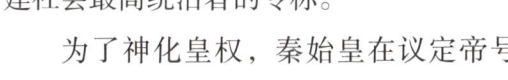

始皇诏版　秦

这块青铜的诏版，原置于官廷重要的器具之上，文为"廿六年，皇帝尽并兼天下诸侯，黔首大安，立号为皇帝，乃诏丞相状、绾，法度量则不壹，嫌疑者，皆明壹亡"。

为了神化皇权，秦始皇在议定帝号后，还规定了玉玺制度。由秦始皇下诏，李斯书写，后由工匠制成的玉玺，上面勾交五条龙，方四寸，其文为"受命于天，既寿永昌"，成为皇权的象征。

在确定皇帝的称号后，秦始皇为了加强集权，对原来的中央和地方管理体制进行了变革，在中央设立三公九卿，在地方实行郡县制，官吏都由皇帝任命。

秦朝的三公指的是丞相、御史大夫、太尉。丞相是百官之长，他的职责是协助皇帝处理全国的政事。秦丞相多设左、右二人。秦朝建立之初，分别以隗状、王绾为左、右丞相，后来则有右丞相冯去疾和左丞相李斯。在秦始皇统治时期，不但丞相的任免完全由皇帝决定，而且各项政事的处理也完全取决于皇帝，丞相并无决断之权。

御史大夫负责监察工作，同时还要帮助丞相处理政事。在秦朝以前就有御史一职，但只是很低微的一种官职。秦始皇为了牵制相权，加强监察，于是改设御史大夫，位列三公。

太尉的职责是协助皇帝处理军事事务，是中央政府中的最高军事长官。太尉在战时有领兵作战的权力，但是没有权力调兵，军队的调动权只属于皇帝一人。

在三公下，秦朝还设有九卿（但是数目不只是九），分掌朝廷和国家的

小篆体十二字砖　秦

这件显示秦始皇开创强大帝国声势的秦砖，以阳文篆刻"海内皆臣，岁登成熟，道毋饥人"12个字，意思是秦朝统一天下，普天之下都是秦朝子民，希望国富民安。

不同行政事务，分别受丞相、御史大夫和太尉的领导，并直接听命于皇帝。秦朝的九卿主要有掌宗庙礼仪的奉常、掌宫殿掖门户的郎中令、掌宫门卫屯兵的卫尉、掌舆马的太仆、掌刑辟的廷尉、掌少数民族事务的典客、掌宗室的宗正、掌谷货的治粟内史、掌山海池泽之税的少府、掌列侯的中丞、掌皇后太子家的詹事。

以三公九卿为主的中央行政机构是秦朝封建专制主义政治体制的核心，是绝对听命于皇帝的最高权力机关。

为加强皇权，秦始皇加强了思想控制，其中最主要的措施就是焚书坑儒。

公元前213年，秦始皇在咸阳宫中举行盛大宴会，庆祝寿诞，参加宴会的有文武百官及博士70人。

宴会上，博士们都向秦始皇祝寿。仆射周青臣首先祝颂道："他时秦地不过千里，赖陛下神灵明圣，平定海内，放逐蛮夷，日月所照，莫不宾服。以诸侯为郡县，人人自安乐，无战争之患，传之万世。自上古不及陛下威德。"对于周青臣这番歌功颂德之辞，秦始皇十分高兴。这时，博士齐人淳于越则奏道："臣闻殷周之王千余岁，封子弟功臣，自为枝辅。今陛下有海内，而子弟为匹夫，卒有田常、六卿之臣，无辅拂，何以相救哉？事不师古而能长久者，非所闻也。今青臣又面谀以重陛下之过，非忠臣。"这样，淳于越

秦始皇焚书坑儒图　清

这件清代的帛画以想象的方式向我们展现了秦始皇当年焚书坑儒的情形，图中在朝堂之上秦始皇巍然高坐，儒生战战兢兢求命于下，朝堂之外已有许多儒士被绑，或被杀扔入坑中，或被押在坑边。

就再次提出了分封制的问题。

于是，秦始皇命众臣对淳于越的观点进行讨论。此时已担任丞相的李斯说："五帝不相复，三代不相袭。"认为不同的时代，有不同的统治方法，这些儒生借古非今，使得百姓的思想混乱。因此，李斯向秦始皇建议道："臣请史官非秦记皆烧之。非博士官所职，天下敢有藏《诗》《书》百家语者，悉诣守、尉杂烧之。有敢偶语《诗》《书》者弃市。以古非今者族。吏见知不举者与同罪。令下三十日不烧，黥为城旦。所不去者，医药卜筮种树之书。若欲有学法令，以吏为师。"秦始皇根据李斯的建议，下令在全国"焚书"。第二年，秦始皇又进行了坑儒。

秦始皇坑儒是由几个方士的畏罪逃亡引起的。随着统一大业的完成，秦始皇祈求长生的愿望越来越强烈。早在公元前219年，秦始皇东巡，来到齐国故地。齐地的方士徐福投秦始皇所好，告诉秦始皇东海中有蓬莱、方丈、瀛洲三座仙山，并宣称只要挑选数千名童男、童女，乘几十艘大船，带足礼物，便可入海求见仙人。秦始皇竟信以为真，随即按徐福所说的去做，结果徐福率船东渡，却一去不回。

后来在公元前215年，秦始皇又派方士卢生去寻找仙人及长生不老的仙药，但是卢生仍旧是空手而归。卢生还以谎言蒙骗秦始皇说："臣等寻仙求药，因为有妨碍的东西，所以常常不能遇到。只要皇帝时常秘密出行，居地无人知晓，真人就会到来，长生之药便可求得。"秦始皇对卢生的话信以为真，并说："朕十分仰慕真人！"还按照卢生的话去做。但是卢生等人还是没有找到仙药，他们知道不可能永远隐瞒欺骗下去，于是便四处散布流言，说仙药求不得是因为秦始皇独断专权，性格暴躁。然后卢生等带着骗取到的钱财偷偷

·"皇帝"的由来·

君王称为"皇帝"是从秦始皇开始的。在此之前，中国古代的最高统治者称"王"，如周文王、周武王等。春秋战国时期，王室渐衰，一些国力强大的诸侯国的国君也自称为王。秦王嬴政统一天下后，自认为这是自古未有的功业，如果不改变"王"的称号，"无以称成功，传后世"。于是，让李斯等人议改称号。他们和众人商议后报告秦王说："上古有天皇、地皇、泰皇，泰皇最贵，可改'王'为'泰皇'。"秦王反复考虑，认为自己"德高三皇，功高五帝"，决定兼采"帝"号，称为"皇帝"。从此以后，"皇帝"的称号便为历代君主所袭用。

地逃离咸阳。

秦始皇见卢生等人寻求仙药长久不得，心中生疑，但是因为寻求仙药之事早已天下皆知，而且秦始皇也自称"真人"，所以仍希望会找到仙药。可是，卢生等的出逃使得咸阳百姓议论纷纷，秦始皇知道后，大怒，说："朕先前收尽天下不用的书，尽毁去；然后召集天下方士儒生，优待他们，以求太平，炼寻仙药，可是徐福等人竟一去不回，卢生等人还在背后诽谤朕，妖言惑众，朕要一一查问卢生在咸阳的同伙。"于是秦始皇下令审讯儒生，这些人互相告发，共查得460人，全部被活埋于咸阳城外的骊山温谷。所以，骊山温谷也叫坑儒谷。

秦始皇"焚书坑儒"虽然加强了思想控制，但是，对于中国文化来说，则是一次严重的摧残，标志着封建文化专制主义的到来。

统一规制

秦国是消灭其他六国而统一起来的，但是由于七雄并立时间长久，各国在文字、货币、度量衡等方面有很大差异。秦统一六国后，为加强统治、维护统一，采取了统一文字、货币、度量衡的措施。

汉字产生后，经过长期的发展演变，至春秋战国时期，随着社会的动荡和急剧变化，各地文字的形体和读音都有所不同，出现了"言语异声，文字异形"的现象。当时，同样的字，不同的国家往往写法不同。典型的例子是"马"的诸多字形：在齐国有3种写法，在楚、燕国有另外2种写法，在韩、赵、魏还有2种不同的写法。这不但不利于文化的发展和各地人民间的交流，而且给秦朝的各种文书、档案的书写、阅览和传播造成巨大困难。

面对这种情况，秦始皇接受李斯的建议，于公元前221年发布"书同文"的诏令，规定以秦国小篆为统一书体，与小篆不同者全都废掉。为了在其他六国推广小篆字，秦始皇命李斯、赵高、胡毋敬分别用小篆书写《仓颉》《爰历》《博学》3篇，作为文字范本。

李斯等人所书的小篆字范，其实是对中国几千年来文字自然发展的一次总结。尽管上述3篇范本早已失传，但是小篆被大量使用在秦始皇出巡时的纪事石刻中。据记载，这些石刻大多是李斯的手笔，其中《泰山刻石》存有9字，《峄山刻石》有南唐的摹本，《琅琊台刻石》尚存86字。这些小篆字形结构有较大的变化：字体整齐划一，布局紧凑，笔画匀称，很明显地纠正了六国文字结构繁杂、难写难认的缺点。

在秦朝，除了小篆以外，还流行一种比小篆更为简易的隶书。这种字体，以前认为是程邈创造的，但是实际上是人们在抄写公文狱讼时，仓促中用不规则的草书篆体，渐渐创造出来的。这种"草篆"最初主要由狱吏使用于徒隶，所以叫隶书。秦始皇对隶书也进行了整理，经过整理后的隶书，笔画直线方折、结构平整、书写方便，不仅民间使用甚广，而且各级政府的官方文体也多用隶书，只有少数重要诏书除外。

秦始皇统一文字，有利于统一多民族国家的发展。从此，汉字的结构基本定型。

春秋战国时期是我国商品经济迅速发展的时期，不同的国家，铸币也往往不同。但是，铜币已成为当时流通领域里的主要货币，各国的铜币在形状、大小、轻重以及计算单位上却有很大差异。从形状上看，当时各国的铜币可以分为布币、刀币、圆钱、铜贝四类。布币的形状类似金属农具镈（布），主要在赵、魏、韩等国使用。刀币的形状像刀，主要在齐、燕、赵国流通。圆钱分为外圆内有方孔和圆孔两种，主要是在秦、东周、西周以及赵、魏的黄河沿岸地区使用。铜贝形状类似海贝，俗称"蚁鼻钱"，主要是在楚国使用。

币制的不统一，严重阻碍着各地商品的流通及统一国家的财政收支。所以，秦统一后，秦始皇下令统一全国货币，采取的措施主要有三项：首先，将铸币权收归国家，禁止地方和私人铸币。对于私自铸币者，不仅没收其所铸钱币，还要拘捕和严惩私自铸币者。其次，明确规定货币

泰山刻石 秦

相传为秦丞相李斯手书，书体是标准的小篆，结构特点直接继承了石鼓文，又比之更加简化。

种类。秦朝的法定货币为黄金和铜钱，黄金属于上币，铜钱属于下币。铜钱为圆形方孔钱，上面铸有"半两"的字样，每钱重十二铢。最后，废除原来六国使用的布币、刀币、铜贝等各种货币，不准以龟贝、珠玉、银锡等充当货币。

秦始皇统一货币，消除了各地区间的币制上的不统一状态。秦王朝制定的圆形方孔钱，成为中国封建社会货币的基本形制，沿用了2000多年。

秦统一前，各国的度量衡也十分混乱，计量单位不统一。单以长度而论就有数种传世铜尺，如长沙楚国铜尺两边长度分别为22.7厘米和22.3厘米；安徽寿县楚铜尺长为22.5厘米；洛阳金村铜尺长22.1厘米。1尺的长度相差多达0.6厘米。在量制方面，各国的差异更大。齐国自田氏以来，实行以升、豆、釜、钟为单位，即"五升为豆，各自其五以登于釜，十釜为钟"，而魏国则以益、斗、斛为单位。至于衡制方面则更加混乱，单位名称差别更大。楚国的衡器是天平砝码，以铢、两、斤为单位；赵国则以镒、釿为单位；东周、西周以孚为单位。

度量衡是商品交换中所必不可少的，而且是国家收取赋税的重要标准。秦统一后，秦始皇下令，以秦国的度量衡为标准，统一其他六国的度量衡器。具体措施是将统一度量衡的诏书全文刻在新制作的度量衡标准器上。这样既可以提供更多的标准器，又可以宣传秦始皇的功绩。统一后，秦朝的度制以寸、尺、丈、引为单位，以十为进位制度；量制方面以龠、合、升、斗、桶（斛）为单位，也是十进制；衡制方面以铢、两、斤、钧、石为单位，进位是24铢为1两，16两为1斤，30斤为1钧，4钧为1石。

文字、货币、度量衡的统一，在中国历史上占有重要地位，成为维护中国封建国家统一的重要基础。

刘邦和项羽

在南方会稽郡有一支强大的起义队伍，领导这支队伍的首领是项梁和他的侄儿项羽。项梁是楚国大将项燕的儿子，秦国大将王翦攻灭楚国的时候，项燕兵败自杀，项梁一直想重建楚国。他的侄儿项

刘邦像

羽身材魁梧，力大无比，跟项梁学了不少本领。

项梁本是下相（今江苏宿迁西南）人，因为跟人结了仇，躲避到会稽郡吴中来。他能文能武，吴中的年轻人都很佩服他，把他当老大哥看待。项梁教这些年轻人学兵法，练本领。这时，他们听说陈胜起义，觉得是个建功立业

泗水亭

此亭在今江苏省沛县，据《沛县志》记载，汉高祖刘邦曾做过泗水亭长。

的好机会，就杀了会稽郡守，占领了会稽郡。不到几天，就拉起了一支8000人组成的队伍。因为这支队伍里都是当地的青年，所以称为"子弟兵"。

项梁、项羽带着8000子弟兵渡过长江，攻克了广陵（郡名，治所在今江苏扬州市），接着又渡过淮河，向北进军。一路上又有各地方的起义队伍来投奔项梁。

第二年，刘邦带着一支100多人的队伍来投靠项梁。

刘邦是沛县（今江苏沛县）人，在秦朝做过亭长（秦朝十里是一亭，亭长是管理十里以内的小官）。有一次，上司要他押送一批民夫到骊山做苦工，在去往骊山的山路上，每天总有几个民夫跑掉，刘邦想管也管不了。这样下去，到了骊山，刘邦也交不了差。

有一天，他把民夫们叫到一起，对大家说："你们到骊山去做苦工。累不死也得被打死；就算不死，也不知道哪年哪月才能返回家乡。我现在放你们走，大家各自去找活路吧！"

民夫们非常感激刘邦，当时就有几十个民夫愿意跟着他走。刘邦就带着这些人逃到芒砀山躲了起来。

沛县县里的文书萧何和监狱官曹参知道刘邦是个好汉，都愿意与他交好，他们之间来往不断。

等到陈胜打下了陈县，萧何和沛县城里的百姓杀了县官，并让人到芒砀山把刘邦接了回来，请他当了沛县的首领，大家称他"沛公"。不久，张良也投到了刘邦麾下。

项梁见刘邦也是一个人才，就拨给他人马。从此，刘邦成了项梁的部下。

这时各地起义军的领导权都落在旧六国贵族手里，彼此争夺地盘，互相攻打。秦国的大将章邯、李由想趁机把起义军各个击破。

面对这种形势，项梁在薛城开始整顿起义队伍。为了增强号召力，项梁听了谋士范增的建议，立楚怀王的孙子为楚王。因为楚国人对当年楚怀王受骗死在秦国一直愤愤不平，所以大家把他的孙子仍称为楚怀王。

巨鹿大战

项梁整顿了起义军后，打败了秦朝大将章邯。项羽、刘邦带领另一支队伍，杀了秦将李由。不久，章邯重新补充了兵力，趁项梁不备，发动了猛烈的进攻。项梁死在了乱军之中，项羽、刘邦也只好退守彭城去了。

章邯打败项梁，认为楚军已经元气大伤，就暂时放弃攻击楚军，带领秦军北上进攻赵国（这个赵国不是战国时代的赵国，而是新建立起来的一个政权），很快就攻下了赵国都城邯郸。赵王歇逃到巨鹿（今河北平乡西南），坚守不出。

章邯派秦将王离包围巨鹿，自己率大军驻扎在巨鹿南面的棘原。为了给王离军运送粮草，他在棘原和巨鹿之间修筑了一条粮道。

赵王歇一面守城，一面派人向楚怀王求救。当时，楚怀王正在筹划进攻咸阳。见赵国来求援，就任命宋义为上将军，项羽为次将，范增为末将，率领大军救援赵国。同时派刘邦西击关中，直捣秦朝都城咸阳。当时，秦军还很强盛，诸位将领都不愿先入关，唯独项羽，因为急于替叔父项梁复仇，主动请缨，要和刘邦一起进军关中。可是项羽初次领兵作战攻克襄城时，因为怨恨襄城军民誓死抵抗，曾经下令屠城，蒙上了"剽悍祸贼"的恶名，所以怀王和一些老将

镶嵌云纹弩机　秦

此为远射兵器构件。弩机由牙（上有望山）、牛（钩心）、悬刀（扳机）、栓塞及廓组成。廓、望山、牙上饰错金云纹和S形纹。悬刀一侧有篆体铭文十一字，记作弩于秦王政二十三年（公元前224年），并铸有主管官吏和工匠姓名。1974年湖南长沙马王堆出土。

拒绝了他的要求，派素有仁厚之名的刘邦进军关中。怀王与诸位将领约定，先入定关中的人就封为关中王。这一约定，为日后刘、项的争端埋下了种子。

公元前207年10月，宋义率领楚军开到安阳。当时，巨鹿的赵军已经危在旦夕，可是宋义却畏惧秦军的声势，在安阳一直停留了46天，迟迟不肯进军。这下可急坏了项羽。

项羽对宋义说："现在军营里粮食不多了，但是上将军却按兵不动，自己喝酒作乐，这样对得起国家和兵士吗？"宋义不但不听，还下了道命令：军中如有不服从指挥的，立即斩首。

当时，连日阴雨，天气寒冷，楚军又是远道而来，军粮不足，士兵们衣服单薄，饥寒交迫。这时的战争形势十分危急，秦军一旦攻破赵国，就会更加骄横，到那时，楚军势单力孤，更难以对抗秦军。国家安危，系于巨鹿一战，而宋义却停兵不前，终日歌酒宴会，丝毫不知体恤士卒，更不忧心国事，还送儿子出使齐国，和齐相田荣勾结。

项羽看到这种情况，又是气愤，又是焦虑。十一月的一天清晨，按捺不住的项羽终于趁参见宋义的时候，拔剑杀掉了宋义，然后公告全军，说宋义意图谋反，自己已经按楚王的密令将他处死。众将领推举他代理上将，楚怀王知道以后，也只得正式任命他为上将军。

当时，前来救援赵军的各路人马都已经在巨鹿城下安营扎寨，但是因为畏惧秦军，都逡巡不前，不敢与秦军交战。只有项羽一马当先，在公元前207年12月，以非凡的气概指挥楚军北上，向巨鹿进发。

他先派部将英布、蒲将军率领2万人做先锋，渡过漳水，切断秦军运粮通道，把章邯和王离的军队分割开来；然后自己率领数万楚军渡过滔滔漳水，向北岸的秦军营地进发。

过了河，项羽命令将士，每人带三天的干粮，把军队里做饭的锅砸掉，把渡河的船凿沉（文言叫作"破釜沉舟"）；然后，对将士说："咱们这次打仗，没有回头路可走，三天之内，一定要打败秦兵。"

这时的楚军，前面是几十万秦军主力，后面是波涛汹涌的漳水。一旦战败，就只能被秦军残杀，或者葬身漳水，几乎已经陷入绝境。楚军将士都明白，只有全力以赴，击败秦军，才能绝地求生。于是，楚军人人奋勇，个个争

先，以迅雷不及掩耳之势冲向秦军阵地。一时间，巨鹿城下杀声震天，经过一连9次激烈的战斗，楚军终于击破了秦军，脱离了险境。

项羽率军进攻秦军的时候，前来援赵的各路将领都慑于秦军淫威，远远地做壁上观。项羽击溃秦军之后，立即召见他们。这些人个个胆战心惊，进入项羽的大营之后，都膝行而前，头都不敢抬。这一战，项羽显示出坚决果敢的战斗精神和无所畏惧的英雄气概，各路诸侯都对他佩服得五体投地，项羽成了楚军和各路义军的最高军事统帅，威震四方。这一年，项羽刚刚25岁。

巨鹿之战后，项羽立即引兵南下，进驻漳水南面，进攻章邯率领的秦军主力，两军对峙了数月之久。秦二世在奸臣赵高的挑拨之下，不断派人责备章邯战斗不力，章邯日夜担心自己会被权奸暗算，赵将陈余劝他倒戈反秦。正当他犹豫不决之时，项羽派蒲将军领兵渡过三户津，一举战败秦军，项羽自己也在汙水大破秦军。经过两次打击之后，章邯终于决定投降，秦军主力部队被瓦解了。

鸿门宴

项羽在巨鹿大战中打败了王离，收降了章邯，而后率领40万大军开到函谷关，看见关口有兵把守着，不准项羽的军队进关。项羽得知是刘邦的将士守着关口，肺都要气炸了，命令将士猛攻函谷关。关口很快被打开，项羽军队长驱直入，直到新丰、鸿门（今陕西临潼东北）才驻扎下来。这里离刘邦军队驻扎地灞上只有40里路，项羽决定第二天攻打刘邦。

项羽的叔父项伯和刘邦的谋士张良是好朋友，他怕打起仗来张良会送

鸿门宴壁画　汉

命，就连夜赶到刘邦军营告知张良，叫张良赶快逃命。

刘邦、张良乘机以礼相待，并当即结成儿女亲家。刘邦对项伯说："我进入关中后，登记户籍，封闭府库，未敢擅取丝毫财物，一心等待项将军的到来。至于派兵守卫函谷关，也是为了防止意外。我日夜盼望项将军的到来，岂敢背叛？希望您能替我说个明白。"项伯欣然应允，并与刘邦约定，让他次日亲自去拜谢项羽。

项伯连夜赶回楚营，转达了刘邦的心意。他还对项羽说：刘邦具有丰功伟绩而去攻打他，是没有道理的，不如以礼相待。其时，项羽重兵在握，并不在意刘邦，况且攻打刘邦师出无名，于是便听从项伯的建议，撤销了次日清晨进攻灞上的计划。

第二天一大早，刘邦就带领张良、樊哙和100多人赶到鸿门，拜见项羽。刘邦装作十分热情地说："我和将军一起攻打秦朝，您在黄河的北面作战，我在黄河的南面作战。没想到我能先打进关中，攻破咸阳，今天有机会和将军见面，真是件令人高兴的事。听说有些小人在您面前挑拨我和您的关系，请将军千万别听信这些话。"项羽是个直性人，见刘邦这样可怜兮兮，怒气很快就烟消云散了。项羽叫人摆上酒席，举杯劝刘邦喝个痛快，态度越来越和气。

酒席上，范增一再给项羽使眼色，并多次举起胸前佩挂的玉玦做暗示，要项羽杀掉刘邦。项羽默不作声，好像没看见一样。范增急了，找个借口走出营门。他把项羽的堂兄弟项庄找来，交代他说："项王心肠太软，你到席上敬酒，然后舞剑助兴，趁机杀了刘邦。"项伯见项庄在宴席前不怀好意地舞起剑来，害怕刚结的亲家刘邦吃亏，也拔出宝剑说："一个人舞剑没有两个人来

劲。"就用身子护着刘邦，与项庄对舞起来，项庄没机会对刘邦下手。

张良见形势危急，找个机会溜了出去，对樊哙说："宴会上项庄拔剑起舞，总想对沛公下毒手。"樊哙听了急得大喊："我去同他们拼了！"他带上宝剑和盾牌赶到帐前，把几个阻拦的卫兵撞倒，怒目圆睁地冲了进去。

项羽看到冲进一个怒容满面的人，急忙按住剑把，喝问道："你是什么人？"张良急忙上前解释说："他是沛公的车夫樊哙，一定是肚子饿了。"项羽用赞叹的口气说："好一个壮士！快赏给他一斗酒，一只猪腿。"项羽看了樊哙一会儿，越发觉得这人豪壮，说："壮士，还能喝酒吗！"樊哙粗声说："我死都不怕，还怕喝酒吗！当初，楚怀王跟大家有约：谁先打败秦军攻破咸阳，谁就做王。如今沛公先打进咸阳，他没拿一点东西，只是封了库房把军队驻在灞上，等到大王您的到来。如此劳苦功高的人，大王不但没给他奖赏，反而听信小人的挑拨，想去杀害他，这不是跟秦王没区别了吗？大王这种做法未免太不近情理了！"项羽一时答不上话来，招呼樊哙坐下。樊哙就挨着张良坐下了。刘邦镇定了一会儿，假装要上厕所，樊哙和张良也跟着出去了。刘邦想趁早溜回军营，又怕没有告辞失了礼数。樊哙说："干大事业的人不拘泥于小礼节。如今我们好比任人宰割的鱼肉，性命都难保了，还讲什么礼数！"

刘邦走后，张良在外面等了好一会儿，估计刘邦已经到达军营了，才进去对项羽道歉说："沛公酒量小，今天喝多了，不能当面来向大王辞别。他嘱咐我奉上白璧一双敬献给大王，玉杯两只送给亚父。"项羽接过白璧，放在席位上，范增气得把玉杯扔在地上，又用宝剑劈碎，叹着气说："唉，真是没用的人，不值得让我操心！将来争夺项王天下的人，一定是刘邦。等着瞧吧，将来咱们这些人都会成为刘邦的俘虏！"

鸿门宴拉开了楚汉战争的序幕。范增的预言在数年后应验，后世不少人认为项羽缺乏当机立断的能力，导致范增的计划失败，亦埋下了自己日后败死的伏线。

西汉盛衰

 ## 《大风歌》

刘邦打败了项羽，建立了一个比秦朝更强大的汉王朝。公元前202年，汉王刘邦正式做了皇帝，这就是汉高祖。汉高祖定都洛阳，后来迁都到长安（今陕西西安）。

西汉初年，刘邦大封功臣，异姓王有7人，史称"异姓诸王"。这些王侯据有关东广大区域，势力强大，朝廷奈何不得。异姓王的存在为汉朝的长久稳定留下无穷隐患。

汉高帝五年（公元前202年）七月，距离刘邦称帝不到半年，燕王臧荼首先叛乱，刘邦亲自率兵征讨。两个月以后，臧荼成为阶下囚，刘邦又立长安侯卢绾为燕王。九月，颍川的原项羽部将利几谋反，

争功图　汉

此图描绘的是汉初天下始定，各位将领争功的场面，最后叔孙通奏议立礼仪规范，使高祖体会到做皇帝的尊贵。

没多久即被刘邦平定。一时举国上下，谈兵色变，有人告发楚王韩信意图谋反，刘邦决定采纳陈平的建议，采取智取的办法。他假装巡游云梦（古大泽，在今湖北南部和湖南北部），命令各路诸侯于十二月在陈县会集。韩信见到诏令后，虽然有点儿疑惧，但自认为没有什么过失，便前往会见刘邦。武士当即将韩信逮捕押往洛阳，刘邦废其王号，改封他为淮阴侯。韩信因此非常忧郁。他经常称病不上朝，还常常发牢

骚："果真像别人所说的那样，'狡兔死，走狗烹；飞鸟尽，良弓藏；敌国破，谋臣亡'。天下已经安定，我固当亡。"

高帝十年（公元前197年），有人说韩信与陈豨谋反。陈豨是刘邦的儿子代王如意的部下，如意年幼，长期留居长安，代王相陈豨独自掌握王国大权。据说，陈豨与韩信商定反汉，以韩信为内应，陈豨带将守边，内外呼应。高帝十年的秋天，刘邦借"太上祖驾崩"的名义召见陈豨，陈豨称身体不适，不应召见，并与王黄、曼丘臣一同造反，自立为代王。刘邦亲自赴邯郸坐镇，派周勃等率军北征。当时陈豨部将侯敞、王黄、张春四处招兵买马，号召反叛，叛乱几乎波及华北全境。而刘邦则处于劣势，他多次以羽檄征集彭越、英布等人，但无人应召。最后刘邦采用重金收买陈豨手下部将的计谋，方得以将陈豨打败。到了高帝十二年（公元前195年），周勃斩陈豨于当城（今河北蔚县）。

刘邦亲自征讨陈豨时，要求韩信随军出征，韩信以身体有病为借口，没有一同前往。后来有人检举韩信想利用刘邦出征的机会，策划在长安动手，与陈豨里应外合。高帝皇后吕后与丞相萧何设计将韩信骗入宫中处死，并诛灭了其亲人家属。至此，在反楚战争中立下赫赫战功的韩信不复存在了。

高帝十一年（公元前196年）三月，梁王彭越的部下告发他谋反，刘邦不动声色地遣使前往梁王王都定陶，乘其不备，一举将彭越逮捕，押往洛阳。刘邦念其战功，没有将其处死，只是将其贬职为民，发放蜀地。恰巧在去流放地的途中，彭越偶遇从长安去洛阳的吕后。彭越自以为遇见了大救星，恳求吕后向刘邦求情，殊不知吕后为人刚毅，心肠狠毒。她假装答应了彭越的要求，将彭越带回了洛阳。她不但没有践约为彭越求情，反而对刘邦说让彭越这种有才能、有威望的人去蜀地是自留祸患，不如斩草除根。刘邦认为其妻言之有理，改判彭越死刑，并灭其全族。

韩信与彭越的死对英布震动很大，同病相怜的处境使得他不得不首先防范。他暗中部署兵力，小心刺探周围各郡的动静。后来有人将英布的活动报告给刘邦，刘邦派遣使者到淮南国查明情况。英布得知此事，如惊弓之鸟，只好于高帝十二年七月宣布反叛。叛乱之初，英布气焰很高，他认为刘邦已61岁高龄，又身患疾病，不会再带兵出征了，他信心十足地东进击杀了荆王刘贾，占据了大片的土地。刘邦深知自己年老体衰，意图让太子刘盈率兵出征。但太子宾客认为英布是善于用兵的猛将，诸将曾经与高祖一同打江山，平起平坐，威望较高，恐怕未必肯听太子的调遣，因此太子的出征，前景令人担忧。于是他们策划让吕后去请求皇帝亲自出征。刘邦思前想后，觉得别无选择，只好不顾年老体衰，于十月亲率大军东征，连连打败英布的队伍。高帝十二年十月，刘邦与英布在蕲西短兵相接，英布不敌，逃往江南鄱阳（今江西鄱阳东），被当地人杀死于乡民田舍。英布所发动的叛乱是刘邦在位期间最大的一次叛乱，这次叛乱的平定，对汉王朝的长治久安起到了重要的作用。

汉高祖平定了英布叛乱后，在凯旋的路上，回故乡沛县住了几天。他邀集了故乡的父老子弟和以前的熟人，举行了一次宴会。他在与父老乡亲团聚畅饮当中，想起过去自己战胜项羽的经历，又想到以后要治理好国家，可真不容易。想到这里，汉高祖感慨万千，情不自禁地唱道：

大风起兮云飞扬，

威加海内兮归故乡，

安得猛士兮守四方。

萧规曹随

汉惠帝即位第二年，相国萧何年纪大了，身患重病。汉惠帝亲自去慰问他，就将来谁来接替相位的人选一事，向萧何请教。

萧何不愿意直接说出自己的意见，只说："陛下是最了解臣下的。"

汉惠帝问他："你看曹参这个人怎么样？"

萧何说："陛下的主意太好了。有曹参接替，我可以放心地走了。"

曹参文武全才，先做了将军，后做了丞相。在灭秦、击楚以及平定叛军的诸多战役中，他披荆斩棘，立下赫赫战功，计攻占两个诸侯国、一百二十二个县，俘二个诸侯王、三个诸侯相、六个将军，另大莫敖、郡守、司马、军侯、御史各一人。刘邦论功行赏，他功居第二。韩信被诛杀后，刘邦封长子刘肥为齐王，曹参出任齐国相国。

萧何死后，汉惠帝马上命令曹参进长安，继任相国。萧何早年任秦沛县狱吏，后来辅佐刘邦起义。刘邦攻克咸阳后，他接收了秦丞相、御史府所藏的律令、图书，掌握了全国的山川险要、郡县户口，对日后制定国政有很大帮助。楚汉战争时，他留守关中，使关中成为汉军的巩固后方，不断地输送士卒粮饷支援作战，对刘邦战胜项羽，建立汉朝起了重要作用。萧何在世时制定的规章、制度主要有：《九章律》，这是以秦朝《六律》为蓝本，增加《户律》《兴律》《厩律》，合为九章；田赋、口赋、献费三种构成赋役；徭役制度，有正卒、戍卒、更卒三种。还有许多其他制度。曹参对这些规章制度不做任何变动，而是全盘执行。在他出任相国的3年内，没提出任何建议和措施。

一些大臣见曹参这种无所作为的样子，有点着急，也有人去找他，想帮他出点主意。但是他们一到曹参家里，曹参就请他们一起喝酒。有些人想借机向他说朝廷政务，他总是岔开话头，让人开不了口。

汉惠帝看到曹相国这种做法，认为他瞧不起自己，心里挺不舒服。于是，他把在皇宫里侍候他的曹参之子曹窋叫来，对他说："你回家的时候，找个机会问问你父亲，高祖归了天，皇上年轻没有经验，国家大事全靠相国来处理。可他天天喝酒，不管政事，这么下去，能治理好天下吗？看你父亲怎么说。"

曹窋回去的时候，就照惠帝的话对曹参说了。曹参一听，马上火了，他骂道："你这个毛孩子懂得什么，国家大事也轮到你来啰唆！"说着，竟叫仆人拿板子打了曹窋一顿。

曹窋莫名其妙地挨了一顿打，非常委屈，回宫的时候就一五一十地向汉惠帝说了。汉惠帝听了很不高兴。

第二天，在朝堂上，惠帝就对曹参说："曹窋跟你说的话，是我让他说的，你打他干什么？"曹参向惠帝谢过罪，接着说："请问陛下，您跟高祖比，哪一个更英明？"

汉惠帝说："我比不上高皇帝。"

曹参说："我跟萧相国比较，哪一个能力更强一些？"

汉惠帝禁不住微微一笑，说："好像萧相国强一些。"

曹参说："陛下说得对。陛下比不上高皇帝，我又比不上萧相国。高皇帝和萧相国平定了天下，又给我们制定了一套规章。我们只要照着他们的规定办，不要失职就行了。"

汉惠帝这才明白了过来。

曹参采用黄老无为而治的学说，做了3年相国。从社会经济的发展来看，战国时期，到处是万户大邑，汉初万户大邑存留不过两三千户。汉惠帝两次筑长安城，征发京畿附近600里内男女夫役，每次都只有十来万人。偏远地区更是一片荒凉景象。从经济和人口的恢复来看，国家的确需要休养生息的政策来修补战争创伤。曹参那套办法没有加重百姓的负担，国家也得以休养生息。

晁错削藩

汉景帝即位后，也采用休养生息的政策，治理国家。景帝当太子的时候，有个管家的官员叫晁错，挺有才能，大家都叫他"智囊"。后来，汉景帝把他提升为御史大夫。

秦朝实行的是郡县制，但是汉高祖打下天下后，分封了22个诸侯国，这些诸侯都是汉高祖的子孙。到了汉景帝时，诸侯的势力变得强大起来，土地又多，如齐国就有70多座城。有些诸侯不受朝廷的约束，简直成了独立王国。

晁错见各诸侯国的发展态势很有可能造成国家分裂的危险，就对汉景帝说："吴王私自开铜山铸钱，煮海水取盐，招兵买马，动机不纯，不如趁早削减诸侯国的封地。"

汉景帝有点犹豫，说："削地只怕会引起他们造反。"

晁错说："诸侯想造反的话，削地会反，不削地将来也会反。现在造反，祸患小；将来他们势力大了，再反起来，祸患就大了。"

汉景帝觉得晁错的话很有道理，便下定决心，削减诸侯的封地。过了不久，朝廷找了些理由，削减了诸侯的封地。有的被削去一个郡，有的被削掉几个县。

正当晁错与汉景帝商议要削吴王濞的封地时，吴王濞先造起反来了。他打着"惩办奸臣晁错，救护刘氏天下"的旗号，煽动其他诸侯一同起兵造反。

公元前154年，吴、楚、赵、胶西、胶东、淄川、济南7个诸侯王发动叛乱。历史上称为"七国之乱"。

叛军声势很大，汉景帝惊恐之余，想起汉文帝临终时的嘱咐：国家有变

乱，就让周亚夫带兵出征。于是，他拜善于治军的周亚夫为太尉，统率36名将军去讨伐叛军。

那时候，朝廷中有人妒忌晁错，说七国发兵完全是晁错的过错，如果杀了他，七国就会退兵。接着，有一批大臣上奏章弹劾晁错，说他大逆不道，应该杀头。汉景帝看了这个奏章，为平定叛乱，只得批准了。

这样，一心想维护汉家天下的晁错，竟成为七国之乱的牺牲品。

汉景帝杀了晁错，下诏书要七国退兵。这时候，吴王濞已经打了几个胜仗，夺得了几座城池。他听说要他拜受汉景帝的诏书，冷笑说："现在我也是个皇帝，为什么要拜受别人的诏书？"

这时，汉军营里有个叫邓公的官员，到长安向景帝报告军情。汉景帝问他："你从军营里来，知不知道晁错已经死了？吴楚答应退兵了吗？"

邓公说："吴王一直有造反的野心。这次以削地为借口发兵，哪里是为了晁错呢？陛下把晁错杀了，恐怕以后没人敢替朝廷出主意了。"

汉景帝这才知道自己错杀了晁错，悔恨之余，决定以武力平叛，于是派遣太尉周亚夫率兵征讨。周亚夫以坚壁固守的战术，多次挫败吴楚联军的进攻。吴楚联军的士卒饿死、投降、失散的很多，只得败退。三月，吴王刘濞残部数千人退守丹徒（今江苏丹徒），被东越人所杀。其他诸王也战败或自杀，或被杀，历经3个月的七国之乱遂被平定。

七国之乱的平定，在很大程度上解决了汉高祖分封同姓王所引起的矛盾，巩固了汉王朝中央的统治，并为日后汉武帝以推恩令进一步解决诸侯王国问题创造了必要的条件。

汉景帝平定了叛乱，仍旧封七国的后代继承王位。但是从那以后，诸侯王只能在自己的封国里征收租税，取消了他们干预地方行政的资格，大大削弱了他们的权力，汉朝的中央集权才得以巩固。

 武帝初登

汉武帝的生母王夫人本名娡，母亲臧儿，本是项羽

汉武帝刘彻像

所封燕王臧荼的孙女，因家道衰落，嫁给同乡的王仲为妻，生下王娡。王娡聪明伶俐，容貌俊美清雅。据传，有一相面术士见到王娡后，大惊失色地称赞道："此女贵不可言，当匹配天子，生天子，母仪天下！"这时王娡嫁人，并生有一女。后来赶上宫中选秀，其母想方设法将她送入宫中。当时还是皇太子的汉景帝见她貌美，遂纳入自己宫中。汉景帝即位后封王娡为"美人"，后升为"夫人"。

公元前156年，王夫人产下景帝第九子，乳名刘彘。

刘彘自幼聪明，3岁能背典籍，无遗漏，汉景帝大为惊异，于是对其大为宠爱。一天，景帝把刘彘抱在膝头上，问道："我儿愿意当皇帝吗？"刘彘用稚嫩的声音答道："做皇帝不由儿臣，我愿天天在父皇膝前嬉戏，不失为子之道。"景帝暗暗惊叹："3岁小儿竟如此口齿伶俐，真是天资聪颖啊！"于是景帝就有了立刘彘为太子的打算。

汉武帝的童年和少年的宫廷生活决定了他一生的命运，并给他54年的皇帝生涯打上了深深的烙印。

汉武帝虽然也是汉景帝的儿子，但是按照当时的继承顺序，皇帝的位子根本轮不到他。汉景帝在公元前153年就立皇子刘荣为太子，与此同时封刘彘为"胶东王"。但是刘荣的母亲栗姬和刘彘的母亲王美人都不是皇后，和栗姬相比，王美人并不怎么得宠。公元前151年，汉景帝废薄皇后，眼看皇后之位就要落到栗姬手中。但是，栗姬自从亲生儿子被立为太子后，就目空一切，专横跋扈，脾气越来越乖戾。汉景帝终于忍无可忍，景帝七年（公元前150年）正月，他不顾朝臣反对，下诏废皇太子刘荣为临江王，将栗姬打入冷宫。

皇太子之位暂时空缺，诸子为争夺皇位继承权展开了激烈斗争。刘彘被立为太子，他的姑母长公主刘嫖起了关键的作用。刘嫖是窦太后的女儿，汉景帝的姐姐，她不仅受到窦太后的宠爱，与汉景帝的关系也非常密切。长公主生有一个女儿，名阿娇。长公主一心想让阿娇当皇后，她本来想把阿娇许配给太子刘荣，可遭到栗姬的回绝，长公主由此和栗姬结仇。王美人抓住这一机会，极力讨好长公主。碰巧有一天年仅五六岁的刘彘到长公主家玩耍，长公主见他聪明可爱，于是抱在膝上问道："我儿想要娶个媳妇吗？"刘彘答道："想。"长公主指着左右侍女问刘彘："她们之中你喜欢哪一个呀？"刘彘摇摇头，表

示一个也不喜欢，最后长公主指着自己的女儿问他："阿娇好不好？"刘彻这才高兴地说："好！我要是能娶阿娇做媳妇，一定要给她盖一座金屋，让她住在里面。"长公主听了非常高兴，后来在征得汉景帝同意后，便把阿娇许配给了刘彻。后来，武帝登上皇位之后，履行了自己的诺言，他真的为阿娇备下了一座金碧辉煌的宫殿，并册封她为皇后。这样，长公主和刘彻的关系更近了一层，看到刘荣的太子之位被废，长公主和王美人乘机活动，终于说服汉景帝。景帝七年四月，汉景帝立王美人为皇后，接着立7岁的胶东王刘彻为皇太子，改名彻。

无字碑　汉

此碑置于山东泰山玉皇殿大门西则，高6米，宽1.2米，厚0.9米，形制古朴，不著一字，故名。对此碑有两种说法：一说因秦始皇"焚书坑儒"，故于碑上"一字不鏊"；一说汉武帝登封泰山，为显示自己"受命于天""功德盖世"的超凡气概，立碑于古登封台前，史称"立石"，即今无字碑，至今仍莫衷一是。

　　刘彻从公元前150年被立为太子，到公元前141年汉景帝驾崩，继承皇位，其间做了9年太子。在这9年中，聪颖过人的皇太子深得汉景帝的宠爱。他一方面协助汉景帝处理政务；另一方面博览群书，广泛涉猎琴棋书画、诗歌辞赋，这为他以后五十余年的政治生涯奠定了基础。景帝后元三年（公元前141年），汉景帝为已年满16岁的皇太子举行了隆重的冠礼。不料冠礼大典之后，汉景帝突然患病，医治无效，正月二十七日驾崩于未央宫。国不可一日无君，皇太子当日在汉景帝灵前继承皇帝大位，君临天下，一代名君汉武帝登上了皇帝的宝座。

　　汉武帝统治时期是中国历史上的一次转变。他统治下的西汉王朝是中国历史上的第一个黄金时代。处于鼎盛时期的大帝国无论是文治还是武功都达到中国封建社会的高峰。在政治上，武帝颁行推恩令，制定左官律、附益法，实施"酎金夺爵"，基本上改变了汉初以来诸侯王强大难治的局面；实行一系列打击地方豪强的有效措施；创立刺史制度，加强对地方的控制和监督；同时，汉武帝削弱了丞相的权力，任用酷吏，严格刑法，设立太学，建立察举制度，加强中央集权的统治力量。在经济上，将冶铁、铸钱、煮盐收归官营；设立均输、平准官，运输和贸易由国家垄断，将物价平衡；实行算缗告缗，打击富商汉武帝初年，儒生董仲舒提出了让列侯郡守2000石各自选择自己管辖范围内的贤者，每年选择两名向朝廷推荐。到了元光元年（公元前134年），汉武帝向全国下令，各郡国举孝、廉各一人，郡国岁举孝廉的察举制度就这样建立起来了。一开始，各郡国对中央要求举孝廉并不重视，有的郡根本不举荐。汉武帝规定了严厉的惩罚措施：2000石如果不举孝，就是不奉行诏令，应当以不敬论罪；不举廉，就是不胜任，应当免官。从此，孝廉一科成为士大夫的主要仕进途径，被推举的孝廉多数在郎署供职，然后由郎迁为尚书、侍中、侍御史，或外任县令长丞尉，再迁为刺史、太守。武帝还令公卿、郡国不定期地举荐茂才、贤良方正、文学等，以从中选拔一些人才。

大贾；治理黄河，大力兴修水利，广开灌溉；实行代田法，改进农具，推动农业生产的发展。在思想上，采纳董仲舒建议，"罢黜百家，独尊儒术"，巩固君主集权，使大一统的儒家思想成为封建统治思想。在民族关系上，多次派兵攻打匈奴，解除了匈奴对北部边郡的威胁；前后两次派遣张骞出使西域，实现和发展了与西域地区的交流，促进了经济文化的繁荣；又遣使至夜郎、邛、笮等地宣慰，加强对西南地区的控制和开发；还统一了南越地区，设立南海、苍梧等9郡。

汉武帝晚年因杀戮太过，颇思悔悟。当时李广利伐匈奴不利，全军覆没；求神仙不成，又因巫蛊之祸造成父子相残，种种打击使武帝心灰意懒。在登泰山、祀明堂之后，武帝在轮台宫殿下《罪己诏》，即《轮台罪己诏》，承认自己的错误。天下也因此又逐渐归于和谐，为昭宣中兴的盛世奠定了基础。

公元前88年，汉武帝叫画工画了一张"周公背成王朝诸侯图"送给霍光，意思是让霍光辅佐他的小儿子刘弗陵。公元前87年二月丁卯，汉武帝去世，享年70岁，葬于茂陵。

汉武帝在位54年，为以汉族为主体的统一的、多民族的封建国家的巩固和发展做出了重要贡献。武帝时期，西汉成为亚洲最富强繁荣的多民族国家，也是中国历代封建王朝中的盛世之一。

罢黜百家，独尊儒术

"罢黜百家，独尊儒术"是公元前140年，汉武帝尊崇儒术，将百家学

说排斥于官学之外的思想措施。"罢黜百家，独尊儒 董仲舒像

术"确立了儒家思想在中国社会和文化中的主导地位，不仅巩固了汉朝政权，而且对整个中国历史的发展和传统文化的凝聚产生了极其深远的影响。

西汉初年，汉高祖继续实行秦代的挟书律，禁止私人收藏《诗经》《尚书》等，儒家学术活动几乎灭绝，清静无为的道家思想被统治者大力提倡。这些政策短期内适应了长期战争后恢复生产、稳定社会秩序的要求。无为而治、休养生息的政策造就了文景时期的社会安定、政治开明、文化复兴的繁荣局面。

但随着时代的发展，黄老学说已经不适应时代潮流。汉武帝时期，王国势力强大并凌驾于朝廷之上，商人豪强大力兼并土地，匈奴不断骚扰边界，强化专制主义中央集权制度已经成了统治者的迫切需要。而儒家的大一统思想、神化皇权的观念以及仁义学说，恰好适应了这种要求。年轻力壮的汉武帝要大有作为，建立千秋帝业，也需要这种新的思想武器。

汉武帝即位后，首先举行的一件大事是召集天下文士，亲自出题考试。大儒董仲舒提出，诸子学说使国家不能保持一贯的政策，法令制度常常改变不利于封建的专制统治，建议政府只用讲儒学的人为官。武帝采纳了董仲舒的建议，把各地举荐来的非儒学的诸子百家一概罢斥，同时任用考试优秀的儒家学者。这样一来，只有学习儒家学术才有做官的机会。武帝又改组领导班子，起用了一大批好儒学的人，如任好儒术的田蚡做丞相等，以此来褒扬儒学，贬斥

· 三纲五常 ·

董仲舒在孔子提出的"君君、臣臣、父父、子子"的正名说和韩非提出的"臣事君、子事父、妻事夫"的思想的基础上，系统地提出了"三纲""五常"的社会道德规范，从而完成了对于先秦儒家伦理思想的改造。董仲舒以天道的阴阳对此做了论证。他把阳比为德，阴比为刑，天贵德而贱刑。根据这种阳尊阴卑的理论，在君与臣、父与子、夫与妻的关系中，前者对后者的统治以及后者对于前者的忠诚和服从，都是绝对的，无条件的。为了维系"三纲"的伦常关系，董仲舒还论证了仁、义、礼、智、信五种道德规范，他以阴阳五行为基础，认为"五常"也是永恒合理的。"三纲五常"是董仲舒的新儒学的重要内容，它是维护封建宗法制度的核心，是贯穿此后2000年封建社会的伦理道德规范。

道家等诸子学说。

汉武帝的改革激怒了黄老学说的首要代表窦太后。窦太后大力打击儒家，并找借口把鼓吹儒学的人投入监狱。窦太后去世后，武帝重用儒生，把官府里非儒家的博士一律免职，排斥黄老刑名等百家学术于官学之外，这就是有名的"罢黜百家，独尊儒术"。武帝提倡的儒学，是在原来孔子仁义学说的基础上吸收了阴阳五行家神化皇权、鼓吹王权神授的思想，又接受法家君王独尊、增设刑法、任用酷吏的学说，成为一种儒家王道与法家霸道杂合的思想。

汉武帝的独尊儒术与秦始皇的焚书坑儒目的都是统一思想，巩固封建统治，只是他们采用的手段不一样。秦始皇烧掉诸子百家的书籍，企图用暴力手段来达到目的，结果失败了。汉武帝则采用引导的办法，提倡儒家学说，确立儒学为官学，从而开创了2000多年来儒家学说独盛的局面，儒家由此成了中国封建社会的主流思想。

张骞出使西域

张骞像

张骞，字子文，西汉成固人。汉武帝时，张骞以军功受封为博望侯，后又拜为中郎将。

汉武帝初年的时候，汉武帝从投降过来的匈奴人那里，得知了有关西域（今新疆和新疆以西一带）的情况。他们说有一个被匈奴打败的月氏国，向西迁移到西域一带。

汉武帝想，月氏在匈奴西边，如果汉朝能跟月氏联合起来，断绝匈奴跟西域各国的交往，这不是等于断了匈奴的右臂吗？于是，他下了一道诏书，征求能到月氏去联络的人。

有个年轻的郎中（官名）张骞，觉得这件事很有意义，便自告奋勇去应征。随后又有100多名勇士应征，其中有个叫堂邑父的匈奴族人，也愿意跟张骞一块儿去月氏国。

公元前138年，汉武帝就派张骞带着应征的100多个人出发了。但是要到月氏，中途必须经过匈奴占领的地界。张骞他们小心地走了几天，还是被匈奴兵发现了，全都做了俘虏。

　　他们被匈奴扣押了10多年。日子久了，匈奴对他们管得不那么严了。张骞偷偷找到堂邑父，两人商量了一下，乘匈奴人不防备，骑上两匹快马逃走了。他们一直向西跑了几十天，历尽千辛万苦，逃出了匈奴地界，进入了一个叫大宛（在今中亚费尔干纳盆地）的国家。

　　大宛和匈奴是近邻，当地人能听懂匈奴话。张骞和堂邑父便用匈奴话与大宛人交谈起来。大宛人给他们引见了大宛王，大宛王早就听说汉朝是个富饶强盛的大国，听说汉朝的使者到了，非常高兴，后来，又派人护送他们到康居（约在今巴尔喀什湖和咸海之间），再由康居到了月氏。

　　月氏被匈奴打败以后，迁到大夏（今阿富汗北部至印度河流域）附近，在那里建立了大月氏国。大月氏国王听了张骞的来意，不感兴趣，因为他们不想再跟匈奴结仇。但是张骞毕竟是个汉朝的使者，也很有礼貌地接待了他。

　　张骞和堂邑父在大月氏住了一年多，没能说服大月氏国共同对付匈奴，只好返回长安。在回国的途中，又被匈奴人扣留了一年。这样，直到公元前126年，张骞等人才回到长安，见到汉武帝。

　　张骞在外面整整过了13年才回来。汉武帝认为他立了大功，封他为太中大夫。后来，卫青、霍去病消灭了匈奴主力，匈奴逃往大沙漠北面以后，汉武帝再次派张骞去结交西域诸国。

　　公元前119年，张骞和他的几个副手拿着汉朝的旌节，带着300个勇士，还有1万多头牛羊和黄金、绸缎、布帛等礼物去西域建立友好关系。张骞到了乌孙（在今新疆境内），乌孙王亲自出来迎接。张骞送给他一份厚礼，建议两国

· 丝绸之路 ·

　　西汉初年，河西走廊先后被西域的乌孙、月氏、匈奴所占据，汉与西方的交通受到了阻隔。张骞通西域以后，汉朝在从敦煌至盐泽的通道上修筑了很多的烽火亭障，以防止匈奴南侵。从此，汉朝的使节和商人源源不断地向西行进，大量的丝绸锦绣输入了西方；西域各国的奇珍异物也向东输入中原地区。这条路被后世称为"丝绸之路"。两汉时期的丝绸之路东起长安，经过河西走廊，到了敦煌后分为南北两道：南道向西南出阳关至楼兰，然后沿塔克拉玛干沙漠的南缘西行，经鄯善、且末、于阗、莎车，越葱岭过大月氏、身毒、安息、条支，最后抵达大秦帝国（东罗马帝国）；北道向西北出玉门关，经楼兰沿孔雀河经渠犁、乌垒、轮台、龟兹、姑墨、疏勒，越葱岭过大宛、康居至安息（今伊朗），再西至大秦。丝绸之路的开辟，对加强东西方文化交流起了巨大的作用。

结为亲戚，共同抵御匈奴。

过了几天，张骞又派他的副手们带着礼物，分别去联络大宛、大月氏、于阗（在今新疆和田一带）等国。乌孙王派了几个翻译做他们的助手。

这些副手去了好久还没回来。张骞决定不再等下去了，乌孙王便派了几十个人护送张骞回国，顺便一起到长安参观，还带了几十匹高头大马送给汉朝皇帝。

汉武帝见乌孙人来了，很是高兴，又瞧见乌孙王送的大马，就格外优待乌孙使者。一年后，张骞生病死了。张骞派到西域各国去的副手也陆续回到长安。副手们把到过的地方合起来一算，总共到过36个国家。

从那以后，汉朝和西域各国建立了友好交往的关系。汉武帝每年都派使节去访问西域各国，西域派来的使节和商人也络绎不绝。中国和中亚及欧洲的商业往来也迅速增加，通过这条贯穿亚欧的大道，中国的各种丝制品源源不断地运向中亚和欧洲，因此，希腊、罗马人称中国为赛里斯国，称中国人为赛里斯人（"赛里斯"即"丝绸"之意）。19世纪末，德国地质学家李希霍芬将张骞开辟的这条东西大道誉为"丝绸之路"。德国人胡特森在多年研究的基础上，撰写成专著《丝路》。从此，丝绸之路这一称谓得到世界的承认。丝绸之路在世界史上有重大的意义，它是亚欧大陆的交通动脉，是中国、印度、希腊三种主要文化交流的桥梁。

飞将军李广

公元前129年，匈奴侵犯汉朝边境。汉武帝派卫青、公孙敖、公孙贺、李广四位将军带兵抵抗。在这四名将军中，李广的年纪最大，立下了无数战功。

李广是陇西成纪（今甘肃秦安县北）人，他的先祖叫李信，在秦始皇时当过将军。李广能骑善射，武艺高强。汉文帝十四年，匈奴大举入侵萧关（今甘肃东南）时，李广应征入伍，参加抗击匈奴。

到了汉景帝做皇帝时，李广担任陇西都尉，不久，又调任骑郎将。李广每到一地，都以和匈奴奋力拼杀出名，他的战略战术更让匈奴谈虎色变。

景帝中元六年（公元前144年），匈奴骑兵入侵上郡（今陕西榆林东南）、雁门（今山西原平北），掠夺汉皇室狩猎场的马匹。汉吏卒与之交战，死亡2000余人。当时李广任上郡太守，率领百余骑兵外出巡视，归途中遇匈奴数千骑兵。李广随从都害怕，想逃走，他忙阻止。李广认为大军离此数十里，如果以百骑逃走，匈奴骑兵勒马追赶，马上就会被斩杀；如果原地不动，匈奴兵会认为是大军的诱饵，必定不敢攻击。于是，李广命令部下前进至距匈奴阵2里左右，下马解鞍，表示并不忙着离去。

匈奴军中有一位骑着白马的监军到阵前观望，李广率十余骑将他射杀，后回到军中便解鞍纵马，卧地休息。时近黄昏，匈奴骑兵对李广的举止迷惑不解，以为汉军在附近有伏兵，不敢轻易攻击。入夜，匈奴军担心遭受汉大军袭击，向北撤退。天亮后，李广率军平安返回大营。

李广射石图　清　任颐

唐代诗人卢纶诗："林暗草惊风，将军夜引弓，平明寻白羽，没在石棱中。"即讲李广射石这件事，极力称赞李广的高超箭术和神勇。

武帝即位后，朝廷里的大臣们都夸奖李广是员猛将，武帝便把李广从上郡太守的任上调往京师，担任未央宫的警卫。

这一次李广和卫青、公孙贺、公孙敖四路人马去抵抗匈奴，匈奴的军臣单于早已得到了消息。匈奴人最害怕的就是李广，军臣单于便把大部分兵力集中在雁门，并设了埋伏，要活捉李广。匈奴人事先挖好陷阱，再和李广对阵，假装被打败了，引诱李广去追赶他们。李广看到前面是平展的草地，没有想到匈奴人挖好了陷阱，就等他中计了。李广追着追着，只听"呼啦"一声，李广连人带马都掉进了陷阱，被匈奴人活捉了。

匈奴人捉住了李广，生怕他跑了，就把李广装在用绳子结成的网兜里，用两匹马吊着他。

李广躺在网兜里，一动不动，像死了一样。走着走着，他微睁眼睛，偷偷地瞧见旁边一个匈奴兵骑着一匹好马，便使出全身力气，一跃跳上马，夺了那个匈奴的弓箭，将那个匈奴兵打翻在地，拼命地往回跑。几百个匈奴骑兵在后面追，李广一连射死了前面的几个追兵，终于逃了回来。

李广虽然跑了回来，但是打了败仗，按军法应当斩首。后来李广花钱赎罪，回家做了平民。过了不久，匈奴又来进犯汉朝边境，李广被重新起用，到右北平做了太守。

李广有多年的防守经验，他行动快，箭法精，忽来忽去，匈奴军总是摸不清他的打法，所以匈奴人称他为"飞将军"。在他驻守右北平期间，匈奴人不敢来犯。

李广常常闲暇无事时，便带上一些将士外出打猎。当时右北平山里有不少老虎，李广一连射死了好几只。有一

·西域都护·

汉武帝太初元年（公元前104年），李广利出征大宛并将其击败，西域的交通更加顺畅。西汉又在楼兰、轮台等地设校尉管理屯田，这是汉在西域最早设置的军事和行政机构，为后来设西域都护创造了条件。公元前68年，汉宣帝派侍郎郑吉屯田渠黎，和匈奴争夺车师，以护卫鄯善以西"南道"诸国的安全。公元前60年，匈奴日逐王归降汉朝，匈奴设置在西域的都尉从此撤销，匈奴对西域的控制也越来越弱。西汉王朝于是在西域设置西域都护府，并任命郑吉为首任都护，其官职相当于内地的郡守，下设副校尉、丞、司马等属吏。西域都护的设置，标志着西域正式归属中央政权，汉对西域有权册封国王，颁赐官吏印信，调军征粮；同时，西域都护的设置也保证了丝绸之路的畅通，加强了各民族间的团结和经济文化交流。

次，李广外出打猎，突然瞧见迎面的乱草丛中蹲着一只斑斓猛虎，正准备向他扑过来。李广急忙拈弓搭箭，用足全身力气，一箭射去，凭他百发百中的箭法，射个正着。将士们赶快提着剑跑过去捉老虎，可是跑近一看，都愣住了，原来草丛中并没有老虎，只有一块奇形怪状的大石头，李广的那支箭，竟然射进了石头里！

飞将军李广一箭射进石头的消息，很快传开了。匈奴人听了，更加害怕李广，急急忙忙地往西迁移，再也不敢来侵扰右北平一带的边境地区了。

汉元狩四年（公元前119年），李广跟随卫青征战漠北，因奉命绕道东线，不幸迷失方向，贻误战机。卫青命长史追究治罪于李广。当时，李广已是60多岁的高龄，不愿受辱，慨然自杀。李广平日爱恤士卒，深受部下敬重。李广死后，士卒都失声痛哭，悲痛不已。

司马迁写《史记》

　　司马迁，字子长，汉朝左冯翊夏阳（今陕西韩城）人。司马迁约生于汉景帝中元五年（公元前145年），卒于汉武帝征和三年（公元前90年），是西汉著名历史学家和散文家，自幼深受父亲司马谈的学术思想熏陶。司马谈是汉武帝时的太史令，崇尚道家，曾以黄老学说为主，著有《论六家要旨》，对儒、墨、名、法、阴阳、道等各家学说进行过批判和总结。这种家学传统，对司马迁影响很大。司马迁自幼好学，博闻强记，10岁的时候便通读《左传》《国语》等史籍。青少年时，曾师从古文学家孔安国学习《古文尚书》，也曾师从今文学家董仲舒。他涉猎的范围很广，使他积累了丰富的文化知识，精通天文历法、史学、儒学等各家学说。20岁时，开始到各地游历，足迹遍及名山大川。此次远游，使他开阔了眼界，认识了社会，累积了知识，并对其进步历史观的形成产生了巨大的影响。回长安以后，入仕郎中，其间随武帝巡游了很多地方。元鼎六年（公元前111年）奉命"西征巴蜀"，到达邛、笮、昆明一带，从而进行了第二次大游历。元封元年（公元前110年），其父司马谈病逝，元封三年，即继任父职做了太史令，时年38岁。这样，他有机会阅读宫廷收藏的大量文献典籍。此后，在他的主持下，太初元年（公元前104年）冬制成新历——《太初历》。同年，司马迁开始撰写巨著《史记》。

　　苏武被匈奴扣押的第二年，汉武帝派"贰师将军"李广利带领3万人进攻匈奴，打了败仗，几乎全军覆没。天汉二年（公元前99年），在汉朝对匈奴的战争中，李广的孙子李陵当时担任骑都尉，带着5000名步兵跟匈奴作战。后来，寡不敌众，又没救兵，李陵被匈奴俘虏，投降了。

　　消息传来，大臣们都谴责李陵贪生怕死。汉武帝也收押了李陵的妻儿老母，但司马迁却为李陵辩护。他说："李陵带领5000步兵，深入敌人的腹地，打击了几万敌人。他虽然打了败仗，可是杀了很多敌人，也可以向天下人交代了。李陵不想马上死，自有他的打算。他一定还想将功赎罪来报答皇上。"

　　汉武帝认为司马迁这样为李陵开脱罪责，是有意贬低李广利（李广利是汉武帝宠妃的哥哥），不禁勃然大怒，说："你这样替投降敌人的人辩解，我看是存心反对朝廷。"他命令侍从把司马迁送进监狱，交给廷尉审问，最后被判为宫刑（一种阉割性器官的肉刑）。

司马迁在身心上受到极大摧残，痛苦之中，数欲"引决自裁"，但恨《史记》未能成稿，遂以坚韧不拔的精神，忍辱发愤地过了8年。出狱之后，任中书令，继续笔耕。征和二年（公元前91年），历经14年终于完成《史记》的写作。这部巨著问世之后，当时称为《太史公书》或称《太史公记》，也叫《太史公》。

全书130篇，由本纪12篇、表10篇、书8篇、世家30篇、列传70篇组成，计52.65万字。它记载了上起黄帝轩辕氏，下迄汉武帝太初四年（公元前101年），近3000年的历史。

"本纪"是全书的提纲，专取历代帝王为纲，以编年的形式，提纲挈领地记载了上起轩辕、下迄汉武这一历史阶段的国家大事。

"表"以年表形式，按年月的先后顺序，以清晰的表格，概括地排列各个历史时期的人事，或年经国纬，或年纬国经，旁行斜上，纵横有致。分世表、年表、月表三类，以汉代年表为详。

"书"记载了各种典章制度的演变，以及天文历法等，以叙述社会制度和自然现象为主体，对礼乐、天文、历法、经济、水利等制度的发展状况进行了系统的记述，具有文化史的性质。

"世家"记载了自周以来开国传世的诸侯，以及有特殊地位的人物事迹，其中主要包括春秋战国以来的诸侯国君、汉代被封的刘姓诸侯子侄以及汉朝所封的开国功臣。此外，还有《孔子世家》《陈涉世家》和《外戚世家》。

"列传"记载了社会各阶层代表人物的事迹，其中有著名的思想家、政治家、军事家、文学家等，另外还包含了儒林、酷吏、游侠、刺客、名医、日者、龟策、商人的传记。该部分以"扶义倜傥，不令己失时，立功名于天下"为标准。一部《史记》，就是一条五光十色的历史人物画廊。天才画家司马迁以其天纵之才，把3000年风起云涌的历

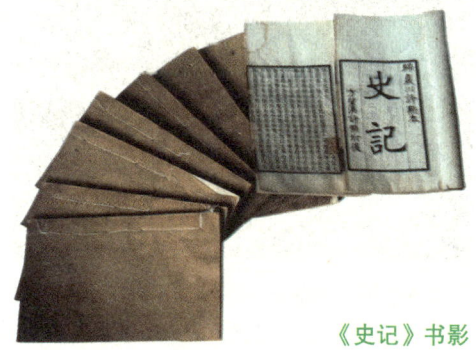

《史记》书影

史中的风流人物活灵活现地驱于笔端，魅力无穷，常读常新，千百年来，一直受到人们的喜爱。

一部血泪凝成的《史记》，不仅是历代正史的开山之作，而且也成了以后2000多年中国叙事文学的渊薮。它是古代散文的典范，其写作技巧、文章风格、语言特点，对唐宋八大家、明代的前后七子、清代的桐城派都有着巨大而深刻的影响。它情节曲折、人物形象栩栩如生的特点，也对后代小说的创作积累了丰富的经验。至于那些活跃在历史浪花里的人物，则成为明清戏曲里的鲜活的舞台形象。

《史记》具有诗的意蕴和魅力。虽然在形式上是历史，但它也许是中国文学史上最伟大的浪漫主义的抒情篇章。在司马迁的身后，有着无数的异代知音，有着无数的风云人物，他们在追随着那一个浪漫的时代，在追随着浪漫时代里的那位为着渺茫命运奋斗不息的悲剧英雄司马迁。

汉朝柱石霍光

汉武帝晚年迷信神仙、巫师和方士，为求通达，他们纷纷聚集在京城寻求机遇。他们求得武帝赏识的途径之一，就是与宫中后妃结交。后妃之间本来彼此嫉妒，此时便利用巫蛊，相互诅咒攻讦。随后，她们又向武帝彼此告发对方诅咒皇帝。征和二年（公元前91年），武帝命宠臣江充为使者治巫蛊，江充与太子刘据有隙，就陷害太子，导致皇后卫子夫和太子刘据相继自杀，这就是汉武帝末年的巫蛊之祸。后来，田千秋等上书为太子申冤，汉武帝杀江充三族，又修思子宫，建归来望思台，以志哀思。

汉武帝逼死了太子刘据，后来十分后悔，准备立钩弋夫人生的刘弗陵为新太子。当时，弗陵才7岁，而其母却正年轻，武帝恐怕刘弗陵即帝位后重演前

彩绘骑马俑　西汉

此群俑充分显示了汉军的威武阵容。

朝吕后专权的故事，于是就想托付大臣辅佐少子刘弗陵。

武帝通过仔细考察，认为已故奉车都尉、光禄大夫霍去病的同父异母弟弟霍光忠厚可靠，可担此重任，就命黄门画一幅周公负成王朝诸侯图，赐予霍光。当感觉自己去日无多时，武帝又赐刘弗陵的母亲（钩弋夫人）一死，以绝后患。

后元二年（公元前87年）二月，武帝于五柞宫病危。霍光前往询问后事。武帝说："立少子，君行周公之事。"就是让霍光像西周时周公旦辅佐年幼的周成王一样，辅佐少子刘弗陵执政。同时，又诏立刘弗陵为太子，封霍光为大司马、大将军，金日磾为车骑将军，上官桀为左将军，共同受遗诏辅佐少主。御史大夫桑弘羊也一起受命。很快，武帝死于五柞宫，是年71岁。

汉武帝死后，即位的汉昭帝刘弗陵年仅8岁，朝中政事都由霍光决定。

当时，上官桀与霍光同为汉武帝托孤的辅政大臣，现在看到霍光独揽大权，不留情面，就与汉昭帝的大姐盖长公主密谋排挤霍光，并勾结燕王刘旦，想方设法陷害霍光。

公元前81年，霍光出去检阅羽林军，检阅之后，把一个校尉调到他的府里。上官桀等人趁机冒充燕王刘旦上书，告发霍光阴谋造反。

汉昭帝接信后看了又看，然后就搁在一边。第二天，霍光等人上朝。霍光事前听说了这件事，不敢进金銮殿。汉昭帝临朝，见了霍光，就问："大将军在哪儿？"上官桀暗自得意，嘴上说道："大将军听说燕王告发他的罪行，躲在偏殿里不敢来。"

汉昭帝吩咐内侍传霍光进殿，霍光摘掉官帽，伏在地上请罪。昭帝说："大将军请起！"一边指着信笺道："这封信是假造的，我知道有人成心要害你。"霍光高兴地问："皇上怎么知道的？"汉昭帝说："大将军检阅羽林军是在临近地方，调用校尉也是最近的事，一共不到10天的时间。燕王远在燕京，离长安这么远，他怎么知道这件事？即便知道了，马上派人送信来，也来不及赶到这儿。再说，大将军如果真的要叛乱，也用不着靠一个校尉。这明明是有人谋害大将军，燕王的信是假造的。我虽然年轻，也不见得这么容易受人愚弄。"

上官桀等人见一计不成，就准备铤而走险。他们偷偷商量好由盖长公主

出面邀请霍光赴宴，然后布置了刀斧手，准备趁酒酣耳热之际，行刺霍光。

谏议大夫杜延年得到这个消息，连忙告诉了霍光。霍光立即向昭帝报告，于是昭帝通知丞相田千秋火速带兵，把上官桀一伙统统抓起来处死。

聪慧的昭帝在公元前74年病死，年仅21岁。昭帝没有儿子，霍光等大臣与皇后议定立汉武帝的孙子昌邑王刘贺为帝。使者到达昌邑已经是深夜，刘贺已睡下，赶紧起身接诏书。他得知是让自己去当皇帝，就高兴得手舞足蹈。

刘贺被拥立为天子后，日益骄横，荒淫无道，失帝王礼仪，我行我素，对大臣进谏不闻不问。于是霍光与大司马田延年、车骑将军张安世密谋，废黜刘贺；后又召集丞相、御史、将军、列侯、大夫、博士在未央宫会合，商议废黜事。大臣们见霍光主意已定，纷纷附和。霍光立即与群臣上报太后。太后下诏送刘贺回昌邑，而刘贺带入朝的昌邑群臣200余人被诛杀，罪名是不能辅佐君王，将皇帝引向歧途。刘贺仅当天子27天。

元平元年（公元前74年）七月，前廷尉监丙吉上书霍光说：武帝有曾孙名刘询，年纪18岁，聪明贤德，通晓经书，可立为皇帝。刘询，字次卿，是原太子刘据的孙子。出生数月时，适逢征和二年（公元前91年）七月原太子巫蛊事件，被关押于狱中，后遇大赦，得以恢复皇族身份。霍光以为可立为帝，于是召集丞相以下百官商议此事，共同上奏皇太后，请求立刘询为皇帝，皇太后表示同意。刘询便在霍光的引导下，入未央宫见太后，并被立为皇帝。这就是汉宣帝。

地节二年（公元前68年）春，霍光病逝。其霍氏子弟更加骄奢无度，终于引起宣帝的不满。地节四年（公元前66年）七月，霍氏密议谋反，结果阴谋败露，被宣帝灭三族。至此富贵至极的霍氏家族覆灭了。

· 刺史制度 ·

西汉中期，中央统辖的郡国数量越来越多。为了加强中央对地方的管理，汉武帝在元封五年（公元前106年）把全国除了三辅（京兆、冯翊、扶风）、三河（河南、河内、河东）和弘农以外的地区分成了13个州部：冀州、青州、兖州、徐州、扬州、荆州、豫州、益州、凉州、幽州、并州、交趾、朔方。中央在每个州设立刺史一名，专职监察地方。刺史没有固定的治所，每年八月巡视所辖区域，考察吏治、奖惩官吏、决断冤狱。刺史当时在国家的官制中地位并不高，但是在地方时代表中央，可以监察2000石和王国相，也可以监督诸侯王；刺史权责虽重，但并不直接处理地方行政事务。刺史制度的确立，加强了中央对地方的监控。

 # 王莽篡位

王昭君离开长安不久，汉元帝就死了。他的儿子刘骜即位，是为汉成帝。汉成帝是个荒淫的皇帝，他当了皇帝后，朝廷的大权逐渐被外戚掌握了。成帝的母亲、皇太后王政君有8个兄弟，除了一个死去的以外，其他人都封了侯。其中要数王凤的地位最显赫，他被封为大司马、大将军。

王凤掌了大权，他的几个兄弟、侄儿都十分骄横。只有一个侄儿王莽与众不同，他像平常的读书人一样，做事谨慎小心，生活也比较节俭。人们都说王家子弟中，王莽是最好的一个。

王凤死后，他的两个兄弟先后接替他的职位，后来又让王莽做了大司马。王莽很注意招揽人才，有些读书人慕名前来投奔他。

汉成帝死后，在10年之内，换了两个皇帝——哀帝和平帝。汉平帝登基时才9岁，国家大事都由大司马王莽做主。很多大臣都吹捧王莽，说他是安定汉朝的大功臣，请太皇太后封王莽为安汉公。王莽说什么也不肯接受封号和封地。

王莽越是不肯受封，越是有人要求太皇太后封他。据说，朝廷里的大臣和地方上的官吏、平民上书请求加封王莽的人多达48万人。有人还收集了各种各样歌颂王莽的文字，使王莽的威望越来越高。

渐渐长大的汉平帝越来越觉得王莽的行为可怕、可恨，免不了背地里说些抱怨的话，这些话被传到了王莽的耳中。

有一天，大臣们给汉平帝过生日，王莽借机献上一杯毒酒。汉平帝没想到王莽会在酒里下毒，接过来喝了。

没过几天，汉平帝就得了重病，死了。王莽假惺惺地哭了一场。汉平帝死的时候才14岁，没有儿子，于是由王莽摄政，称为"摄皇帝"。第二年，王莽改年号为居摄元年。三月，王莽立只有2岁的刘婴（宣帝玄孙）为皇太子，号称"孺子婴"，以效仿周公摄政旧事，为篡汉自立做准备。居摄三年（8年），梓潼（今属四川）人哀章制作铜匮，内藏"天帝行玺金匮图"与"赤帝行玺某传予黄帝金策书"，假说是高祖遗命令王莽称帝。于是，王莽便到高帝祠庙接受铜匮，即天子位，定国号为"新"。至此，西汉灭亡。

新莽时期铜斛

器身刻八十一字篆书铭文，记载了王莽在全国范围内颁布标准度量衡器的史实。

新莽"大泉五十"陶范

"大泉五十"是王莽第一次货币改革的新铸币之一，是王莽统治时期流行时间较长的一种币型。

王莽自立为帝后，为了巩固政权，在全国实行改革，推行新制。

从居摄二年（7年）到天凤元年（14年），王莽先后进行了四次币制改革。居摄二年，他下令铸造大钱、契刀、错刀，与汉五铢钱共为四品，一齐流通于市。两年后，又改币制，将错刀、契刀、五铢钱废除，另铸一铢小钱和十二铢大钱并行。始建国二年（10年），三改币制，把货币总称"宝货"，分为钱货、金货、银货、龟货、贝货、布货，总称"五物、六名、二十八品"。天凤元年，四改币制，又实行金、银、龟、贝等货币，废除大、小钱，改行货布、货泉二品。

始建国元年（9年），王莽下令将全国土地改为王田，奴婢改为私属，都不能自由买卖。还规定一家男子不超过8人而种田数额超过一井（900亩）的，应把多出来的田分给九族乡邻中没有田或少田的人；本身无土地的亦按一夫一妇授田百亩的制度授予田地。

同年，王莽下令制造标准的度量衡器，颁行天下，作为统一全国的度量衡标准。

始建国二年（10年），王莽诏令在全国实行五均、赊贷和六筦法。政府在长安、洛阳等大城市设立五均官，负责管理工商业经营和市场物价，收取工商税。赊贷规定由政府办理，年利息为十分之一。五均赊贷和政府经营的盐、铁、酒、铸钱及收山泽税，合称为"六筦"。

除此以外，王莽对中央和地方的官名、官制、郡县地名、行政区划，也多次修改。

王莽大规模的改革并没有起到维护新莽政权的作用，相反，改制触及大地主和商人的利益，加剧了统治阶级的内部矛盾。制度本身的弊病，也给人民带来了更大的灾难，因此导致了王莽政权很快覆灭。

东汉挽歌

 光武中兴

昆阳一战，使刘縯和刘秀名扬天下。有人劝更始帝把刘縯除掉。更始帝便找了个借口，杀了刘縯。

刘秀听说他哥哥被杀，知道自己的力量打不过更始帝，就立刻赶到宛城（今河南南阳市），向更始帝赔礼。

更始帝见刘秀不记他的仇，有点过意不去，就封刘秀为破虏大将军，但没有重用他。后来，攻下了长安，更始帝才给刘秀少量兵马，让他到河北去招抚各郡县。

这时候，各地的豪强大族有自称将军的，有自称为王的，还有的自称皇帝，各据一方。更始帝派刘秀到河北去招抚，正好让刘秀得到一个扩大势力的好机会。他到了河北，废除了王莽时期的一些严酷的法令，释放了一些囚犯。同时，不断消灭割据势力，镇压河北各路农民起义军。整个河北几乎全被刘秀占领了。

·谶纬之学·

西汉末年，风行谶纬的思想。谶是以诡语托为天命的预言，其实质属于以阴阳五行为骨架的天人感应论的范畴。纬与"经"相对，是托名孔子以诡语解经的书。为了经学神学化和神化现实统治者的需要，纬书中引用和编造了大量的谶言，这种经学神学化的产物——纬书就称为"谶纬"。东汉初年，谶纬主要有81篇，有的解经，有的述史，绝大部分是宣扬神灵怪异的荒诞言论。汉光武帝刘秀称帝以后，把谶纬作为一种重要的统治工具。建初四年（79年），汉章帝大会群儒于白虎观讨论经义，由班固写成《白虎通德论》。与会的今文经学、古文经学和谶纬神学的代表们求同存异，在三纲五常的基础上实现了经学与谶纬神学的结合。

　　刘秀留寇恂、冯异等据守河内，与更始政权留守洛阳的朱鲔相持，自己亲率大军北征，击败尤来、大枪、五幡等部农民军。四月，回军南下，于温县大败新市、平林两军，于河南击溃赤眉、青犊两军，大体解除了对河北的严重威胁。此时，刘秀手下的将领开始商议为刘秀上尊号，称帝位，并使人造《赤伏符》以传"天命"。刘秀"三推"之后，便"恭承天命"，自立为皇帝，这就是汉光武帝。

　　更始帝先建都洛阳，后来又迁到长安。他到了长安以后，认为自己的江山已经坐稳，便开始腐化起来。原来的一些绿林军将领看到更始帝整天花天酒地，不问政事，都十分不满。

　　赤眉军的首领樊崇看更始帝腐败无能，就立15岁的放牛娃刘盆子为皇帝，率领20万大军进攻长安，不久就攻占了函谷关。更始帝眼看赤眉军就要攻到长安了，便率领文武百官逃到城外。樊崇进入长安后，派使者限令更始帝在20天内投降。更始帝没办法，只好带着玉玺向赤眉军投降。

　　赤眉军声势浩大地进了长安，可是几十万将士的口粮发生了困难，长安天天有人饿死。这样一来，长安的混乱局面就无法收拾了。无奈之下，樊崇带着军队离开长安，向西流亡。但是别的地方粮食也一样困难；到了天水（在今甘肃）一带，又遭到那里的地主豪强的拦击。樊崇没辙，又带着大军往东走。

　　汉光武帝这时已占领了洛阳，他一听到赤眉军向东转移，就带领20万大军分两路设下了埋伏。他派大将冯异到华阴，把赤眉军往东边引。赤眉军被诱引到崤山下，冯异让伏兵打扮得和赤眉军一模一样，双方混战在一起，分不出谁是赤眉兵，谁是汉兵。赤眉军正在为难的时候，打扮成赤眉军模样的汉兵高声叫嚷"投降！投降"，赤眉军兵士一看有那么多人喊投降，没了主意，一乱就被缴了武器。

　　27年一月，樊崇带着赤眉军向宜阳（今河南宜阳县）方向转移。汉光武帝得到消息，亲自率领预先布置好的两路人马截击，把赤眉军围困起来。赤眉军无路可走，樊崇只好派人向汉光武帝请降。汉光武帝把刘盆子、樊崇等人带回洛阳，给他们房屋田地，让他们在洛阳住下来。但是不到几个月，就加上谋反的罪名，把樊崇杀了。

　　全国平定后，光武帝于建武十三年（37年）开始安置有功之臣。他采取了两条措施：一是不让拥有重兵的功臣接近京师；二是对功臣封赏而不用。邓禹、贾复等开国元勋明白光武帝的意思后，率先解去军职，倡导儒学。刘秀对功臣只赏不用的政策是东汉政权重建过程中重要的一步，也是较为成功的一项治国安邦的措施。

刘秀深切地认识到，要使国家真正地长治久安，必须安民，与民休息，才能保持社会稳定，才能发展社会生产。

首先，给老百姓一个安定的社会环境。刘秀生长在民间，经历过王莽的残暴统治，知道耕作的艰难及百姓的痛苦。因此建立东汉后，通过废除王莽的繁苛法令，恢复汉初的简政轻刑，给百姓创造一个宽松的社会环境。此后，他多次下诏裁减各地的监狱，不断地告诫各级官吏尤其是地方官吏要体恤百姓、宽松执法。光武帝年初，派卫飒担任桂阳（今湖南郴州）太守。卫飒到任后，了解到桂阳地处边远、礼俗落后，便从教育入手，设立学校，端正风俗，不长时间便使境内风气大为改观。桂阳郡的含洭、浈阳、曲江原来是越族居住

光武帝涉水图　明　仇英

的地方，沿着河岸靠山居住的，多是一些在战乱中逃进深山的百姓，他们因为地处偏僻，也不向官府交纳田租。卫飒组织人凿山开道500多里，一路设置亭传、邮驿，不仅方便了那里的交通，也减轻了人民的负担，百姓逐渐搬到道路两边居住，使当地经济迅速发展起来，也开始向官府交纳田赋了。

其次，有效减轻人民的负担。光武帝认为官吏的奢侈、官僚机构设置无度以致冗官无数，是百姓的最大负担。因此他在位期间，始终提倡节俭。37年，一国使者向光武帝献上一匹可日行千里的名马和一柄宝剑，光武帝接受后便下诏把这匹千里马送去驾鼓车，把宝剑赐给骑士。在光武帝的垂范下，节俭在东汉初年形成风气。在提倡节俭的同时，光武帝对冗官进行裁汰。30年，光武帝在河北、江淮、关中刚刚平定的情况下，下诏归并了郡、国10个，县、邑、道、侯国400多个。并官省职，直接减少了行政开支。

再次，提高奴婢的社会地位。西汉中期以来，大量的平民沦为奴婢，成为严重的社会问题。为此，光武帝曾连续6次下诏释放奴婢。同时，他还在一年之内连续下诏3次，禁止杀、伤和虐待奴婢，使奴婢的地位有所提高。

最后，设法解决土地问题，使百姓和土地结合在一起，便于发展社会生产。西汉中期以来，大规模的土地兼并使土地急剧集中。但那些占有土地的豪强们却不如实向国家申报土地、交纳田赋。为准确地掌握全国的垦田数目和户口名籍，打击豪强，保证赋税收入和徭役征发，光武帝于39年下令在全国"度田"（丈量土地），同时也核定人口。但在度田过程中，官吏们和豪强相互勾结，或抵制清查，或隐瞒不量，而对百姓土地却多量，连墙头地角、房前屋后也不放过。光武帝了解到这种情况后，曾经先后诛杀了大司徒、河南尹及郡守十多人，引起了一场大规模的地方骚乱。地方上的豪族大姓纷纷起来叛乱，光武帝用镇压和分化相结合的手段，好不容易才平息了叛乱。

光武帝刘秀通过集权加强了中央的统治，通过休养生息使人民安心从事生产，经济得到发展，社会比较稳定，这一历史时期被称为"光武中兴"。

强项令董宣

封建官僚机构是由封建官吏组成的，光武帝深知治理国家首先必须有贤明的人才。他沿用了西汉的察举征辟制度，颁布了"四科取士"的诏书。"四科"是选择官吏的德才标准：一是品德高尚，志节清白；二是有知识，是通经的儒士；三是熟悉法令，能够熟练地依法办事；四是有魄力才干，遇事不会犹豫，能独当一面。通过这种制度选拔上来一批官吏，光武帝对他们要求非常严格，不仅要求他们严守法度、勤于职守，还经常亲自对他们进行考核，选优汰劣。对违法的官吏，严加处罚，尚书近臣，只要有过错，也要进行处罚。

·《熹平石经》·

《熹平石经》是中国历史上最早的官定儒家经典刻石，它和魏正始年间所刻《正始石经》，以及唐文宗开成二年所刻《开成石经》并列为古代著名的三大石经。汉代独尊儒术之后，朝廷将儒家经文刻制成石头书籍，供学官们正定校勘，作为向太学生讲授的标准经本。熹平石经共刻《鲁诗》《尚书》《周易》《春秋》《公羊传》《仪礼》《论语》7经，共64石，计200910字，刻制时间从东汉熹平四年至光和六年（175～183年），一共历时9年。制成后立于洛阳太学门前。熹平石经主要由蔡邕等人用隶书体写成，是中国书法史上著名的碑刻。

正是在光武帝的这种政策下，东汉开国初年出现了一批忠正耿直的官员。董宣，陈留人，曾任宣怀县令，后任洛阳令。有一次，光武帝的姐姐湖阳公主有一个家奴行凶杀了人，躲在公主府里不出来。董宣不能进公主府去搜查，就天天派人在公主府门口守着，等那个凶手出来，以便捉拿。

有一天，湖阳公主坐着马车外出，那个杀人凶手也跟在身边侍候。董宣得到了消息，就亲自带衙役赶来，拦住湖阳公主的车。他不管公主阻挠，吩咐衙役把凶手逮起来。然后，就当场把他处决了。

湖阳公主怒气冲冲地赶到宫里，向光武帝哭诉董宣怎样欺负她。光武帝听了，十分恼怒，立刻召董宣进宫，吩咐内侍当着湖阳公主的面，责打董宣，替公主消气。

董宣说："先别动手，让我把话说完了，我情愿死。"光武帝瞪着眼说："你还有什么话好说？"

董宣说："陛下是一个中兴的皇帝，应该注重法令。现在陛下允许公主放纵奴仆杀人，怎么能治理好天下？用不着打，我自杀就是了。"说罢，他仰起头就向柱子撞去。

光武帝连忙喊内侍拉住董宣，可是董宣已经撞得头破血流了。光武帝认为董宣说得有理，不该责打他，但是为了照顾湖阳公主的面子，便要董宣去给公主磕个头赔个礼。

董宣宁愿不要命，也不肯磕这个头。内侍把他的脑袋往地下摁，可是董宣用两只手使劲撑着地，挺着脖子，不让内侍把他的头摁下去。

内侍知道光武帝并不想责罚董宣，可又得给光武帝个台阶下，就大声地说："回陛下的话，董宣的脖子太硬，摁不下去。"

湖阳公主见状不满地说："皇上在做平民的时候，也藏过逃亡和犯死罪的人，官吏都不敢上门。现在身为天子，反倒对付不了一个县令吗？"光武帝苦笑着说："天子和平民是不一样的。"光武帝让人把董宣的头包好，并赐他到太官府吃饭。饭后，董宣把碗反扣在桌子上，光武帝问他这是什么意思，董宣回答说："我吃饭不敢有余粒，如同奉职尽忠不遗余力一样。"光武帝深为他尽责尽忠的精神所感动，称之为"强项令"，也就是硬脖子县令的意思。

董宣担任洛阳令5年，对各种不法行为严加打击，被人称为"卧虎"。74岁那年，董宣死在任上。光武帝专门派使者前去吊唁，只见董宣身覆一布被，妻子儿女相对而泣，家中仅有大麦数斛、破车一乘。光武帝听说后，伤感地说："董宣廉洁，死后才真正知道。"

班固著《汉书》

班固，字孟坚，东汉扶风安陵（今陕西咸阳东）人。班固的父亲班彪是东汉光武帝时的望都长。班彪博学多才，专攻史籍，是著名的儒学大师。他不满当时许多《史记》的续作，便作《后传》65篇，以续《史记》。班固从小就非常聪明，9岁便能作诗文，长

《汉书》书影

大之后，班固熟读百家书，并深入研究。渊博的学识以及很强的写作能力，为他以后的作史创造了十分有利的条件。在他23岁那年即建武三十年（54年），班彪去世，班固私自修改国史，因此被捕入狱。他的弟弟班超赶到洛阳，为班固申辩。当明帝审阅地方官送来的班固的书稿时，十分欣赏班固的

才华，并任他为兰台令史，负责掌管图籍、校订文书。他与陈宗、尹敏、孟异等共同撰成《世祖本纪》。随后迁任为典校秘书，又写了功臣、平林、公孙述的列传、载记28篇。后来明帝命令班固继续完成他原来所欲著述的西汉史书。班固通过一再的思索之后，经过潜精积思20余年，终于在建初七年（82年）年完成了《汉书》。《汉书》一写成，影响就很大。和帝永元初年（89年），班固以中护军随大将军窦宪出征北匈奴。永元四年（92年），窦宪以外戚谋反而畏罪自杀，班固因此受到牵连。先被免官，后有人因曾受班固家奴侮辱便借机搜捕班固入狱。不久，班固死于狱中，时年61岁。班固死后，《汉书》尚未完成的八表和《天文志》主要由他的妹妹班昭继续完成。

《汉书》是我国第一部纪传体断代史，体制全袭《史记》而略有变更，《史记》包括本纪、表、书、世家、列传五种体裁，《汉书》有纪、表、志、传，改"书"为"志"，没有世家，凡《史记》列入世家的汉代人物，《汉书》均写入"传"。《汉书》这种体裁上的改动是符合历史时势变化的，是合理的。同时，《汉书》的体例较《史记》有了一些创新。在纪部分，《汉书》不称"本纪"，而改称为"纪"，在《史记》的基础上，《汉书》增立《惠帝纪》，以补《史记》的缺略；在《武帝纪》之后，又续写了昭、宣、元、成、哀、平6篇帝纪。在表的部分，《汉书》立38种表，其中6种王侯表是根据《史记》有关各表制成的，主要记载汉代的人物事迹。只有《古今人表》和《百官公卿表》是《汉书》新增设的两种表。《古今人表》专议汉代以前的古代人物，表现了班固评论人物的论事标准，暗示出他对汉代人物褒贬的立意，且网罗甚富，亦不无裨益。而《百官公卿表》记述了秦汉官制和西汉将相大臣的升迁罢免死亡，是研究古代官制史、政治制度史的重要资料，有重要的学术价值。在志部分，《汉书》改《史记》的"书"为"志"，而又予以丰富和发展，形成我国史学上的书志体。

《汉书》将《史记》的《律书》《历书》并为《律历志》，《礼书》《乐书》并为《礼乐志》，增写《史记·平准书》为《食货志》，改《史记·封禅书》为《郊祀志》《天文志》，《河渠书》为《沟洫志》，还创设了刑法、五行、地理、艺文四志。《汉书》十志比较《史记》八书在先后次序上也有所不同，《汉书》的志包括律历、礼乐、刑法、食货、郊祀、天文、五

行、地理、沟洫、艺文10种。其中，改变或者并八书名称的有律历、礼乐、食货、郊祀、天文、沟洫6种，但它们的内容或者不同，或者有所增减。如《食货志》在继承了《平准书》部分材料的同时，又增加新的内容，分为上、下两卷。上卷记"食"，叙述农业经济情况；下卷载"货"，介绍工商及货币情况。《史记》列传篇题的定名，或以姓，或以名，或以官，或以爵，多不齐一，且排列顺序难为论析。《汉书》则一律以姓名题篇，排列顺序是先专传，次类传，后四夷和域外传，最后是外戚和王莽传，整齐划一。《汉书》将《史记》的《大宛传》扩充为《西域传》，详细记述了西域几十个地区和邻国的历史，是研究古代中国各民族和亚洲有关各国历史的珍贵资料。

《汉书》主要的特点体现在以下几点：

第一，《汉书》较真实地记述和评论了西汉的政绩及其盛衰变化，从一统功业的角度，对于各时期所取得的成就进行了热情的称颂。在评述西汉政治时，用"时""势"或"天时"变异来表达历史是发展的看法。

第二，广泛地评价了各种人物在西汉政治中的作用。书中记述到汉代的兴盛，是由于有众多的文臣武将和智谋极谏之士，在中央和地方的各方事务中竭其忠诚，做出贡献。

第三，以很多笔墨记录了王室及大臣聚敛财富，奢侈淫逸，皇权的争夺、外戚的专横，以及封建统治阶级的淫奢，反映了人民的痛苦生活和反抗斗争。

第四，详细记述了古代尤其是汉代的政治典制，表现了西汉文化的发展规模及其重要价值。其中《刑法志》记述了古代的兵学简史，叙述刑法典核详明，首尾备举，论其变化追本溯源。《食货志》系统地记述了自西周至王莽时期的农政和钱法，反映了1000多年以来社会经济发展的重要侧面。《地理志》先叙由古之九州说而进至秦的郡县变迁，是中国地理最为详尽的记载。

《汉书》是史书体例上的一个重大飞跃，继《汉书》之后，断代史为后来历代正史所效仿，因此《汉书》在我国史书体例的发展上具有重要意义。

蔡伦改进造纸术

谈到中国的造纸术，就不能不说到蔡伦。他在造纸技术的发明和发展上的卓越贡献将彪炳史册，万古流芳。

蔡伦，字敬仲，桂阳人，是东汉时期杰出的科学家。蔡伦从东汉明帝刘庄末年开始在宫禁做事。汉和帝刘肇登基之后，他很快成了和帝最宠信的太监之一，负责传达诏令，掌管文书，并参与军政机密大事。

蔡伦像

史载蔡伦非常有才学，为人敦厚正直，曾多次直谏皇帝。因为其杰出才干，他被授尚方令之职，负责皇宫用刀、剑等器械的制造。在他的监督之下，这些器械都制造得十分精良，后世纷纷仿效。

在做尚方令期间，蔡伦系统总结了西汉以来造纸方面的经验，并进行了卓有成效的试验和革新。在原料的利用方面，他不仅变废为宝，大胆取用麻头及敝布、渔网等废品为原料，而且独辟蹊径，开创利用树皮的新途径。此举使造纸技术从偏狭之处挣脱出来，大大拓宽了原料来源，降低了造纸的成本，使纸的普及应用成为可能。更值得一提的是，他用草木灰或石灰水对原料进行浸沤和蒸煮的方法，既加快了麻纤维的离解速度，又使其离解得更细更散，大大提高了生产效率和纸张的质量。这也是造纸术的一项重大技术革新。

元兴元年（105年），蔡伦将自造的纸呈给汉和帝，受到大大的赞赏，朝野震动。人们纷纷仿制，"天下咸称'蔡侯纸'"。安帝年间（107～125年），和帝的皇后邓太后因蔡伦久侍宫中，做事勤恳且颇有成绩，封他为龙亭侯。

后来蔡伦被卷入一起宫廷事件，起因是窦后（汉章帝的皇后）让他诬陷安帝祖母宋贵人。等到安帝亲政，着手调查这件事情，让蔡伦自己到廷尉处接受惩罚。蔡伦觉得很受屈辱，就自杀了。

蔡伦虽然死了，但是他对造纸技术的贡献将永存史册。蔡侯纸的出现，标志着纸张取代竹帛成为文字主要载体时代的到来。廉价高质量的纸张，有力地促进了知识、思想的大范围传播，使古代大量文字信息得以保存，促进了人类文明的进步。

在造纸术发明以前，我国古代使用龟甲、兽骨、金石、竹简、木牍、缣帛作为书写材料。龟甲、兽骨、金石对书写工具要求很高，需要刻。简牍呢，笨重不便，而且翻阅起来，中间穿的绳很容易断，造成顺序混乱。缣帛虽轻便，可是价格十分昂贵，一般人消费不起。纸的发明，满足了人们对轻便廉价书写材料的迫切需求，引发了书写材料的一场空前的革命。

造纸术一经发明，就被人们广泛使用。在以后的朝代里，人们对造纸术进行不断的改良和提高，工艺越来越先进，纸的质量也越来越好，品种也越来越丰富。造纸的主要原料也从破布和树皮发展到麻、柯皮、桑皮、藤纤维、稻草、竹以及蔗渣等。

·蔡伦造纸的方法·

1.把树皮、麻头、破布等原料用水浸，切碎。

2.用草木灰水蒸煮，再经清水洗涤，去掉杂质。

3.用石臼将原料舂碎，配成浆液，放在槽里。

4.用抄纸器将纸浆捞起，漏去水分，晾干压平。

上述造纸方法已具备了原料处理、制浆、澄浆、抄纸、烘干等主要工序，为我国造纸业的发展奠定了基础。

我国发明的造纸术，对世界文明影响深远。造纸术大约在7世纪初传入朝鲜半岛，隋时传入日本。8世纪，唐朝工匠将造纸术传入阿拉伯半岛，在撒马尔罕办起造纸厂，此后又传入巴格达地区。10世纪传入大马士革、开罗地区，11世纪传入摩洛哥，13世纪传入印度，14世纪传入意大利，然后传到德国和英国，16世纪传入俄国和荷兰，17世纪传入美国，19世纪传入加拿大。

潘吉星在《造纸术的发明和发展》一文中这样总结道："我国古代在造纸技术、设备、加工等方面为世界各国提供了一套完整的工艺体系。现代机器

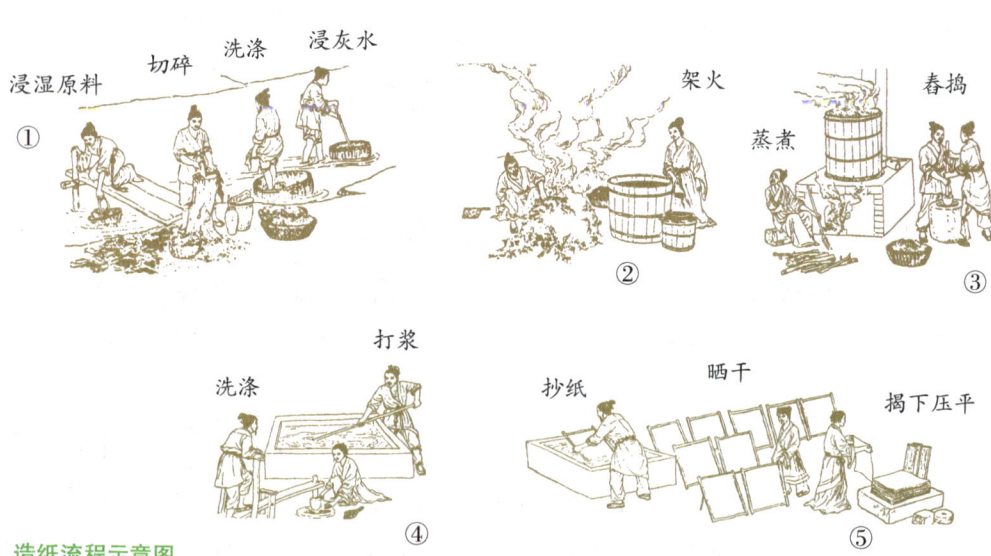

造纸流程示意图

中国通史

造纸工业的各个主要技术环节，都能从我国古代造纸术中找到最初的发展形式。世界各国沿用我国传统方法造纸有1000年以上的历史。"从上述论述中，我们不难看出，我国的造纸术在公元前2世纪到18世纪的2000多年里，一直处于世界领先水平。

张仲景和华佗

张仲景，名机，约生于150年，卒于219年，东汉南阳郡（今河南南阳）人，是东汉末年著名的医学家，被后人尊称为"医圣"。

史载张仲景自幼聪颖好学，喜欢研究岐黄之学，对名医扁鹊很是推崇，并以其为榜样。他拜同乡著名中医张伯祖为师，因其刻苦，很快便尽得真传。

张仲景像

汉灵帝时，张仲景被举为孝廉，继而出任长沙太守。他虽居要职，却淡泊名利，不屑于追逐权势，他心里所关心的是百姓的疾苦。传说他为太守之时，每逢初一、十五停办公事，亲自到大堂之上为百姓诊病，号称为"坐堂"。至今药店仍称作"堂"，应诊医生被称为"坐堂医生"。

东汉末年，战乱频繁，瘟疫横行，民不聊生。张仲景虽然也在居官之暇行医，但是所救治之人毕竟有限。他在做官与行医的利弊权衡之间犹豫不决。这时，南阳病疫流行，他的家族在10年之内，竟死去2/3。面对这种打击，张仲景决定辞官行医，悬壶济世。

张仲景在行医过程中，不仅潜心学习汉代以前的医学精华，而且虚心向同时代的名医学习，博采众家之长。他向"王神仙"求医的传说在民间广为流传。

张仲景听说当时襄阳有个很有名的王姓外科医生，治疗疮痈很有一套，人称"王神仙"。于是就整装出发，为了学到本领，他隐姓化名，自愿给"王神仙"做药店伙计。他的勤奋聪明很快就得到了"王神仙"的欣赏和信任。有一次，"王神仙"给一个患急病的病人看病，所配的药方里有一味药剂量不够。张仲景觉得有问题，但还是照方抓药。结果，病人病情加重，"王神仙"束手无策。张仲景挺身而出，自告奋勇一展身手，果然手到病除。"王神仙"

很吃惊地看着眼前这位年轻人，知道他大有来历，一问才知他是河南名医。"王神仙"深受感动，遂将其技艺倾囊相授。

张仲景"勤求古训，博采众方"，凝聚毕生心血，于3世纪初著成《伤寒杂病论》16卷。原本在民间流传中佚失，后人搜集和整理成《伤寒论》和《金匮要略》两部书。

《伤寒杂病论》是中医四大经典之一，它系统总结了汉朝及其以前的医学理论和临床经验，是我国第一部临床治疗学的专著。

《伤寒论》是一部阐述多种外感疾病的著作，共有12卷，著论22篇，记述397条治法，载方113个，总计5万余字。《伤寒论》论述了人体感受风寒之邪而引起的一系列病理变化，并把病症分为太阳、阳明、少阳、太阴、厥阴、少阴等"六经"，进行辨证施治。

《金匮要略》是一部诊断和治疗各种疾病的书，共计25篇，载方262个。《金匮要略》以脏腑脉络为纲，对各类杂病进行辨证施治。全书包括了40多种疾病的诊治。

在《伤寒杂病论》中，张仲景还创造了世界医学史上的三个第一，即首次记载了人工呼吸、药物灌肠和胆道蛔虫的治疗方法。

《伤寒杂病论》成书之后，成为中国历代医家研究中医理论和临床治疗的重要典籍。隋唐以后，更是远播海外，在世界医学界享有盛誉。从晋朝开始到现在，中外学者整理研究该书的专著超过1700余家，可见其影响之深远。

医圣张仲景以及他所创立的学术思想已成为全人类的共同财富，他当之无愧受到万世千秋的景仰！

华氏家族本是望族，但到华佗时已经衰微了。幼年的华佗在攻读经史的时候，就很留心医药。他从古代名医济世救人的事迹中获得启发，树立了解救苍生于苦难的理想。

在当时的社会里，读书人都以出仕做官为荣，可是华佗却选择了另一条道路，以医为业，替百姓看病，并且矢志不移。青年时期的华佗，看到外戚宦官专权、官场腐败。当时有很多人举荐华佗做官，都被他拒绝了。不为良相，便为良医，华佗决心终身行医。

华佗行医，并无师传。他主要是通过精研前代的医学典籍，在继承前人的基础之上，结合自己的实践总结，加以归纳，从而创立新的学说，自成一派。由于他天资聪颖，加上学习得法，理论联系实际，他的医术迅速提高，成为远近闻名的医学家。

中年的华佗，因中原动乱而"游学徐土"。他坚持深入民间，为百姓治病，足迹遍及当时的徐州、豫州、青州、兖州各地。根据他行医地名查考，大抵是以彭城为中心，东起甘陵（今山东临清）、盐渎（今江苏盐城），西达朝歌（今河南淇县），南至广陵（今江苏扬州），西南则到谯县（今安徽亳州），也就是在今天的江苏、河南、山东、安徽等广大地区。华佗学识渊博，医术高超，创造了许多医学奇迹，其中最突出的就是用麻沸散进行外科手术。

华佗的医术仁心受到了广大人民的热爱和尊崇，他高超的医术常为人们所津津乐道。民间关于他的传说故事不胜枚举。例如，《三国演义》里关公刮骨疗伤，就是华佗做的手术。传说有一位郡守患病，百医无效。郡守的儿子找到华佗，对他详述病情，恳求施治。华佗到后看过，问病的时候，语气很不好，说话也很狂傲，索要的诊费非常高。这还不算，华佗压根儿就没有治病，临走的时候还留信大骂郡守白痴。郡守大怒，口吐黑血，病一下就好了。

经过数十年的医疗实践，华佗的医术已到了炉火纯青的地步。在临床诊治方面，他灵活运用养生、针灸、方药和手术等手段，辨证施治，疗效极好，被誉为"神医"。他精通内科、外科、妇科、小儿科和针灸科等，尤擅外科。

华佗的医名远播，使得曹操闻而相召。原来曹操患有头风病，找了很多医生都不见效。华佗只给他扎了一针，曹操头痛立止。曹操为了自己看病，强把华佗留在自己府里。但是华佗立志为民看病，不肯专门侍奉权贵，于是就请假回家。曹操催了几次，华佗都以妻病为由不去。曹操大怒，专门派人将他抓

《伤寒杂病论》失而复得的关键人物

一是晋朝太医令王叔和。当时世面上流传的都是断简残章。王叔和全力搜集各种抄本，并加以整理，命名为《伤寒论》。他不仅整理了医书，而且还留下了关于张仲景的文字记载。

二是宋仁宗时翰林学士王洙。他无意间在翰林院书库里发现了一本虫蛀的竹简，书名为《金匮玉函要略方论》，发现与《伤寒论》相似。后经名医林亿、孙奇等人校订，更名为《金匮要略》刊行于世。

到许昌，并把他关进牢中准备杀掉。有谋士进谏相劝，曹操不听，还是处死了华佗。华佗临死前，将所著医书交给狱吏，希望可以救济百姓。狱吏胆小，怕担责任，不敢要。华佗无奈之下，一把火烧了医书。后来曹操爱子曹冲患病，百医无效，曹操才后悔杀了华佗。

华佗晚年著有《青囊经》《枕中灸刺经》等多部著作，可惜都已失传。他发明了一套"五禽戏"来强身健体，还培养了许多弟子，其中广陵吴普、西安李当之和彭城樊阿都是有名的良医。

党锢之祸

李膺像

党锢之祸是桓帝、灵帝时期，统治集团的内部权势之争。东汉政权自和帝后长期被宦官外戚轮流把持，到桓、灵时期，社会矛盾日益突出，政治腐败黑暗，宦官专权也到达了顶峰。宦官集团把持朝政，谋取私利，排斥异己，陷害忠良，先后制造了两次党锢惨祸。反对宦官的官僚士大夫和太学生受到惩罚，本人以及亲属、门生等或被逮捕，或被流放，或者禁锢终身不得做官。

东汉后期，官吏的任免权被宦官控制，正直的官僚士大夫在朝中不断遭受排挤和打击，而作为官吏后备军的太学生们更是感到仕途无望，于是官僚士大夫和太学生联合起来，形成反对宦官集团的社会政治力量。他们抨击时弊，品评人物，被称为"清议"。有识之士力图通过清议，反对宦官专权，挽救危机四伏的东汉统治。清议之风的盛行，造成很大的舆论影响。

153年，宦官赵忠的父亲去世，安葬时葬礼隆重超出常规，刚正严明的朱穆令手下挖掘坟墓，亲自检查，发现有玉匣、木偶等违规葬品。朱穆下令逮捕赵忠家属，赵忠反而向桓帝告状，诬陷朱穆。太学生刘陶等人愤愤不平，联名上书请愿，桓帝迫于舆论压力赦免了朱穆。162年，宦官徐璜等向平定羌人叛乱有功的皇甫规敲诈勒索，遭到拒绝。徐璜等反诬告皇甫规私吞军饷。皇甫规被桓帝罚服苦役，太学生张风等人和一些官员联合起来共同上书，使皇甫规获得赦免。这两次以太学生为主体的反对宦官的斗争取得了胜利，他们的活动对当权的宦官造成巨大的压力。

165年，陈蕃做了太尉，名士李膺做了司隶校尉。他们都是读书做官、操行廉正又看不惯宦官弄权的人，因而太学生都拥护他们。

李膺做司隶校尉的职责是纠察京师百官及附近各郡县官吏。有人向他告发大宦官张让的弟弟张朔做县令时，横行不法，虐杀孕妇，事后逃到张让家躲避罪责。李膺打听到张朔藏在张让家空心柱子中，亲率部下直入张让家中，"破柱取朔"，拉出去正法了。张让马上向汉桓帝哭诉。桓帝知道张朔的确有罪，也没有责备李膺。

李膺执法公正，刚直不阿，轰动了京师，受到士人和百姓的推崇。

过了一年，有一个和宦官来往密切的方士张成，从宦官侯览那里得知朝廷即将颁布大赦令，就纵容自己的儿子杀人。杀人凶手被逮起来，准备法办。就在这时，大赦令下来了。张成得意地对众人说："有大赦诏书，司隶校尉也不能把我儿子怎么样。"这话传到李膺的耳朵里，李膺怒不可遏。他说："张成预先知道大赦，故意叫儿子杀人，这是藐视王法，大赦轮不到他儿子。"就下令把张成的儿子处决了。

张成哪肯罢休，他与宦官侯览、张让一起商量了一个鬼主意，叫张成的弟子牢修向桓帝诬告李膺和太学生，罪状是"结成一党，诽谤朝廷"。

汉桓帝接到牢修的控告，便下令逮捕党人。除了李膺之外，还有杜密、陈寔和范滂等200多人，均在党人之列。朝廷通令各地抓捕这些人。李膺和杜密都被关进了监狱。

捉拿人的诏书到达了各郡，各郡的官员都把与党人有牵连的人申报上去，有的多达几百个。

第二年，有个叫贾彪的颍川人，自告奋勇到洛阳替党人申冤叫屈，汉桓帝的岳父窦武也上书要求释放党人。李膺在牢里采取以守为攻的办法，故意招出了好些宦官的子弟，说他们也是党人。宦官害怕，就对汉桓帝说："现在天时不正常，应当施行大赦。"汉桓帝对宦官是唯命是从的，马上宣布大赦，把200多名党人全部释放了。

党人被释放后，宦官不许他们在京城居留，打发他们一律回家，并把他们的名字向各地通报，罚他们一辈子不得做官。这就是第一次党锢事件。桓帝

祖护宦官集团，使社会更加黑暗，而正直的党人们却受到社会各阶层的称赞。党人范滂出狱回家，家乡人迎接他的车多达数千辆。

桓帝死后，灵帝即位，窦太后临朝，大将军窦武和太傅陈蕃辅政。他们起用李膺等被禁锢的党人，企图一举消灭宦官势力。宦官曹节等发动宫廷政变，劫持窦太后、挟制灵帝，窦武兵败自杀，陈蕃也被捕死于狱中。公卿百官中受陈、窦举荐的全部免官禁锢。169年，张俭揭发宦官的爪牙为非作歹，反被宦官倒打一耙，并乘机把上次禁锢过的党人牵连进去，李膺等100多人被捕死于狱中。又过几年，曹鸾上书为党人诉冤。灵帝反而重申党禁，命令抓捕一切与党人有关的人，凡是党人门生、故吏、父子兄弟和亲属，皆免官禁锢，这是第二次党锢事件。直到黄巾起义爆发，灵帝被迫赦免了党人，党锢才结束。

三国·两晋·南北朝

- ❀ 三国鼎立
- ❀ 西晋风华
- ❀ 东晋偏安
- ❀ 南北朝并立

三国鼎立

 ## 袁绍拥兵自重

汉灵帝在黄巾起义的风潮中，一命呜呼了。他死后，年仅14岁的皇子刘辩继承皇位，这就是汉少帝。由于少帝年幼，何太后便按惯例临朝。这样一来，朝政大权又落入了外戚、大将军何进的手里。

何进，字遂高，因同父异母之妹被选入宫中，成为贵人，受宠于汉灵帝，后来被立为皇后，他也随之升迁。中平元年，由于爆发黄巾起义，何进被任为大将军，率左右羽林军五营士驻扎于都亭，以保卫京师。黄巾首领张角的部下马元义密谋在雒阳起兵，何进将其破获，因此功而晋封慎侯。灵帝死后，宦官蹇硕阴谋杀掉何进而立皇子刘协，结果反被何进诛杀。何进听从袁绍之言，独揽大权，与袁绍等谋诛宦竖。终于事泄，被张让等先下手为强，遭杀身之祸。

袁绍，字本初，汝南汝阳（今河南商水西北）人。他出生于一个世代为官的地主家庭，从祖上袁安起，一直到袁绍的父亲袁逢，四代人中出了五个"三公"，人称"四世三公"。

由于何太后不同意消灭宦官，袁绍就劝何进密召驻扎于河东的董卓带兵进京，用武力胁迫何太后。不料董卓还没有到达洛阳，宦官已得到消息，提前下手把何进杀死了。袁绍得知消息后，就和他的兄弟袁术带兵进宫，将搜捕到的宦官全部杀死了。

这时，董卓已率关西军进入洛阳。为了控制住局面，董卓假造声势，收编了何进的部下，独掌了朝政大权。此后，他便想废掉少帝刘辩，但又害怕众人不服，便找袁绍来商量，希望能借助袁绍的影响来控制朝野内外。谁知袁绍表示坚决反对，两人话不投机，拔刀相向。袁绍待在京师，总担心董卓对他下手，便匆忙离开了京师。

袁绍走后，董卓立即废掉少帝刘辩，另立陈留王刘协为帝，这就是汉献帝。袁、董虽然反目成仇，但袁绍世代为官，是当时声名显赫的世家大族，董卓顾及袁绍势力太大，为了缓和同袁绍的矛盾，就听从一些官员的劝告，任命袁绍为渤海太守。

初平元年（190年），关东州郡牧守联合起兵，共讨董卓，袁绍被推为关东军盟主，自号车骑将军，统率十八路诸侯攻打董卓。董卓不久被杀，关东军内部开始互相兼并。袁绍夺取冀州牧韩馥的地盘，自领冀州牧，此后又夺得青州、并州。到建安四年（199年），袁绍已占据黄河下游四州，领众数十万，成为当时东汉势力最强的北方诸侯。在反对董卓的队伍中，有一支不太引人注目的队伍，这支队伍的首领名叫曹操。

奸雄曹孟德

曹操，字孟德，小名阿瞒，沛国谯县（今安徽亳州）人。他父亲夏侯嵩是汉桓帝时大宦官曹腾的养子，随曹腾改姓了曹。

曹操从小就很聪明机警，善于随机应变。当时汝南名士许劭以善于评论人物著称，曹操特地登门拜访，请他品评自己。许劭起初不肯评说，经曹操再三追问，他才说："你在治世时，会成为能干的大臣；在乱世里，会成为奸雄。"

曹操在20岁的时候，在洛阳当了一个叫北部尉的小官。洛阳是一座大城，皇亲国戚、达官显贵很多，他们经常胡作非为，没人敢管。曹操到任后，命令手下人做了十几根五色棒，高高挂起，表明无论是什么人，只要触犯法规、禁令，就要挨棒子。大宦官蹇硕的叔叔依仗权势，违法乱纪。一天，他违反

禁令，深更半夜提刀乱闯，被巡夜的当场捉住，挨了一顿五色棒的痛打。从此以后，谁也不敢违反禁令，洛阳的治安有了好转，曹操的威名一下子传开了。

190年，曹操和各路讨伐董卓的大军在陈留附近的酸枣（今河南延津西南）集合，组成一支"反董"联军，大家共同推举袁绍作为联军的盟主。

董卓听说各地起兵的消息，心惊胆战。他不顾大臣们的反对，决定迁都长安。汉献帝被迫离开洛阳后，董卓下令放火焚城。一时间，洛阳成了一片火海，致使洛阳的百姓流离失所，尸骨遍野。

魏武帝曹操像

受《三国演义》的影响，在许多人的心目中，曹操是个反面人物。实际上，曹操是雄才大略的政治家和军事家，他统一北方，使混乱的社会经济得到恢复，对于结束东汉末年的战乱功不可没。同时，曹操在文学上也颇有建树。

这时，在酸枣附近集结的各路讨董大军都按兵不动，彼此观望。曹操看到这种情形，义愤填膺，带领手下5000人马，向成皋进兵。曹操的人马刚刚到了汴水，便遭到了董卓部将徐荣的攻击。双方力量对比悬殊，一交手，曹操便败下阵来。

曹操损兵折将，回到酸枣。他看到起义讨伐董卓的同盟军不能与他一起成就大事，就单独去了扬州（今安徽淮水和江苏长江以南），在那里招兵买马，养精蓄锐。

 ## 王允除董卓

董卓到了长安后，就自称太师，要汉献帝尊称他为"尚父"。

他看到朝廷里的大臣们人心涣散，对他没有什么威胁，也就寻欢作乐起来了。他在离长安200多里的地方，建筑了一个城堡，称作郿坞。郿坞的城墙修得又高又厚，他把从百姓那里搜刮得来的金银财宝和粮食都贮藏在那里，单说粮食一项，30年也吃不完。

郿坞筑成以后，董卓得意地对人说："如果大事能成，天下就是我的；

如果大事不成，我就在这里安安稳稳度过晚年，谁也打不进来。"

董卓有一个心腹，名叫吕布，勇力过人。董卓把吕布收作干儿子，叫吕布随身保护他。他走到哪儿，吕布就跟到哪儿。吕布的力气特别大，射箭骑马的武艺十分高强。那些想刺杀董卓的人，因为害怕吕布的勇猛，就不敢动手了。

司徒王允想除掉董卓，他知道要除掉董卓，必须先打吕布的主意。于是，他就常常请吕布到他家里，一起喝酒聊天。日子久了，吕布觉得王允待他好，也就把他跟董卓的事情向王允透露一些。

原来，董卓性格暴躁，稍不如他的意，就不顾父子关系，向吕布发火。有一次，吕布无意中冲撞了他，董卓竟将身边的戟朝吕布掷去。幸亏吕布眼疾手快，侧身躲过了飞来的戟，没有被刺着。为此，吕布心里很不痛快。

王允听了吕布的话，心里挺高兴，就把自己想杀董卓的打算也告诉了吕布。吕布答应跟王允一起干。

192年，汉献帝生了一场病，身体痊愈后，在未央宫接见大臣。董卓得到通报后就从郿坞到长安去。为了提防有人刺杀他，他在朝服里面穿上铁甲，在乘车进宫的大路两旁，派卫兵密密麻麻地排成一条夹道护卫。他还叫吕布带着长矛在身后保卫他。他认为经过这样安排，就万无一失了。

殊不知，王允和吕布早已设好计策。吕布安插了几个心腹勇士扮作卫士混在队伍里，专门在宫门口等候。董卓的坐车刚一进宫门，就有人拿起戟向董卓的胸口刺去。但是戟扎在董卓胸前的铁甲上，刺不进去。

吕布见此情景，立即举起长矛，一下子戳穿了董卓的喉头。随即，吕布从怀里拿出诏书向大家宣布："皇上有令，只杀董卓，别的人一概不追究。"董卓的将士们听了，都高兴地呼喊万岁。

描绘翦除董卓历史故事的年画——连环计

长安的百姓听到奸贼董卓死了，欢声雷动，举杯相庆。可是，过了不久，董卓的部将李傕、郭汜攻入长安，杀死了王允，赶走了吕布，长安又陷入混乱动荡之中。

董卓在历史上被视为罪恶滔天的残暴之徒，人们习惯将造成东汉末年国家分崩离析的社会状况记在他的头上。其实，董卓只是一个勇猛而有谋略的边将，如果不是外戚、朝官的无能，他也不会拥帝自立，他的历史作用，只是打开了军阀混战的大门。

煮酒论英雄

曹操把汉献帝迎到许都的这一年，徐州牧刘备前来投奔他。那时，刘备驻守的徐州被袁术和吕布联军夺去了。

刘备是河北涿郡（今河北涿州）人，是西汉皇室的宗亲。他从小死了父亲，家境败落，跟他母亲一起靠贩鞋织席过日子。他对读书不太感兴趣，却喜欢结交豪杰。有两个贩马的大商人经过涿郡，很赏识刘备的气度，就出钱帮助他招兵买马。

当时，到涿郡应募的有两个壮士，一个名叫关羽，另一个名叫张飞。这两人武艺高强，又跟刘备志同道合，日子一久，三个人的感情真比亲兄弟还亲。

刘备投奔曹操以后，曹操和刘备一起去攻打吕布。吕布兵败被杀。回到许都后，曹操请汉献帝封刘备为左将军，并且非常尊重刘备，走到哪儿，都要刘备陪在他身边。

这时候，汉献帝觉得曹操的权力太大了，又很专横，便要外戚董承设法除掉曹操。他写了一道密诏缝在衣带里，又把这条衣带送给董承。

董承接到密诏，就秘密地找来几个亲信，商量如何除掉曹操。他们觉得自己力量不够，认为刘备是皇室的后代，一定会帮助他们，就秘密与刘备联络。刘备果然同意了。

此后过了不久，曹操邀请刘备去喝酒。两个人一面喝酒，一面说笑，谈得很投机。他们谈着谈着，很自然地谈到天下大事上来了。曹操拿起酒杯，说：“您看当今天下，有几个人能算得上英雄呢？”

· 曹魏时期的邺城 ·

　　邺城在今河北临漳县。建安九年（204年），曹操攻克了邺城，自此居于邺城，不再去许都（今河南许昌）。此时邺城成为中国北方的政治中心，政令均出于此。曹魏时期的邺城在中国古代城市发展中占有重要的位置，成为一个新的发展阶段的标志。邺城为东西长的长方形城，布局匀称，结构合理。全城以金明门至建春门的东西大道为界分为南北两大区域，北半部主要建筑宫城、衙署、铜雀园等，南半部主要布置一般官署和普通居民居住的里坊。根据文献可知，曹魏邺城一改秦汉以来都城建有多处宫城的形式，集中内外朝于宫城，并减少了宫城在全城面积中所占的比例。著名的铜雀台与金虎台、冰井台并称三台，是邺城的大型高台建筑。三个高台以空中阁道相连，彩画精美，气势宏伟，犹如空中彩虹。建安文学的代表人物曹氏父子、王粲、徐干等人与此三台结下了不解之缘，不少意气风发、才华横溢的名诗佳句即诞生于三台之上。

　　刘备谦虚地说："我说不清楚。"

　　曹操笑着对刘备说："我看啊，当今的天下英雄，只有将军和我曹操两个人。"

　　刘备心里想着跟董承同谋的事，正感觉不安，听到曹操这句话，大吃一惊，身子打了一个寒战，手里的筷子掉在了地上。正巧在这时，天边闪过一道电光，接着就响起一声惊雷。刘备一面俯下身子捡筷子，一面说："这个响雷真厉害，把人吓成这个样子。"

　　刘备从曹操府中出来，总觉得曹操这样评价自己，将来会丢了性命，便等待机会离开许都。

　　事也凑巧，袁绍派他儿子到青州去接应袁术，要路过徐州。曹操认为刘备熟悉那一带的情况，就派他去截击袁术。刘备一接到曹操命令，就赶紧和关羽、张飞带着人马走了。

　　刘备打败了袁术，夺取了徐州，决定不回许都去了。

　　到了第二年春天，董承和刘备在许都合谋反对曹操的事败露了。曹操把董承和他的3个心腹都杀了，并且亲自发兵征讨刘备。

　　刘备听说曹操亲自带领大军进攻徐州，慌忙派人向袁绍求救。袁绍手下的谋士田丰劝袁绍乘许都兵力空虚的时候偷袭曹操，袁绍没有听从。

　　曹操大军进攻徐州，刘备兵少将寡，很快就抵挡不住，最后只好放弃徐州，投奔冀州的袁绍。

孙策入主江东

正当曹操经营北方的统一大业时，南方有一支割据势力渐渐壮大起来，这支队伍的首领就是入主江东（今长江下游的江南地区）的孙策、孙权两兄弟。

孙策，字伯符，吴郡富春（今浙江富阳）人，出身于当地一个名家大族。他的父亲孙坚因镇压汉末农民起义有功，朝廷封他为长沙太守。

孙坚后来又参加了讨伐董卓的联军。他到鲁阳（今河南鲁山县）时遇上袁术，被袁术封为破虏将军。在袁术和刘表争夺荆州的战斗中，孙坚打先锋，击败了刘表的大将黄祖。孙坚乘胜追击，渡过汉水，不料，在追击途中被黄祖手下一名躲藏在树丛中的士兵用暗箭射死。

孙坚死后，长子孙策接替他的职务，统领部队，继续在袁术手下供职。孙策打起仗来勇猛异常，总是一马当先，当时人们都称他为"孙郎"。

孙策想继承父志，干一番大事业，但总感到在袁术手下难以施展自己的抱负，于是千方百计寻找机会脱离袁术，另寻出路。正巧孙策的舅舅、江东太守吴景这时被扬州刺史刘繇赶出丹阳，孙策便向袁术请求，去平定江东，替舅舅报仇。

孙策带领袁术拨给他的1000人马到江东去，以此来开辟自己的地盘。他一路上招募兵士，从寿春到达历阳（今安徽和县）时，已招募了五六千人。这时，孙策少年时的好朋友周瑜正在丹阳探亲，听说孙策出兵，就带领一队人马前来接应，帮助他补充了粮食和其他物资。这样，孙策进一步充实了自己的力量，而且增加了一个得力助手。

孙策带领军队，渡过长江，先后几次打败刘繇的军队，最后把刘繇从丹阳赶走，还攻下了吴郡和会稽郡，同时控制了江东大部分地区。

孙策到江东后，军纪严明，不许士兵抢掠百姓财物、侵害百姓利益，深得江东百姓的欢迎。

孙策平时爱好打猎。有一天，他追赶一头鹿，一直追到江边，他的马快，跟从他的人都被远远地甩在后面。这时，原吴郡太守许贡的三个门客正好守在江边。孙策在攻下吴郡时，杀了太守许贡，因此，许贡的门客一直在寻找机会替许贡报仇。他们见机会来了，便一齐向孙策突发冷箭。孙策的面颊中了一箭。

孙策的病情很快恶化，他自知好不了了，便把张昭等谋士请来，对他们说："我们现在依靠吴、越地区的人力资源，长江的险固，可以干一番事业，请你们好好辅佐我的弟弟。"

他又把孙权叫到面前，把自己的官印和系印丝带交给他，说："带领江东的人马，在战场上一决胜负，和天下人争英雄，你不如我；推举和任用贤能的人，使他们尽心竭力，保住现在的江东，我不如你。"当晚，这位纵横江东的"孙郎"便死去了。

孙策死后，弟弟孙权接替他的职务，掌管大权。在张昭和周瑜的帮助下，年仅19岁的孙权继承父兄的事业，担负起巩固发展江东的重任。

·骁勇善战的铁骑·

秦汉时代，骑兵装备轻巧，一般穿着轻型铠甲。这样的轻装骑兵机动灵活，适合运动战，但防护能力有限。这时未发明马镫，骑士两脚悬空，没有着力点，战斗力受到影响。汉末至魏晋，"铁骑"成为骑兵中的精锐部队，其特点是骑手和战马都佩上重型铠甲，防护严密，故又称"重装甲兵"。这种重装骑兵，防护力与冲击力兼备，在魏晋南北朝的战场上叱咤一时。另外，这时的骑兵已经使用马镫，骑士两脚有了着力点，有利于马上格斗，战斗力得到了加强。但由于装备笨重，机动性不强，在隋唐逐渐消失。

三顾茅庐

当曹操扫除北方残余势力的时候，在荆州依附刘表门下的刘备，也正寻找机会实现自己的政治抱负。他四处招揽人才，为自己出谋划策。在投奔他的人当中，有个名士叫徐庶，刘备非常赏识他的才智，便拜他为军师。

有一天，徐庶对刘备说道："在襄阳城外20里的隆中，有一位奇士，您为什么不去请他来辅助呢？这位奇士复姓诸葛，名亮，字孔明。此人有经天纬地之才，人称'卧龙'。"

刘备听到有这样的贤才，非常高兴，便决定亲自去拜访诸葛亮。第二天，刘备带着关羽、张飞启程前往隆中。

刘备一行三人来到隆中卧龙岗，找到了诸葛亮居住的几间茅草房。刘备下马亲自去叩柴门，一位小童出来开门，刘备自报姓名，说明了来意。小童告

诉他们："先生不在家，一早就出门了。"

几天以后，刘备听说诸葛亮已经回来了，忙让备马，再次前往。时值隆冬，寒风刺骨。他们三人顶风冒雪，非常艰难地走到卧龙岗。当他们来到诸葛亮家，才知道诸葛亮又和朋友们出门了。刘备只好给诸葛亮留下一封信，表达了自己求贤若渴的心情。

刘备回到新野之后，一心想着诸葛亮的事，时常派人去隆中打听消息，准备再去拜谒孔明。三个人第三次去隆中时，为了表示尊敬，刘备离诸葛亮的草房还有半里地就下马步行。到了诸葛亮的家时，碰巧诸葛亮在草堂中酣睡未醒。刘备不愿打扰他，就让关、张两人在柴门外等着，自己轻轻入内，恭恭敬敬地站在草堂阶下等候。

诸葛亮被刘备的诚心所打动，他根据自己多年来研究时势政治的心得体会，向刘备详细讲述了自己的政治见解，提出了实现统一的战略方针。他说："现在曹操打败了袁绍，拥有百万兵马，又借天子的名义号令天下，很难用武力与他争胜负了。孙权占据江东，那里地势险要，民心顺服，还有一批有才能的人为他效劳，也不可以与他争胜负，但可以与他结成联盟。"

接着，诸葛亮分析了荆州和益州的形势，认为如果能占据荆州和益州的地方，对外联合孙权，对内整顿内政，一旦机会成熟，就可以从荆州、益州两路进军，攻击曹操。到那时，功业可成，汉室可兴。

刘备听完诸葛亮的讲述，茅塞顿开。他赶忙站起来，拱手谢道："先生的一席话，让我如拨开云雾而后见青天。"刘备从诸葛亮的分析中看到了自己广阔的政治前景，于是再三拜请诸葛亮出山。诸葛亮见刘备这样真诚地恳求，也就高高兴兴地跟刘备到新野去了。

从那时起，年仅27岁的诸葛亮用他的全部智慧和才能帮助刘备实现政治抱负，建立大业。从此，刘备才真正拉开了称霸一方的序幕。

 **赤壁之战**

曹操统一北方后，于208年秋天率兵30万，号称80万，南下攻打荆州。当曹操的军队还没有到达时，刘表就病死了。他的两个儿子——长子刘琦、次子

刘琮向来就不和睦，在刘表临终前几个月，刘琦出任江夏太守；刘琮被部下拥戴，继任荆州牧。刘琮是个贪生怕死的人，听说曹操来攻荆州，暗地派人投降，曹操兵不血刃地占领了襄阳，当时刘备和诸葛亮正在与襄阳一水之隔的樊城（今湖北襄樊）操练兵马，他还不知道刘琮已经投降。曹操大军逼近时，单凭自己的力量抵抗曹操已不可能，便与诸葛亮率军向江陵（今湖北江陵）退去。

刘备在荆州很有影响，当他撤退时，有10多万百姓纷纷随他南下，辎重数千辆，男女老幼互相搀扶，所以每天走得很慢。曹操看出刘备想退守江陵的意图，亲自率5000骑兵，昼夜急行300多里，直奔江陵。曹军在当阳长坂追上刘备，大败刘备。曹操顺利占据江陵，而刘备却逃到刘琦驻守的夏口。此时刘备的军队除关羽的1万水军和刘琦的1万多步兵外，其余损失殆尽。

曹操席卷荆州的消息传到江东，孙权部下的文武官员都异常震动，有些人主张投降，孙权犹豫不决。在曹操进兵荆州以前，孙权就曾派鲁肃到荆州去探听虚实，鲁肃在当阳劝刘备把军队移驻到长江南岸的樊口（今湖北鄂城），以便和东吴互通声气。刘备乘机派诸葛亮和鲁肃一同前往柴桑（今江西九江）去见孙权，商议联合抗曹的策略。

这时候，孙权接到曹操的恐吓信，不投降，他将率80万大军直捣江东。曹操的威势使一些人吓破了胆，长史张昭就是其中之一。他认为只有投降才是上策。针对这种观点，周瑜批驳说："曹操挥师南下，后边有关西马超、韩遂的威胁，后方一定不稳定。再说曹军习于陆战，不习水战，他们与我们较量是舍长就短。另外，现在是寒冬十月，曹操军马粮草不足，北方士兵远涉江湖之间，水土不服，必生疾病。这些都是曹操致命的弱点。曹操号称80万大军，据我观察，曹操带来的军队不过十五六万，已疲惫不堪；从刘表那里所得军队，最多不过七八万，且人心不稳。这二十二三万军队人数虽多，

诸葛亮舌战群儒

　　凭着雄辩的口才和满腹智慧，诸葛亮轻易达到了联吴抗曹的目的。

但不堪一击。将军只要给我5万精兵，就足以打败曹操，请将军放心。"一番话说得孙权非常激动，他拔出宝剑，砍掉奏案的一角，厉声说道："诸将吏谁再敢说投降二字，就和这奏案一样！"

于是，孙权以周瑜为左督（总指挥），程普为右督（副总指挥），鲁肃为赞军校尉（参谋长），率精兵3万，与刘备大军一齐进驻长江南岸的赤壁（今湖北蒲圻西北），与江北曹操的军队隔江对峙。

曹操的士兵因来自北方，初到南方个个水土不服，很不习惯南方潮湿的气候，再加上不习惯乘船，没多久就病倒了许多人。曹操见士兵们身体虚弱，只好召集谋士们商量对策。这时，有人献上连环计：将水军的大小战船分别用铁环锁住，十几条船一排，每排船上再铺上宽阔的木板，不仅人可以在上面行走自如，就是马也可以在上面跑起来。曹操听了非常高兴，立即下令：连夜打造连环大钉，锁住大小战船。这样做后，效果果然不错，人在船上走，如履平地，一点也不觉得摇晃。

驻防在长江南岸的孙刘联军看见曹操的战船连在一起，便想用火攻。正在发愁无法将火种靠近敌船时，周瑜手下的大将黄盖主动要求自己假装投降，以便靠近敌船。

周瑜很赞成黄盖的主意，两人经过商量，派人给曹操送去一封信，表示投降曹操。曹操以为东吴的人看清了形势，害怕兵败身亡，便没怀疑黄盖。

周瑜在江东将各路人马布置停当，只等东南风起，火攻曹营。

208年冬至那天半夜，果然刮起了东南风，而且风势越来越猛。黄盖又给曹操去了一封信，约定当晚带着几十只粮船到北营投降。

赤壁之战旧址，在今湖北蒲圻西北。

当天晚上，黄盖率领20只战船，船上装满干草、芦苇，浇了膏油，上面蒙上油布，严严实实地把船遮盖住。每只船后又拴着3只划动灵活的小船，小船里都埋伏着弓箭手。降船扯满风帆，直向北岸驶去。曹军水寨的官员听说东吴的大将前来投降，都跑到船舷来观看。

黄盖的大船离北岸2里左右时，只见黄盖大刀一挥，20只大船一齐着起火来，火焰腾空而起，20只战船像狂舞的火龙，一起撞入曹操的水军中。火趁风势，风助火威，一眨眼的工夫，曹军的水寨成了一片火海。水寨外围都是用铁钉和木板连起来的首尾相接的连环船，一时间拆也无法拆，逃也逃不走，只好眼巴巴地看着大火烧尽战船。黄盖他们则早已跳上

东汉斗舰复原图

小船，不慌不忙地接近北营，向岸上发射火箭。这样一来，不但水寨里的战船被烧，连岸上的营寨也着了火。一时间，江面上火逐风飞，一片通红，漫天彻地。

刘备、周瑜一看北岸火起，马上率水陆两军同时进兵，杀得曹军死伤了一大半，曹操败走华容道。刘备、周瑜水陆并进，乘胜追击，一直追到南郡。曹操在战斗中损兵折将。恰在这时，又传来孙权围攻合肥的消息，必须派兵驰援。曹操只得留下曹仁、徐晃驻守江陵，乐进驻守襄阳，自己率领其余的队伍踏上北归的路途。

赤壁之战，以孙刘联军胜利、曹操大败而告结束。这是三国时期以少胜多、以弱制强的著名军事战役，为三国鼎立奠定了基础。赤壁之战结束后，曹操再也无力南下，统一全国的愿望化成了泡影。孙权稳定江东，并且向岭南地区发展。刘备占据荆州，向益州发展。

刘备入川

赤壁之战以后，在荆州的归属问题上，孙、刘两家发生了分歧。刘备认为，荆州本来是刘表的地盘，他和刘表是本家，刘表不在了，荆州理应由他接管；孙权则认为，荆州是靠东吴的力量打下来的，应该归东吴。后来，周瑜只把长江南岸的土地交给了刘备。刘备认为分给他的土地太少了，很不满意。不

久，周瑜病死，鲁肃从战略的角度考虑，认为把荆州借给刘备，可以让他抵挡北方的曹操，东吴便可以借机整顿兵马，图谋大业。为此，他劝说孙权把荆州借给刘备。

借人家地方总不是长远之计，刘备按照诸葛亮的计划，打算向益州发展。正好在这个时候，益州的刘璋派人请刘备入川。

原来，益州牧刘璋手下有两个谋士，一个叫法正，另一个叫张松。两人私交很深，都是很有才能的人。他们认为刘璋是无能之辈，在他手下做事没有出息，想谋个出路。

建安十三年（208年），张松出使曹操，归来后劝说刘璋与曹操断绝来往与刘备交好，并推荐刘璋派法正去见刘备。法正来到荆州后，刘备殷勤地接待了他，同他一起谈论天下形势，谈得十分融洽。法正回到益州后，就和张松秘密商议，想把刘备接到益州，让他做益州的主人。

建安十六年（211年），刘璋听闻曹操欲遣司隶校尉钟繇征讨张鲁占据的汉中（今陕西汉中市东），因此惧怕曹操得汉中后兼并益州。张松趁机劝刘璋迎接刘备入蜀，让他讨伐张鲁，法正于是再次被任命为使者，与孟达各率2000人出使刘备，迎请刘备入蜀。

刘备见到法正后，对于是否入蜀还有点犹豫。法正于是暗地里背叛刘璋，向刘备献策："阁下是英才，而刘璋无明主之能，以张松为内应，夺取益州；以益州的富庶为根本，凭借天府之国的险阻来成就大业，易如反掌。"当初诸葛亮的隆中对认为想要夺取天下就必须占据荆州和益州，法正、张松的倒戈实乃天赐良机，那时候，庞统已经当了刘备的军师，他坚决主张刘备到益州去。刘备听从了法正、庞统的劝说，让诸葛亮、关羽留守荆州，自己亲率人马到益州去。后来，张松做内应的事泄露了。刘璋杀了张松，布置人马准备抵抗刘备。

刘备带领人马攻打到雒城（今四川广汉北）时，受到雒城守军的顽强抵抗，足足打了一年才攻下来，庞统也在战斗中中箭而亡。随后，刘备向成都进攻，诸葛亮也带兵从荆州赶来会师。刘璋坚持不住，只好投降了。

214年，刘备进入成都，自称益州牧。他认为法正对这次攻进益州立了大功，便把他封为蜀郡太守。

诸葛亮帮助刘备治理益州，执法严明，不讲私情，当地有些豪门大族都在背地里吐露怨气。法正劝告诸葛亮说："从前汉高祖进关，约法三章，废除了秦朝的许多刑罚，百姓都拥护他。您现在刚来到这里，似乎也应该宽容些，这样才合大家心意。"诸葛亮说："您知道得并不全面。秦朝刑法严酷，百姓怨声载道，高祖废除秦法，约法三章，正是顺了民心。现在的情况与那时完全不同。刘璋平时软弱平庸，法令松弛，蜀地的官吏横行不法。现在我要是不注重法令，地方上是很难安定下来的啊。"

法正听了这番话，对诸葛亮十分佩服。

水淹七军

刘备巩固了在益州的地位后，自立为汉中王。他封关羽为前将军，派益州前部司马犍手下人费诗到荆州，把前将军的印绶送给关羽。关羽把他趁着曹操在汉中失败和士气低落之际准备进攻襄阳和樊城的打算告诉了费诗，请他回去向刘备报告。关羽在南郡后方布置好防务后，就准备发兵去攻打襄樊。

关羽叫南郡太守麋芳守江陵，将军傅士仁守公安，嘱咐他们随时供应粮草，必要的时候补充兵源，自己带着关平、周仓等率领一支人马去打樊城。樊城的守将曹仁听说关羽发兵，就向曹操报告求援。曹操派左将军于禁、立义将军庞德带领7队人马赶到樊城去帮助曹仁。

曹仁叫于禁、庞德屯兵樊北，互相支援。关羽的军队很快地渡过襄江，围住樊城，每天在城下叫战。虽然樊城内的兵马只有几千，可是驻扎在城北的却有7队兵马，声势浩大。曹仁就跟于禁商议好，一起夹攻关羽。于禁派两个部将董超和董衡带领两队人马先去试探一下，没有一顿饭的工夫，就被打得落花流水，死伤了1/3，吓得曹仁不敢出来了。

曹兵坚守不战，汉军也没法攻破城池。关羽便在白天带着十几个军士，登上高处观察地形。他看见樊城上曹军的旗号杂乱，士兵慌乱；又看到于禁营寨建在山谷里，四处一望，不禁喜上眉梢。

关羽回到营寨，马上吩咐将士们赶紧准备大小船只和木筏子。关平不解地问："我们在陆地打仗，为什么准备水具？"关羽说："现时是八月雨季，过不了几天就会有暴雨降临。我预料这场大雨足以使江水泛涨，我们事先堵住各处水口，等到大水发来，就放水淹于禁的营寨和樊城，战船可就有用了。"关平听了，连连表示赞同。

果然，开始下大雨了，过了很多天都没停下来。一天夜里，庞德坐在帐中，只听帐外水声怒吼，战鼓震地。他急忙出了营帐观看，只见四面八方全是白茫茫的大水，士兵们随波逐流，漂走的不计其数。于禁、庞德急忙攀上小山避水。好不容易等到天亮，狂风暴雨好像发了疯一般，樊北地势低，平地积水高达3丈，把七军都淹没了，就是樊城，大水也涨到城墙的半腰，曹仁、满庞他们早已爬到城门楼上去了。

关羽、关平、周仓等人坐着大船，别的将士们划着小船，摇旗呐喊着，冲了过来。于禁见无路可逃，便举手投降了。关羽命人脱下于禁的衣甲，把他押在大船里，又去捉拿庞德。

这时，庞德夺了蜀兵的一只小船，正往樊城划去。关羽身边的周仓见了，跳入水中，掀翻小船，活捉了庞德。

关羽杀了不肯归降的庞德，率军兵乘水势未退，上战船直奔樊城。

关羽水淹曹仁大军，震动了整个中原。曹操得到消息，有些惊慌，打算暂时放弃许都，避开关羽的锋芒。这时，谋士司马懿献计说，关羽虽然智勇过人，但他与孙权不和。不如派人去游说孙权，约他从背后攻击关羽，这样，樊城之围会解除，中原也自然没有危险了。曹操采取了司马懿的计策。

火烧连营

蜀汉得知曹丕称帝的消息后，大臣们便拥立刘备承继汉家帝位。221年，汉中王刘备正式在成都即皇位，这就是汉昭烈帝。

由于孙权重用吕蒙，用计袭取了荆州，杀了关羽，使得蜀汉和东吴的矛盾越来越激化。刘备即位之后，便调集75万大军，以替关羽复仇为名，进攻东吴。刘备出兵前，张飞的部将叛变，杀了张飞投奔东吴。刘备旧恨未报又添新仇，报仇心切的他命令大军急进。蜀军先锋吴班、冯习很快攻占巫县（今重庆巫山）、秭归（今湖北秭归）。

东吴君臣吓得要命，赶紧派使者向刘备求和，但都没有结果。孙权正在着急的时候，大臣阚泽以全家担保举荐陆逊为统帅。于是孙权封镇西将军陆逊为大都督，赐给他宝剑印绶，带领5万人马抵御蜀军。

第二年正月，刘备到了秭归。蜀军水陆并进，直抵夷陵（今湖北宜昌东南）。刘备率领主力，进驻猇亭（今湖北宜都北）。他在长江南岸，沿路扎下营寨，水军也弃舟登陆。从巫峡到夷陵的六七百里山地上，蜀军一连设置了几十处兵营，声势非常浩大。

陆逊看到蜀军士气旺盛，又占据了有利地形，很难攻打，就坚守不出。这时，东吴的安东中郎将孙桓被蜀军包围在夷道（今湖北宜都西北），派人向陆逊求救。陆逊手下的将领，也纷纷要求派兵救援。陆逊对大家说："孙桓很得军心，夷道城池牢固，粮草也很充足，不必忧虑，等我的计谋实现以后，孙桓就自然解围了。"

东吴众将见陆逊既不肯攻击蜀军，又不肯救援孙桓，认为他胆小怕打仗，都在背地里愤愤不平。

刘备在夷陵受阻，从这年（222年）一月到六月，一直找不到决战的机会。他为了引诱吴军出战，命令吴班带领几千人马，到平地上扎营，摆出挑战的架势。事先在附近山谷里埋伏了8000精兵，等候吴军。东吴众将以为机会来了，都想出击。陆逊阻止说："蜀兵在平地里扎营的兵士虽然少，可是周围山谷里一定有伏兵。我们不能上这个当，看看再说。"刘备见陆逊不上当，便把埋伏在山谷中的伏兵撤出。这样一来，东吴诸将都佩服陆逊了。

陆逊通过观察，心中已经有数了，于是决定进行反击。陆逊先派一支军队试攻蜀军一处兵营。这一仗，吴军虽然打败了，但陆逊却找到了进攻蜀军的办法。

接着，陆逊命士兵每人拿着一把茅草冲入蜀营，顺风点火，发动火攻。那天晚上，风刮得很大，蜀军的营寨都是连在一起的，一个营起火，便延烧到另一个营。顿时，蜀军的营寨陷入了一片火海之中。陆逊率领大军，乘机反攻，一连攻破蜀军四十余座营寨，杀死蜀将张南、冯习等人。蜀军纷纷逃命，包围夷道的蜀军也都溃逃了。

刘备逃到夷陵西北的马鞍山。陆逊督促大军四面围攻，又杀死蜀军1万多人。刘备乘夜冲出重围，逃归白帝城（今重庆奉节东）。

这一场大战，蜀军几乎全军覆没，军用物资也全被吴军缴获。历史上把这场战争"夷陵之战"，又称为"猇亭之战"。

七擒孟获

诸葛亮像

三国时期，在蜀汉的南部，就是今天云南、贵州和四川的南部，当时称为"南中"，散居着许多少数民族，总称为"西南夷"。但蜀在南中的统治并不巩固。建兴元年（223年）刘备死后，牂牁郡（今贵州凯里西北）太守朱褒、益州郡（今云南晋宁东）的大姓雍闿、越嶲郡（今四川西昌）豪族首领高定纷纷反叛。

因与孙权交战，蜀国实力大为削弱，经过一年多时间的内部整顿，"闭关息民"后，蜀建兴三年（225年），诸葛亮亲自率兵南征。出师前，他采纳部将马谡的建议，确定了以抚为主的攻心战术。七月，诸葛亮由越嶲入南中，派马忠率东路军进攻牂牁，消灭朱褒的势力；又派李恢率中路军自平夷（今贵州毕节）直趋益州郡。自己亲率主力进入益州。这时雍闿已被高定的部下杀死，孟获代之为统帅，收集雍闿余部与诸葛亮对抗。孟获在当地少数民族中很有威望，所以诸葛亮根据自己的既定方针，决定生擒孟获，令其心服归降。

孟获听说蜀兵南下就带兵迎战，远远看见蜀兵队伍交错、旗帜杂乱，心里就想："人们都说诸葛丞相用兵如神，看来言过其实了。"孟获冲出阵去，蜀将王平迎战。没有几个回合，王平回头就跑，孟获放胆追杀，一口气就追赶了20多里。忽然四下里杀声震天，蜀军冲杀了出来，左有张嶷，右有张翼，截断了退路。南兵大败，孟获死命冲出重围。然而前边路狭山陡，后边追兵渐近，孟获只得丢下马匹爬山；紧跟着又是一阵鼓声，埋伏在这里的魏延带领

500人冲杀了出来，结果毫不费劲儿就活捉了孟获。

孟获被押到大帐里，诸葛亮问："现在你被活捉了，有何话说？"孟获说："我是因为山路狭陡才被捉住的。"诸葛亮道："你要是不服气，我放你回去如何？"孟获答得倒也干脆："你要是放了我，我重整兵马，和你决一雌雄，那时再当了俘虏，我就服了。"诸葛亮立即让人给孟获解开绑绳，放他回去。

孟获回寨以后，派他手下的两个曾被俘虏后又放回的洞主出战，但他们又打了败仗。孟获说他俩是故意用败阵来报答诸葛亮，把他们痛打了100军棍。这两人一怒之下，带了100多个放回的南兵，冲进孟获的营帐，把喝醉了的孟获绑了起来，献给了诸葛亮。

诸葛亮笑着对孟获说："你曾经说过，再当俘虏就服了，现在还有什么话说？"孟获振振有词地说："这不是你的能耐，是我手下人自相残杀，这怎么能让我心服呢？"诸葛亮见他不服，就又放了他。就这样捉了放，放了捉，前后捉了孟获七次。

到了第七次擒住孟获时，诸葛亮也不和孟获说话，只是给他解了绑，送到邻帐饮酒压惊，然后派人对孟获说："丞相不好意思见你了，让我放你回去，准备再战。"孟获听了这话，流下了眼泪，他对左右说："丞相七擒七纵，从古至今没有发生过这样的事情。可以说，丞相待我仁至义尽了，我要是再不感谢丞相的恩德，可就太没有羞耻心了。"说完来到诸葛亮面前，跪倒在地上说："丞相天威，南人永远不再造反了。"诸葛亮当场封孟获永世为南人洞主，蜀兵占领之地，全部退还。孟获及家人感恩不尽，欢天喜地地回去了，

·白帝城托孤·

蜀汉章武三年（223年），刘备病死白帝城。前一年，蜀军大败，刘备遭受了巨大的精神打击，心情抑郁；长期的戎马征战，又给他的身体以极大的损伤。退回白帝城后，刘备一病不起，病情日甚一日，于是召诸葛亮来到白帝城，托付后事。无才而年幼的太子刘禅、尚不稳定的蜀汉形势，都令刘备放心不下。他叮嘱诸葛亮：如果太子可以辅政，以诸葛亮的才能佐太子，定能成就大业；如果太子实在不行，请自代刘禅为帝，以拯救国家。诸葛亮动情地表示要鞠躬尽瘁，死而后已。白帝托孤后，刘备在白帝城永安宫病逝，享年63岁。之后刘禅即位，是为蜀后主，改元建兴，封丞相诸葛亮为武乡侯，领益州牧，事无巨细，皆出于亮。白帝托孤，刘备深深信赖诸葛亮；日后辅政，诸葛亮不负先主。这的确是历史上君臣相知的一段佳话。

诸葛亮便率领大军回到成都。

诸葛亮七擒孟获平定南中，不但解除了蜀汉的后顾之忧，稳定了后方，而且从南方调发了大量人力物力，充实了蜀汉的财政力量，从而可以专心于北方，挥兵北进汉中了。

 ## 马谡失街亭

诸葛亮平定南中之后，又做了两年的准备工作，在227年冬天，带领大军到汉中驻守。汉中接近魏、蜀的边界，在那里可以随时找机会向魏国进攻。

蜀军经过诸葛亮的严格训练，士气旺盛，阵容整齐。而且自从刘备死后，蜀汉多年没有出兵，魏国毫无防备。这次蜀军突然袭击祁山，守在祁山的魏军一下子就败退下来。蜀军乘胜进军，祁山的北面天水、南安、安定3个郡的守将都投降了蜀汉。

那时候，魏文帝曹丕已经病死。刚刚即位的魏明帝曹叡面对蜀汉的大举进攻，非常镇静，他派张郃带领5万人马赶到祁山去抵抗，还亲自到长安去督战。

诸葛亮到了祁山，准备派出一支人马去守街亭（今甘肃庄浪东南）。参军马谡主动请战，并立下了军令状。

马谡平时读了不少兵书，也很喜欢谈论军事。诸葛亮和他商量起打仗的事来，他就口若悬河，讲个没完。他也曾出过一些好主意，所以诸葛亮很信任他。但是刘备在世的时候，却看出马谡华而不实。他在生前特意对诸葛亮叮嘱说："马谡这个人言过其实，不可重用。"这次，诸葛亮派马谡去守街亭，想起刘备对马谡的评价，有所顾虑，便让王平做副将来帮助他。

马谡和王平带领人马刚到街亭，张郃也率领魏军从东面开过来。马谡看了地形，对王平说："这一带地形险要，街亭旁边的山上可以安营扎寨，布置埋伏。"

王平提醒他说："我们来这里之前，丞相嘱咐过，让我们坚守城池，稳扎营垒。在山上扎营是很危险的。"

马谡自以为熟读兵书，根本不听王平的劝告，坚持要把营寨扎在山上。王平一再劝说，马谡就是不听，只好央求马谡拨给他1000人马，驻扎在山下临

近的地方。

张郃到了街亭后，看到马谡放弃现成的城池不守，却把人马驻扎在山上，暗暗高兴。他吩咐手下将士，在山下筑好营垒，把马谡扎营的那座山围困起来。马谡几次命令兵士冲击山下的魏军，但是由于张郃坚守营垒，蜀军不仅没法攻破，反而被魏军乱箭射死了许多士兵。

魏军又切断了山上的水源。蜀军在山上断了水，连饭都做不成，时间一长，军心动摇起来。张郃看准时机，发起总攻。蜀军兵士纷纷逃散，马谡阻止不住，只好自己杀出重围。

街亭的失守，影响了蜀军的战略局势。诸葛亮为了避免遭受更大损失，决定蜀军全部撤回汉中。

诸葛亮经过详细查问，知道街亭失守完全是由于马谡违反了他的作战部署。马谡也承认是自己的过错造成了失败。诸葛亮按照军法，斩杀了马谡。

诸葛亮虽然杀了马谡，但一想起他和马谡的情谊，心里就十分难过。

 # 司马懿篡权

诸葛亮死后的一段时间内，蜀国再也没有足够的力量进攻魏国。魏国虽然外部的压力减弱了，但内部却乱了起来。

司马懿，字仲达，汉末三国时河南温县（今河南温县西南）人。他年少聪达，因见汉室衰微，不愿出来做官，曹操为丞相以后，使用强制手段辟司马懿为文学掾，后任丞相主簿。曹操晋封魏王后，司马懿为太子中庶子，佐助曹丕，当时司马懿"每与大谋，辄有奇策"，为曹丕所信任和重用，所以关系一直很好。226年，魏文帝曹丕死，遗诏司马懿与曹真、陈群共同辅政，辅佐魏明帝。魏明帝时，司马懿为大将军，负责对蜀汉的战争，并平定辽东，功高望重，掌握了魏国大部分军权。他又利用职权拉拢世族官僚，形成以司马氏为核心的势力集团。

239年，司马懿奉命去关中镇守。在前往关中的路上，魏明帝曹叡给司马懿连续下了5道诏书，催他火速赶到洛阳。司马懿赶回洛阳宫中的时候，曹叡已经病势沉重，他握着司马懿的手，看着8岁的太子曹芳，说："我等你来，

是要把后事托付给你。你要和曹爽辅佐好太子曹芳。”

司马懿说：“陛下放心吧，先帝（曹丕）不也是把陛下托付给我的吗？”

曹叡死后，太子曹芳即位，这就是魏少帝。司马懿和大将军曹爽奉曹叡遗诏，共同执掌朝政。司马懿本人才智出众，文武双全。他在曹操执政时期，曾经帮助曹操推行屯田制。曹操儿子曹丕废掉汉献帝，自立为帝，司马懿也帮助出过许多主意，立了大功。因此，他得到曹丕的信任，掌握了军政大权。曹爽这个人没有什么才能，却依仗自己是皇帝宗室，总想排挤司马懿，独揽大权。

曹爽因司马懿年高望重，起初还不敢独断专行，有事总听听司马懿的意见。不久，他任用心腹何晏、邓飏等人掌管枢要，并奏请魏少帝提升司马懿为太傅。司马懿表面上升了官，实际上却被削了权。曹爽又安排自己的弟弟曹羲担任中领军，率领禁兵；曹训任武卫将军，掌管了一些军权。司马懿对曹爽专擅朝政很是不满。他索性称风痹病复发，不参与政事，但是暗中却自有打算。

曹爽担心司马懿不是真的有病，正巧自己的心腹李胜调任荆州刺史，于是就命李胜到司马懿那里进行探察。李胜到了太傅府，求见司马懿。司马懿装出重病的样子。李胜回去后，把这次相见的情况告诉了曹爽，并说：“司马懿已经形神离散，只剩下一口气，活不了多久了。”曹爽满心高兴，从此就不再防备司马懿了。

一转眼就是新年。少帝曹芳按规矩要到高平陵去祭祀。曹爽和他的兄弟曹羲等人也一道前往。曹爽他们出了南门，浩浩荡荡地直奔高平陵。

等他们走远了，司马懿立刻带着他的两个儿子司马师和司马昭，率领自己的兵马，借着皇太后的命令，关上城门，占据武库，接收了曹爽、曹羲的军营。同时假传皇太后的诏令，把曹爽兄弟的职务给撤了。

曹爽接到了司马懿的奏章，不敢交给曹芳，又想不出主意。司马懿又派侍中许允、尚书陈泰来传达命令，让曹爽早些回去，承认自己的过错，交出兵权，那样就不会为难他们。

曹爽乖乖地交出兵权，回到洛阳侯府家中。司马懿把少帝曹芳接到宫里去，当天晚上就派兵包围了曹爽府第，在四角搭上高楼，叫人在楼上察看曹爽兄弟的举动。没过几天，又让人诬告曹爽谋反，派人把曹爽一伙人全部处死了。

曹爽死后，司马懿担任丞相，掌握了魏国的军政大权。

司马昭之心

司马懿杀了曹爽之后，又过了两年，他也死了，他的儿子司马师接替了他的职位。魏国大权落在司马师和司马昭兄弟两人手里。大臣中有谁敢反对他们，司马师就把他除掉。魏少帝曹芳早就对司马师兄弟的霸道行径极为不满，一直想撤掉司马氏兄弟的兵权。但还没等曹芳动手，司马师已经逼着皇太后，把曹芳废了，另立魏文帝曹丕的一个孙子曹髦即了皇位。

魏国有些地方将领本来就看不惯司马氏的专权行为，司马师废去曹芳后，扬州刺史文钦和镇东将军毌丘俭（毌丘，姓）起兵讨伐司马师。司马师亲自出兵，打败了文钦和毌丘俭。但是在回到许都之后，司马师也得病死了。

司马师一死，司马昭便做了大将军。司马昭比司马师更为专横霸道。

魏帝曹髦实在忍无可忍了。有一天，他把尚书王经等3个大臣召进宫里，气愤地说：“司马昭之心，路人皆知，我不能坐着等死。今天，我要同你们一起去诛杀他。”

年轻的曹髦，根本不懂得怎样对付司马昭。他带领了宫内的禁卫军和侍从太监，乱哄哄地从宫里杀了出来。曹髦自己拿了一把宝剑，站在车上指挥。

司马昭的心腹贾充领了一队兵士赶来，与禁卫军打了起来。曹髦上前大喝一声，挥剑杀过去。贾充的手下兵士见到皇帝亲自动手，都有点害怕，有的准备逃跑了。

贾充的手下有个叫成济的，问贾充怎么办。

贾充厉声说：“司马公平时养着你们是干什么的！还用问吗？”

经贾充这么一说，成济壮起来胆，拿起长矛就往曹髦身上刺去。曹髦来不及躲闪，被成济刺穿了胸膛，当场就死了。

司马昭听说他手下的人把皇帝杀了，也有点害怕了，连忙赶到朝堂上，召集大臣们商量。

老臣陈泰说：“只有杀了成济，才勉强可以向天下人交代。”

司马昭见没法拖下去，就把杀害皇帝的罪责全都推在成济身上，给成济定了一个大逆不道的罪，把他的一家老少全杀了。

之后，司马昭从曹操的后代中找了一个15岁的曹奂即了皇位，这就是魏元帝。

西晋风华

石崇斗富

全国统一后，晋武帝志满意得，整日沉湎在荒淫生活里。有他带头过奢侈的生活，朝廷里的大臣也仿效他，把摆阔气当作体面的事。

王恺是晋文帝司马昭文明皇后的弟弟，官拜右将军，颇得武帝的宠爱和器重，于是大权在握，欺压百姓，聚敛财富。他与当时的散骑常侍石崇、景献皇后从父的弟弟羊琇三人共称"三大富豪"。

羊琇和王恺都是外戚，他们的权势高于石崇，但是在豪富方面却比石崇逊色多了。石崇的钱到底有多少，连他自己也说不清。石崇的钱是哪儿来的呢？原来他在出任荆州刺史期间，除疯狂地搜刮民脂民膏外，还干过抢劫的肮脏勾当。有些外国的使臣或商人经过荆州地面，石崇便像江洋大盗一样，公开杀人劫货。这样，他就掠夺了无数的钱财、珠宝，成了当时最大的富豪。

石崇到洛阳后，听说王恺非常富有，就想跟他比一比。他听说王恺家里用饴糖水洗锅，就命令他家厨房用蜡烛当柴烧火。

王恺为了炫耀自己富有，就在他家

·门阀制度·

门阀世族是以家族为基础、以门第为标准而形成的地主阶级中的特殊阶层。它的根源最远可以追溯到先秦时期的宗法制度。东汉以来，地主田庄崛起，世家大族在经济上占据了有利的地位，控制了朝廷选官的途径，就形成了累世公卿的显赫家族。九品中正制更加巩固了世族的地位。魏末司马氏夺取曹魏政权，依靠的就是世家大族的支持。因此整个西晋时期，世家大族的势力进一步膨胀，门阀世族制度就这样确立了。从此，地主阶级中的士、庶之别更加严格。门阀世族为了维护自身的特权，就极力地扩大和寒门庶族的差异。他们独自把持政权，完全支配了国家的权力，形成了典型的门阀政治。整个两晋南北朝时期，门阀制度都十分稳定。

门前的大路两旁，用紫丝编成屏障，一直延伸40里地。谁要上王恺家，都要经过这40里紫丝屏障，才能到达。这个奢华的装饰，轰动了整个洛阳城。

石崇不服气。他用比紫丝贵重的彩缎，铺设了50里屏障，不仅比王恺的屏障长，而且更豪华。

王恺又输了一回。但是他不甘心，他向外甥晋武帝请求帮忙。晋武帝觉得这样的比赛挺有意思，就把宫里收藏的一株两尺多高的珊瑚树赐给王恺，好让王恺在众人面前夸耀。有了皇帝帮忙，王恺来了劲儿。他特地请石崇和一批官员上他家喝酒。

宴席上，王恺不无得意地对众人说："我家有一件罕见的珊瑚，请大家一起来观赏怎么样？"王恺边说边让侍女把珊瑚树捧了出来。那株珊瑚有两尺高，长得枝条匀称，色泽鲜艳。大家看了赞不绝口，都说是难得一见的宝贝。

石崇在旁边冷笑了一下，顺手抓起案头上的一支铁如意（一种挠痒痒器物），朝着大珊瑚树正中，轻轻一砸，那株珊瑚被砸得粉碎。

周围的官员们都大惊失色，主人王恺更是气急败坏。

石崇不慌不忙地喊来他的随从，让他回家去，把家里的珊瑚树统统搬来让王恺挑选。

不一会儿，石崇的随从们搬来了几十株珊瑚树。这些珊瑚中，三四尺高的就有六七株，大的竟比王恺的高出一倍。株株长得条干挺秀，光彩夺目。

周围的人都看呆了。王恺这才知道自己的财富远远比不上石崇，也只好认输了。

晋武帝跟石崇、王恺一样，一面搜刮暴敛，一面穷奢极欲。西晋王朝从一开始就这样腐败不堪了。

周处除"三害"

西晋时期，穷奢极欲的豪门官员比比皆是。但是，也有一些正直实干的人，周处就是其中的代表之一。西晋初年，周处担任广汉（今四川广汉北）太守，当地原来的官吏腐败，积下来的案件，有的长达30年没有处理。周处到任后，很快就把积案认真处理完了。后来他到京城做了御史中丞，凡是违法的，

无论是皇亲还是国戚，他都敢大胆揭发。

周处原是东吴义兴（今江苏宜兴县）人。他的父亲很早就死了，他自小没人管束，成天在外面游荡。他个子长得比一般人高，力气也大，而且脾气暴躁，动不动就出手伤人，甚至动刀使枪。当地的百姓都害怕他。

义兴附近的山上有一只白额猛虎，经常出来伤害百姓和家畜，当地的猎户也不能把它制服。

当地的长桥下，有一条大蛟（一种鳄鱼），出没无常。过往的船只常常受到威胁。义兴人把周处和南山白额虎、长桥大蛟联系起来，合称义兴"三害"。这"三害"之中，最使百姓感到头痛的要数周处了。

有一次，周处看见人们都闷闷不乐的样子，就问一个老年人："今年收成挺好，为什么大伙那样愁眉苦脸呢？"

老人没好气地回答："'三害'还没除掉，能高兴得起来吗？"

周处第一次听到有"三害"一说，就问："你指的'三害'是什么？"

老人说："南山的白额虎，长桥的蛟，还有你，这就是'三害'。"

周处愣住了，他没有想到乡间百姓都把自己当作虎、蛟一般的大害了。过了一会儿，他说："这样吧，既然大家都为'三害'苦恼，我来除掉它们。"

第二天，周处果然带着弓箭、利剑，进山捕虎去了。在密林深处，随着一阵虎啸，一只白额猛虎窜了出来。周处躲在大树后面，一箭射去，正中猛虎前额，结果了它的性命。

又过了几天，周处穿上紧身衣，带了刀剑跳进水里去找蛟。那条蛟隐藏在水深处，发现有人下水，想过来咬。周处早就提防了，他猛地往蛟身上刺了一刀。那蛟受了重伤，逃向了江的下游。

周处一见蛟没有死，紧紧跟在后面追杀。

三天三夜过去了，周处还没有回来。大家议论开了，认为这回周处和蛟一定两败俱伤，都死在河里了。本来，大家以为周处能杀死猛虎、大蛟，已经挺高兴；这回"三害"都死了，大家更是喜出望外。

周处在第四天回到了家里才知道，他离家后，人们以为他死了，都为之高兴。这件事使他认识到，人们对他平时的行为痛恨到什么程度了。

他痛下决心，离开家乡到吴郡找老师求学。那时，吴郡有两个很有名望的人，一个叫陆机，另一个叫陆云。他们见周处诚心诚意要改过自新，就收留了他。

从那以后，周处一面跟陆机、陆云读书学习，一面注意自己的品德修养。过了一年，州郡的官府都征召他去做官。晋朝灭掉东吴以后，他成了晋朝的大臣。

 八王之乱

晋武帝统一全国以后，为了保住司马氏的天下，吸取了曹魏皇权太弱的教训，大封自己的子侄兄弟做王，让他们像众星拱月一样来护卫皇室。后来晋武帝又让诸王出任地方都督，诸王既有行政权力，又有数量可观的军队，如此一来，多位王掌握了封国的军政大权。晋武帝完成了分封宗室诸王的政治计划，自以为得计，认为司马氏的统治由此稳固，其实反而种下了祸根。然而，晋武帝没有想到，握有兵权的诸王野心越来越大，最终酿成了大祸。

晋惠帝司马衷即位后，军政大权落到杨太后的父亲杨骏手中。杨骏用阴谋权术，排除异己，引起皇后贾南风与晋宗室的强烈不满。

贾后不甘心让杨骏掌权，就暗中联系宗室诸王，让他们进京除掉杨骏。诸王早已心怀鬼胎，楚王司马玮一接到诏书，马上进了京城。贾后即以惠帝名义下诏，宣布杨骏谋反，在皇宫卫队的配合下，司马玮杀死了杨骏，并灭了他的三族，其他凡是依附杨家的官员也都掉了脑袋。

贾后除掉杨家势力后，为稳定大局，召汝南王司马亮入朝辅政。司马亮也是喜欢操控权柄的人，暗中谋划着夺取司马玮的兵权。贾后感到诸王难以控制，便生出了除掉诸王的想法。她先让惠帝下诏，派司马玮杀了司马亮全家。接着，贾后以司马玮擅杀朝廷重臣的罪名，将司马玮处死。这样，贾后夺得了西晋的全部大权。

可是，贾后没有儿子，她怕大权将来会落到别人手里，就假装怀孕，暗地里把妹夫韩寿的儿子抱来，说是自己生的。有了这个儿子，贾后就决定废掉太子，并且派人把他毒死，立抱来的孩子做太子。这个消息传出去以后，宗室群情激愤，以贾后篡夺司马氏天下为名义，起兵讨伐贾后。赵王司马伦当即领

兵入宫，派齐王司马冏废掉贾后，接着又将她毒死，之后司马伦废掉晋惠帝，自己称了帝。

在许昌镇守的齐王司马冏听说赵王司马伦当了皇帝，非常不满，他向各处发出讨伐司马伦的檄文，号召大家共同起兵。成都王司马颖、河间王司马颙也有夺取政权的野心，他们和齐王司马冏联合起来，攻杀了司马伦。

齐王司马冏进入洛阳后，独揽大权，沉湎酒色。长沙王司马乂乘机起兵发难，司马颖、司马颙互相声援。司马冏与司马乂打了几年，兵败被杀。司马乂乘机入朝辅政，控制了朝政大权。司马颙见司马乂又独揽了朝政大权，恼羞成怒，随即发大兵讨伐司马乂，与司马颖联合，大举进攻洛阳。正当他们打得昏天暗地的时候，在洛阳城里的东海王司马越乘机偷袭了司马乂，并把他用火烧死了。司马颖也就乘机进入洛阳，做了丞相，控制了政权。

东海王司马越认为自己杀司马乂有功，却没捞到半点好处，很不甘心，就假借惠帝的名义，起兵讨伐司马颖。司马颖挟持着惠帝，到了长安。长安是在河间王司马颙的掌握之中，他看到司马颖兵败势穷，就乘机排挤司马颖，把惠帝控制在自己手里，独揽了朝政大权。

被司马颖打败逃走的东海王司马越见王浚的势力大，就和王浚联合起来，攻打关中。他打败了司马颙，进入长安。后来，司马越又把惠帝和司马颖、司马颙全都带回洛阳，把他们全都杀死，然后，立司马炽做皇帝，这就是晋怀帝。晋怀帝把即位的这一年改年号为永嘉元年（307年）。至此，8个王围绕皇权的血腥争夺告一段落。

八王之乱时间长达16年，8个王中死了7个，西晋的力量大大削弱了。此后，北方和西部的少数民族乘乱进攻中原，西晋王朝处在了风雨飘摇之中。

东晋偏安

王马共天下

永嘉元年（307年）七月，朝廷命镇守下邳（今江苏睢宁西北）的琅琊王司马睿移镇建邺（今江苏南京），又任命王衍弟王澄为荆州都督，族弟王敦为扬州刺史。建兴四年（316年）十一月，愍帝向刘聪投降，西晋灭亡。

建兴五年（317年）三月，晋愍帝被杀的消息传到建邺，琅琊王的僚属全都上表劝司马睿即皇帝位。司马睿，字景文，司马懿的玄孙。十日，司马睿于建康即位称帝，是为晋元帝。东晋王朝正式建立。建邺为了避愍帝司马邺的讳，改称建康。司马睿宣布大赦天下，改元建武，文武百官都官升二级。

司马睿在西晋皇族中，地位和名望都不太高。晋怀帝的时候，派他去镇守江南。他还带了一批北方的士族官员，其中最有名望的是王导。司马睿把王导看作知心朋友，对他言听计从。

司马睿刚到建康的时候，江南的一些大士族地主嫌他地位低，看不起他，都不来拜见。司马睿为此常常不安，便让王导想想办法。

王导把在扬州做刺史的王敦找来，两人商定了一个主意。

这年三月初三，按照当地的风俗是禊节，百姓和官员都要去江边"求福消灾"。这一天，王导让司马睿坐上华丽的轿子到江边去，前面有仪仗队鸣锣开道，王导、王敦和从北方来的大官、名士，一个个骑着高头大马跟在后面，

武士俑 东晋

魏晋时期的戎服主要是袍和裤褶服。褶短至两胯，紧身小袖，交领。裤为大口裤，东晋的比西晋的裤腿更大，如今天的女裙裤，上俭下丰，是当时军服的一大特点。

这个大排场一下轰动了建康城。

江南有名的士族地主顾荣等听到消息，都跑来观看。他们见王导、王敦这些有声望的人都这样尊敬司马睿，不禁大吃一惊，怕自己怠慢了司马睿，一个接一个地出来排在路旁，拜见司马睿。

从那以后，江南大族纷纷拥护司马睿，司马睿在建康便稳固了地位。

后来，北方战乱不止，一些士族地主便纷纷逃到江南避难。王导劝说司马睿把他们中间有名望的人都吸收到王府来。司马睿听从王导的意见，前后吸收了一百多人在王府里做官。

司马睿在王导的辅助下，拉拢了江南的士族，又吸收了北方的人才，他的地位就日渐巩固了。

317年，司马睿在建康即位，这就是晋元帝。在这之后，晋朝的国都一直在建康。为了和司马炎建立的晋朝（西晋）区别开来，历史上把这个朝代称为东晋。

晋元帝总认为他能够得到这个皇位，都是凭借王导、王敦兄弟的帮助，所以，对他们特别尊重。他封王导担任尚书，掌管朝内的大权，让王敦总管军事，把王家的子弟封了重要官职。

当时，民间流传着这样一句话："王与马，共天下。"意思是：东晋的大权，由王氏同皇族司马氏共同掌握。

王敦掌握军权后，便不把晋元帝放在眼里。晋元帝也看出了王敦的骄横，于是渐渐疏远了王氏兄弟，另外重用了大臣刘隗和刁协。这样，刚刚建立的东晋王朝内部，又出现了裂痕。

"书圣" 王羲之

在东晋时期，王氏是门第高贵的士族，当时有"王与马，共天下"的说法。在王氏家族中，出了一个大书法家，他就是王羲之。

王羲之从小酷爱书法，七岁时就开始练习写字。传说他在走路、休息的时候，也用手指比画着练字，仔细揣摩字体的结构和笔法，心里想着，手指在自己身上一横一竖、一笔一画地比画着。日子长了，衣服都被他划破了。他每

天写完了字，总是要到
自己门前的池塘里去洗
刷毛笔和砚台，久而久
之，池塘里的水都变成
黑色的了。

　　由于王羲之长期勤
学苦练，他的书法达到
了炉火纯青的境界。谁
能得到他的字，就像获

《兰亭集序》帖　东晋　王羲之

得珍宝一样。据说，山阴地方有个道士很喜欢王羲之的书法，想请王羲之给写
一本《道德经》。可是，他知道王羲之不肯轻易替人抄写经书。后来，他听说
王羲之最喜欢白鹅，常常模仿鹅掌划水的动作来锻炼手腕，以便运起笔来更加
强劲而灵活。于是他就买了几只小白鹅，精心喂养。几个月以后，鹅长大了，
全身羽毛丰满，非常可爱。道士故意把鹅放在王羲之时常经过的地方。一天，
王羲之经过那里，看见这些羽毛洁白、姿态美丽的白鹅后，心里有说不出的喜
欢，就向道士提出要买下这一群鹅。道士说："鹅是不卖的，不过，如果你能
给我写一本《道德经》，我就把这群鹅赠送给你。"王羲之毫不犹豫地答应
了，当场写好了一本《道德经》，交给了道士，带走了这群鹅。

　　王羲之出生在东晋大族士家，本来可以平步青云，做很大的官，可他喜
欢逍遥自在，不愿做官。后来，扬州刺史殷浩与他关系很好，写信劝他出来，
他才任职会稽内史。到那里做官，主要还是因为会稽的风景秀丽，可以娱人性
情。王羲之曾经与谢安、孙绰等著名文人到会稽山阴（今浙江绍兴）的兰亭举
行宴会。这些文人在兰亭会上乘兴作诗，共得诗37首，编成《兰亭集》。王羲
之也在酒酣耳热之时，当场挥笔，为诗集作序，写成《兰亭集序》。这篇作品
共有28行、324字，它的章法浑然一体，笔法粗细多变，字形疏密相掺，全篇
"遒媚劲健，绝代所无"，连墨气也忽浓忽淡，最能体现王羲之书法的最高境
界。全篇二十几个"之"字，字字不同，每个字有每个字的写法，笔法千变万
化，令后人叹为观止。

　　关于《兰亭集序》有很多有趣的故事。古人每年三月初三，为消灾除

羲之爱鹅图　清　任颐

王羲之是东晋著名的书法家，相传他常常观察鹅游水的姿势，从中悟出了用笔之法，从而养成了好鹅的性情。他曾经以一部《道德经》作为筹码换取道士的一群鹅，一时间传为美谈。此画即拟意于此。桥下塘水涟涟，竹叶披纷掩映，两只白鹅游弋水中。桥头王羲之凭栏观鹅，其面目清秀，神情专注，手拿团扇却忘记扇动，尽显儒雅、恬淡之气。身旁童子则以臂、颔撑栏上，一手下垂，双目一眨不眨，姿势自然全神贯注。作者以浓淡墨写意，人物用笔挥洒自如，面部晕染合宜，衬景用墨浓淡相间，尽显雅境之淋漓气息。全画设色淡雅，力脱时习，追古意而极具文人画气息。

凶，到水边嬉游，称为修禊。东晋永和九年（353年）三月初三，大书法家王羲之和当时的名士谢安、孙绰、许询、支遁等42人来到这里修禊，举行了一次别开生面的诗歌会。一群文人雅士置身于崇山峻岭、茂林修竹之中，众皆列坐于曲水两侧，将酒觞置于清流之上，任其漂流，停在谁的前面，谁就即兴赋诗，否则罚酒。据记载，在当时参与其会的42人中，11人各赋诗2首。9岁的王献之等16人拾句不成，各罚酒3觞。王羲之将37首诗汇集起来，编成一本集子，并借酒兴写了一篇序文，这就是著名的"天下第一行书"《兰亭集序》。传说王羲之以后曾多次书写《兰亭集序》都不能达到原来的境界，这不仅验证了艺术珍品需要在天人合一的境界中才可造就，也表明了酒的神力和作用。

《兰亭集序》传到王羲之的后代智永时，由于智永出家当了和尚，临终时将它传给弟子辩才。辩才擅长书画，将《兰亭集序》珍藏在梁间暗槛之中。酷爱王羲之书法的唐太宗遍求兰亭真本，终于了解到它的藏处，于是想方设法谋取，但辩才始终不透露真情。唐太宗无奈，便派御史萧翼专程赶到越州设计骗取真迹。萧翼扮成一个穷书生，带着二王（王羲之和王献之）的一些杂帖拜访辩才，同他交了朋友。两人经常饮酒赋诗，评论二王书画，在酒酣耳热之时，辩才终于透露出他藏有《兰亭集序》的真本。辩才将萧翼视为"好友"从而失去了警觉，将兰亭真迹置于桌案之上，不再放回梁间暗槛。终于有一天萧翼得知辩才外出，便潜入僧房盗走了兰亭真迹。萧翼偷走兰亭的真迹后，来到地方官处，命令地方官传辩才来叩见朝廷御史。辩才到后，萧翼对他说明自己乃是奉圣旨来取兰亭真迹的，现在已经到手，特意唤他来告别。辩才听后，气昏在地，惊悸痛惜而死。唐太宗得到王羲之真迹后，令人摹刻翻拓，赐给他的皇子近臣，他临终时又将《兰亭集序》作为陪葬品埋入昭陵。从此这"天下第一行书"长埋地下，人们再也看不到它的真面目了。而后世流传的都是历代书法家的模仿之作，难怪诗人陆游诗曰"茧纸藏昭陵，千载不复见"，为此叹息不已。

王羲之的作品虽然都遗失了，但他的书法对后世有着深远影响，唐代欧阳询、虞世南、褚遂良、薛稷、颜真卿、柳公权，五代杨凝式，宋代苏轼、黄庭坚、米芾、蔡襄，元代赵孟頫，明代董其昌，历代书学名家无不学习他。清代虽以碑学打破帖学的范围，但王羲之的书圣地位仍未动摇。他的行书艺术成为后世无法攀越的高峰，世代名家巨子通过比较、揣摩，无不心悦诚服，推崇备至。

扪虱谈天下

316年，早已被八王之乱弄得焦头烂额的西晋王朝寿终正寝了。在此前后，中国北方开始陷入十六国纷争的泥淖，而南方立足未稳的东晋政权也处于风雨飘摇的险境。就是在这样杂乱无章、硝烟弥漫的历史画面上，出现了两个名臣贤相的身影，"关中良相惟王猛，天下苍生望谢安"，两人分别留下了各自的精彩。

桓温第一次北伐时，将军队驻扎在灞上。有一天，有个穿着破旧短衣的读书人来军营求见桓温。桓温很想招揽人才，一听来了个读书人，便马上请他进来相见。

这个读书人叫王猛，从小家里很贫穷，靠卖畚箕

王猛像

王猛出身布衣，为人不拘小节。与当时东晋安西将军桓温畅谈天下局势时，把手伸进衣襟里摸虱子，桓温左右随从窃笑，王猛谈笑自若，旁若无人。后来襄助苻坚治理前秦，使前秦国势强盛一时。

谋生。但是他喜欢读书，很有学问。当时关中士族嫌他出身低微，瞧不起他，但他毫不介意。有人曾经请他到前秦的官府里做小官吏，他不愿意去，后来索性在华阴山隐居了下来。这回他听说桓温来到关中，特地到灞上求见桓温。桓温很想知道王猛的学识才能究竟如何，便请王猛谈谈当今的天下形势。

王猛把南北双方的政治军事形势分析得清晰明了，见解也很精辟，桓温听了暗暗佩服。王猛一边谈，一边把手伸进衣襟里摸虱子（文言是"扪虱"）。桓温左右的侍从见了，都忍不住想笑。但是王猛却旁若无人，照样谈笑自若。

桓温看出王猛是一个难得的人才，从关中退兵的时候，他再三邀请王猛跟他一起走，还封他一个比较高的官职。王猛知道东晋王朝的内部不稳定，就拒绝了桓温的邀请，又回华阴山去了。如此一来，王猛却出了名。

后来，前秦的皇帝苻健死了，他的儿子苻生昏庸残暴，很快就被他的堂兄弟苻坚推翻。

苻坚是前秦王朝中一个有作为的皇帝。他在即位以前，有人向他推荐王猛。苻坚派人把王猛请来相见，两个人一见如故，谈起时事来，见解完全一致。苻坚非常高兴，像刘备得到了诸葛亮一样。

苻坚即位后，自称大秦天王。王猛在他的朝廷里做官，一年里被提升五次，成为他最亲信的大臣。官至吏部尚书、京兆尹等职，主持前秦的政务长达16年。他为政期间对内整顿吏治，压制不法贵族，重视农业生产，增加财政收入，对外加强战备，使得前秦的国力迅速强大，为统一北方奠定了基础。

有了王猛的帮助，苻坚镇压豪强，整顿内政，前秦国力日渐增强。王猛兼任京兆尹的时候，太后的弟弟、光禄大夫强德强抢人家的财物和妇女。王猛一面逮捕了强德，一面派人报告苻坚。等到苻坚派人来宣布赦免强德时，王猛早已把强德杀了。以后几十天里，长安的权门豪强、皇亲国戚有20多人被处死、判刑、免官。从此以后，谁也不敢胡作非为了。苻坚赞叹说："我现在才知道国家要有法制啊。"

前秦在苻坚和王猛的治理下，国力越来越强大。在十几年内，前秦先后灭掉了前燕、代国和前凉3个小国，黄河流域地区全成了前秦的地盘。

375年，王猛得了重病。王猛对前来探望他的苻坚说："东晋远在江南，又继承了晋朝的正统，现在内部和睦。我死之后，陛下千万不要去进攻晋朝。我们的敌人是鲜卑和羌人，留着他们终归是后患。要保证秦国的安全，就一定要先把他们除掉。"

苻坚一意孤行

王猛活着的时候，苻坚对他言听计从。苻坚励精图治，整饬军政、提倡儒学、广兴学校、鼓励农耕、兴修水利，使得前秦获得了长足的发展。经过多年经营，前秦国力日渐强盛，为统一北方准备了条件。从370年开始，苻坚先后攻灭前燕、仇池氏族、前凉和代，统一了北方，并进军西域。其疆域东极沧海，西并龟兹，南包襄阳，北尽沙漠，成为十六国中最强大的政权。但是王猛临死留下的忠告，苻坚却没有听。

王猛把鲜卑人和羌人看成前秦的敌手，但是苻坚却信任从前燕投降来的鲜卑贵族慕容垂和羌族贵族姚苌。王猛劝他不要进攻东晋，但苻坚却一定要进攻东晋，非把它消灭不可。

382年，苻坚认为时机成熟，就下决心大举进攻东晋。苻坚把大臣们都召集来，在皇宫的太极殿里商量出兵的事。苻坚说："我继承王位将近30年了，各地的势力差不多都平定了，只有东南的晋朝还不肯降服。我们现在有97万精兵，我打算亲征晋朝，你们认为怎么样？"

大臣们纷纷表示反对。到后来，苻坚不耐烦了，他说："你们都走吧。还是让我来决断这件事。"大臣们见苻坚发火，谁都不再说话，一个个退出宫殿。最后，只剩下苻坚的弟弟苻融没走。

苻坚把苻融拉到身边，说："自古以来，国家大计总是靠一两个人决定的。今天，大家议论纷纷，没有得出个结论。这件事还是由咱们两人来决定吧。"

苻融面露难色地说："我看攻打晋朝不是很有把握。再说，我军连年打仗，兵士们疲惫不堪，不想再打了。今天这些反对出兵的，都是忠于陛下的大臣。希望陛下采纳他们的意见。"

苻坚没料到苻融也反对出兵，马上沉下脸来，说："连你也说这种丧气

的话，太叫人失望了。我有百万精兵，兵器、粮草堆积如山，要打下晋这样的残余敌人，还怕打不赢吗？"

面对一意孤行的苻坚，苻融苦苦劝告说："现在要打晋朝，不但没有必胜的把握，而且京城里还有许许多多鲜卑人、羌人、羯人，都是潜在的隐患。如果他们趁陛下远征的机会起来叛乱，后悔都来不及了。陛下还记得王猛临终前的遗言吗？"

此后，还有不少大臣劝苻坚不要进攻东晋。苻坚一概不理睬。有一次，京兆尹慕容垂进宫求见。苻坚让慕容垂谈谈对这件事的看法。慕容垂说："强国灭掉弱国，大国兼并小国，这是自然的道理。像陛下这样英明的君王，手下又有百万雄师，满朝都是良将谋士，要灭掉小小晋朝，没有问题。陛下只要自己拿定主意就是，何必去征求别人的意见呢。"

苻坚听了慕容垂的话，喜笑颜开，说："看来，能和我一起平定天下的，只有你啦！"

苻坚不听大臣们的劝说，决心孤注一掷，进攻东晋。他派苻融、慕容垂当先锋，又封姚苌为龙骧将军，指挥益州、梁州的人马，准备出兵攻晋。

 **谢安东山再起**

383年八月，苻坚亲自统率97万大军从长安出发。一时间，大路上烟尘滚滚，步兵、骑兵再加上车辆、马匹、辎重，队伍浩浩荡荡，绵延千里。

一个月后，苻坚主力到达项城（在今河南沈丘南）。与此同时，益州的水军也沿江顺流东下，黄河北边来的人马也到了彭城（今江苏徐州市）。前秦的军队从东到西拉开一万多里长的战线，水陆并进，直扑江南。

消息传到建康，晋孝武帝和京城的文武百官都乱了手脚。晋朝军民都不愿让江南陷落在前秦手里，大家都盼望宰相谢安拿出对敌策略。

谢安是陈郡阳夏（今河南太康）人，士族出身。年轻的时候，其与王羲之十分要好，经常在会稽东山游山玩水，吟诗作赋。他在当时的士大夫阶层中很有名望，大家都认为他是个非常有才干的人。但是他宁愿在东山隐居，不愿出来做官。

谢安到了40多岁的时候，才重新出来做官。因为谢安长期在东山隐居，所以后来把他重新出仕称为"东山再起"。

前秦强大起来以后，经常骚扰东晋北面的边境。为此，谢安把自己的侄儿谢玄推荐给孝武帝。孝武帝封谢玄为将军，镇守广陵（今江苏扬州市），掌管江北的各路人马，防守边境。

谢玄是个文武全才的人。他到了广陵以后，就招兵买马，整顿军队。当时有一批从北方逃难到东晋来的人，纷纷投到谢玄的麾下。他们中间有个彭城人叫刘牢之，武艺高强，打仗也特别勇猛。谢玄派他担任参军，叫他带领一支精锐的部队。后来这支经过谢玄和刘牢之严格训练的人马，成为百战百胜的军队。由于这支军队经常驻扎在京口（今江苏镇江市），京口又叫"北府"，所以人们把它称为"北府兵"。

这次，面对苻坚的百万大军，谢安决定自己在建康坐镇，派弟弟谢石担任征讨总指挥，谢玄担任前锋都督，带领8万军队前往江北抗击秦兵，又派将军胡彬带领五千水军到寿阳（今安徽寿县）去配合作战。

谢玄手下虽然有勇猛的北府兵，但是前秦的兵力比东晋多10倍，敌我兵力对比悬殊，谢玄心里到底有点紧张。出发之前，谢玄特地到谢安家去告别，想让谢安给他出出主意。哪知道谢安像没事一样连句嘱咐的话都没有，等了老半天，谢安还是不开腔。

谢玄回到家里，心里总有些忐忑不安。隔了一天，又请他的朋友张玄到谢安

东山携伎图　明　郭诩

东晋谢安曾隐居会稽东山，故后人多以"东山"称之。此图即描绘谢安东山携歌伎游玩之事。

家去，托他向谢安探问一下。谢安一见张玄，也不跟他谈什么军事，马上邀请他到自己建在山里的一座别墅去下棋。整整玩了一天，张玄什么也没探听到。

到了晚上，谢安把谢石、谢玄等将领召集到家里来，把每个人的任务一件件、一桩桩都清清楚楚地交代一遍。大家看到谢安这样镇定自若，也增强了信心，都神情振奋地回军营去了。

那时候，在荆州镇守的桓冲听到形势危急，专门派出3000名精兵到建康来保卫京城。谢安对派来的将士说："这里已经安排好了，你们都回去加强西面的防守吧！"回到荆州的将士向桓冲复命，桓冲忧心忡忡地对将士说："谢公的气度确实令人钦佩，但是不懂得打仗。眼下大敌当前，他还那样悠闲自在；兵力那么少，又派一些没经验的年轻人去指挥。我看我们要大难临头了。"

淝水之战

前秦建元十二年（376年），前秦统一北方。建元十九年（383年）七月，苻坚不顾群臣反对，举大军攻东晋。八月，苻坚发动近百万大军南下，水陆并进。九月，苻坚的弟弟苻融率30万大军到达淮河前线，进攻寿阳。东晋宰相谢安遣尚书仆射谢石为大都督，以徐、兖二州刺史谢玄为前锋，率军8万前往迎敌。又命龙骧将军胡彬率水军5000援救寿阳。十月，苻坚求胜心切，他等不及各路人马聚齐，便命令苻融进攻寿阳。

寿阳是军事重镇，它的得失对于整个战局的胜负具有举足轻重的作用。奉命增援寿阳的晋将胡彬，在半路上就接到寿阳失守的消息，只好退守硖石（今安徽寿县西北）。苻融马上命令部将梁成率众5万进攻洛涧（今安徽淮南市东），切断了胡彬与谢石大军的联系。

苻坚到了寿阳，派尚书朱序到晋军大营去劝降。朱序本来是东晋的将领，4年前在襄阳和前秦军队作战时兵败被俘，留在前秦。现在他见晋秦交战，知道自己为东晋出力赎罪的机会到了。他到晋营后，不但没有劝降，反而向谢石提出打败秦军的建议。他说："这次苻坚发动了百万人马攻打晋朝，如果全部人马都到了，恐怕晋军无法抵挡。所以，应乘秦军还没集结的时候，赶快进攻秦军前锋。打败了它的前锋，便可挫伤秦军的士气，这样就可以战胜他们了。"

谢石采纳了朱序的建议，派战斗力较强的北府兵将领刘牢之带领一支兵马，在夜晚神不知鬼不觉地来到洛涧，向秦军阵地发起突然袭击。正在睡梦中的秦将梁成听到喊杀声，吓出了一身冷汗，慌慌张张地从床上爬起来，上马迎战，结果被刘牢之一刀砍翻，送了性命。

秦军失去主将，四散奔逃，晋军乘胜追击。谢石带领晋军主力渡过洛涧，在离寿阳城只有4里地的八公山下扎下营寨，与秦军主力隔淝水对峙。苻坚在寿阳城里接到洛涧秦军失利的消息，有些沉不住气了。

过了几天，谢石派人到寿阳城里，送给苻融一份战书，要求定期决战，条件是秦军把阵地向后撤出一些，腾出一块空地作为战场，让晋军渡过淝水决战。秦诸将都反对晋军的建议，苻坚和苻融却同意晋军的条件，说："让我们的士兵稍稍向后退一点，等他们正在渡过的时候，让我们的骑兵冲上去，一定能把他们消灭。"

谢石、谢玄得到前秦答应后撤的回音后，迅速整顿兵马，指挥渡河。

晋军渡过淝水，勇猛地冲向秦军阵地。朱序见状，就在秦军阵后大声高喊："秦军败了，秦军败了！"正在后退的秦军，听到喊声，一时也分辨不清是真是假，逃的逃、躲的躲，整个队伍溃不成军。

苻融赶快跑到队伍后面，去拦阻队伍，不料连人带马被挤倒在地。他还没来得及从地上爬起来，就被赶上来的晋军一刀砍死。苻坚见形势不妙，吓得丢下士兵，只顾自己逃命。到洛阳（今河南洛阳）时，苻坚收拾残兵，只剩下十几万人了。

晋军乘胜追击，一口气追赶了30多里才收兵。谢石、谢玄连夜派人去建康报捷。当报捷的军士赶回建康的时候，谢安正在与客人下棋，他看过告捷的书信，悄悄地把它搁在床上，不露声色，照常下棋。等到客人问时，才漫不经心说："孩子们已经打败贼军了。"

南北朝并立

刘裕成帝业

刘裕是丹徒京口里（今江苏镇江）人，小名寄奴儿，出身贫苦，生逢乱世。刘裕的远祖是汉高祖刘邦的弟弟刘交。汉王朝覆灭后，刘氏家族也渐渐没落了。他的祖父刘靖曾做过东安太守，父亲刘翘却只是个小小的郡功曹。

刘裕像

刘裕，南朝宋开国君主，字德舆，小字寄奴。为政崇尚简约，实行"庚戌土断"，集权中央。谥武，庙号高祖。

刘裕一出生，母亲便死了，他也差一点被扔掉。后来，他父亲给他取名裕，即多余的意思。婶母给他取了小名叫寄奴儿，即从小寄养他家的意思。刘裕15岁时，刘翘病死了，他的继母带着他和他的两个异母弟弟艰难度日。刘裕便做草鞋换粮食。生活虽然清贫，但他对继母却是十分孝敬，宁可自己饿肚子，也不让继母没有饭吃。

生活在贫困之中的刘裕，一直怀有建功立业的志向，于是他加入了东晋北府兵的行列，成了一名士兵。后来，东晋北府兵将领孙元终让刘裕在他身边做了一名亲兵，不久又提拔他做司马。

刘裕后来做了参军，更加勤勉卖力。他三次带兵打败了孙恩，迫使孙恩逃到海上，从而被刘牢之当作心腹爱将，逐渐掌握了北府兵权。

后来，桓玄自立为帝，刘裕起兵讨伐。他联络各方豪杰，于404年秋正式开始了他的讨桓行动。刘裕的军队只有2000人，但个个英勇无比，在覆舟山一战，把桓玄的军队打得大败。

405年，晋安帝司马德宗回到建康，大封平叛有功之臣，刘裕被任命为都督扬、荆、徐等16州军事，成了一个封疆大吏。

409年初，南燕慕容超几次派兵侵犯淮北，杀东晋朝廷命官，抢劫财物，掳掠百姓。刘裕正想找机会立功，便上表请求北伐南燕。刘裕从建康出发，先出兵包围了南燕的国都广固（今山东益都西北）。南燕的国主慕容超着急了，向后秦讨救兵。

后秦国主姚兴派使者到晋军大营去见刘裕，说："燕国和我们秦国是友好邻国。如果你们一定要逼燕国，我们不会坐视不救。"

骑马武士俑　南北朝

刘裕听了使者的话，冷笑着说："你回去告诉姚兴，我本来想灭掉燕国之后，休整3年再消灭你们。没想到你们愿意送上门来，那就来吧！"

使者走后，有人问刘裕："您这样做，只怕会激怒姚兴，如果秦兵真的来攻怎么办？"刘裕泰然地说："俗话说：'兵贵神速'，他们如果真想出兵，就会偷偷出兵，为什么先派人来通知呢？这不过是姚兴虚张声势罢了。他连自己都顾不过来，哪有心思救人呢？"

不出刘裕所料，当时后秦正跟夏国互相攻打，根本无暇出兵救南燕。没过多久，刘裕就把南燕消灭了。朝廷命他兼任青、冀二州刺史，并允许他相机行事。也就是说，他可以自作主张，不必请示朝廷了。

不久，卢循在广州起义反晋，刘裕又率兵南征广州。东晋官兵在刘裕的严令督促下，积极奋战，刘裕带着年仅4岁的儿子刘义隆亲自到前线布防，鼓舞士气。士气高昂的东晋士兵，一举打败了卢循的军队。东晋朝廷又加封刘裕为太尉中书监，加黄钺，从此刘裕正式执掌了朝政大权。

刘裕掌握了大权后，便起了取代晋安帝的念头。晋安帝虽然是个白痴，但生命力却很旺盛。刘裕一心想做皇帝，但苦于安帝不死，便命王韶之入宫，将安帝活活勒死。刘裕见时机还没成熟，就立晋安帝的弟弟司马德文继位，这就是晋恭帝。晋恭帝在刘裕的控制下得过且过，成为一名傀儡皇帝。

此后，刘裕便培植亲信，铲除政敌。刘毅、诸葛长民、司马休之等与刘裕政见不同的大臣纷纷被罢黜。然后，他第二次北伐，克复关中，于义熙十四年（418年）受封为相国、宋公。这个时候，刘裕取代东晋的条件已经成熟。

这样勉强过了一年，已经57岁的刘裕觉得自己时日不多了，更加急于当皇帝了。晋元熙二年（420年），手下之人拟好禅位诏，献于刘裕，他拿到晋恭帝处让其抄录，恭帝欣然操笔，书赤纸为"诏"。刘裕筑坛于南部，登上皇位，国号宋，是为宋武帝。刘裕改元永初，定都建康（今江苏南京），改《秦始历》为《永初历》，废晋恭帝为零陵王。第二年六月，刘裕派人将他毒死，开了杀"禅让"退位者的先例。至此，历时104年、共11帝的东晋王朝结束，南北朝时期开始。

刘裕执政时较开明，减轻赋税，赦免奴客士兵。当了两年皇帝后，刘裕于422年病死，终年59岁。

拓跋珪建北魏

前秦淝水之战被东晋打败后，刚统一不久的北方又陷入分裂局面，拓跋珪趁机复兴，他创造出"越过坚城，纵深攻击"的战法，以较小代价换取最大收获。在其子拓跋嗣、孙拓跋焘在位时更得到完善，使北魏逐渐发展壮大。

拓跋珪死后，拓跋嗣取得皇位，当时南朝的宋和西疆的大夏赫连氏是北魏的两大威胁。特别是宋在刘裕时曾攻占长安、洛阳，灭后秦，势力扩展到中原心脏，引起了北方诸政权的不安。拓跋嗣政权巩固后，便决心对抗防御宋了。

拓跋嗣调集军队欲攻打南朝宋的洛阳、虎牢、滑台三处要塞。他以奚斤带2万军队渡过黄河，在滑台东面屯营，准备强攻滑台。名臣崔浩谏道：南人擅长守城，从前秦主苻坚攻襄阳，一年都没打下来，损失惨重。如今大军团受阻于小城市，一旦敌人增援保卫，我军处境就危险了。不如遣铁骑四面分兵出击，直至淮河以北，掠夺粮食钱帛，把洛阳、滑台、虎牢三地分割在后方，成为孤城，隔断它们与宋都建康的联系，那么守军久无支援，必然会沿黄河撤退，三城即唾手可得。

拓跋嗣认为很在理，于是命奚斤依计而行。刚开始，奚斤军占领了滑台周围仓桓等小城，使滑台成为孤城；但这时奚斤没有纵深攻击，而是存侥幸心理，率魏军围攻滑台，结果强攻数日未克，奚斤向平城求援。拓跋嗣见奚斤未按计划作战，以致损兵折将，收效甚微，怒不可遏，即命太子拓跋焘留守平城，自率5万大军去增援奚斤。崔浩又谏言：滑台已被围困多日，既已强攻开了，不如继续攻打，指日可下。于是拓跋嗣令奚斤5日内攻下滑台，将功抵罪；再拿不下，二罪归一，决不宽恕。

奚斤率军冒着飞石流矢猛攻滑台，攻势一浪高过一浪。东晋滑台太守久守孤城，早已力不从心，为了活命，欲举城投降，但手下将士不从，太守只好只身逃跑。城中剩余士兵拒不降魏，奋死抵抗，魏军攻入城内，宋军和魏人展开激烈的巷战，力竭城陷。奚斤乘胜追击，前锋直抵虎牢关。拥有绝对优势的北魏军队相继攻占了虎牢、金墉城、洛阳，当年刘裕打下的河南诸地得而复失。

拓跋嗣之后，太武帝拓跋焘用此战法攻占大片土地，并于439年统一北方。

孝文帝改革

自从太武帝被宦官杀死后，北魏政治腐败不堪，不断引起北方人民的反抗。471年，北魏孝文帝拓跋宏即位后，顺应历史潮流，实行了一系列汉化改革。

孝文帝改革首先围绕政治、经济制度进行。当时执政的冯太后是孝文帝的祖母，她是颇有才干的女政治家。献文帝死后，5岁的孝文帝继位，她以太皇太后身份临朝称制。

从484年开始，冯太后颁布了一系列的改革措施。

第一，整顿吏治，实施俸禄制。北魏前期吏治败坏，地方官员不论政绩好坏，任期都是6年。官吏没有俸禄，生活来源靠自行搜刮，巧取豪夺。冯太后针对吏治的混乱，规定官吏任期由政绩优劣决定，并推行班禄制，即给官吏发俸禄，官吏贪污价值一匹绢以上者一律处死。

第二，实行均田制，发展经济。中原地区经过长期战乱，经济受到严重破坏，土地大片荒芜，世家大族乘机兼并土地，国家财政日益困难。北魏太和九年（485年）十月，北魏推行均田制。均田制是北魏政权在奴隶制残余这一

中国石窟艺术

自从佛教传入我国以来，佛教艺术就一直在本土文化和外来文化的互相激荡下谱写着精彩的篇章，特别是云冈石窟、龙门石窟、敦煌莫高窟三大佛教石窟，由于出现时间较早，受各地文化的影响都比较深，为研究我国不同历史时期的文化交融留下了丰富的实物资料。

七佛立像之一　北魏中期　高200厘米

此为第13窟南壁门拱上方七佛正中央的一尊佛像，此像面相清秀，鼻梁高直，眼眉细长，眼睑微沉，双目下视，嘴角含笑。身着褒衣博带袈裟，大衣下摆宽松外张，形体已趋清瘦。褒衣博带式佛装在北魏太和十年（468年）以后的造像中出现，拉开了云冈乃至北方完全中国化的帷幕。

第2窟中心塔柱　北魏中期　通高620厘米

中心塔柱窟又名塔庙窟，是云冈石窟中期出现的新式样。此中心塔柱分三层，四周皆设副阶回廊，内龛设像。塔顶部为宝盖，塔柱下层及塔座风蚀严重。第2窟为北魏中期开凿的石窟。中期石窟是云冈渊源于西方的佛教石窟东方化的转折点。这个时期的云冈石窟出现了一个很重要的现象——华化，这正与北魏孝文帝时期鲜卑汉化的一系列措施相一致，它是汉化之风在佛教文化上的反映。来自中原、西域、中亚和印度的佛教思潮和艺术风格被北魏各族富有才华的艺术家和工匠吸收、融化、改造、创新，云冈石窟在内容和形式上创造出许多充满活力的新式样，塔庙窟就是其中的一种。

云冈石窟

云冈石窟佛教艺术雕刻群的艺术风格影响深远，波及中国北方各地的佛教石窟造像，在中国雕刻艺术史上占有十分重要的地位。云冈石窟佛教艺术继承了秦汉雕刻艺术的优秀传统，并吸取了龟兹（今新疆库车一带）、凉州（今甘肃敦煌）石窟艺术的精华，结合中原地区的特色，经过发展、融合、变革和创新，用旺盛的生命力和创造力铸就成永不凋谢的艺术之花——"云冈模式"，谱写下宏伟壮丽的篇章。

第12窟前室西壁第三层北侧

讲述了阿轮迦施士因缘的故事：在舍卫城祇孤独园共行的释迦与阿难，看见众多童子正以土制作宫殿、财宝及五谷。此时一童子生布施心，欲以土制谷物献释迦，却因身矮不及，另一小孩让其踩着自己将土放入钵中。由此因缘。佛祖圆寂后100年，献土童子成为阿轮迦，也称阿育王，做人梯的童子成为大臣，共同建起八万四千佛塔。此佛雕立姿，头微下俯，眼睑沉垂，左手持钵下置作接物状。旁雕童子三人垒成人梯，双手捧土献上。右侧雕一菩萨。

第12窟前室西壁第三层南侧

佛坐莲花座，着袒右肩袈裟，左手握衣襟，右手作施无畏印，庄严肃穆。其左侧为手执一鸟，以示有杀生之罪的外道仙人婆薮仙；右侧为手执髑髅作为标志的外道仙人魔头梵志形象。二像容貌、体态、坐姿十分相似，仅手执之物略做变化。

第12窟前室西壁内景　北魏中期

北魏和平五年（464年）至北魏太和十八年（494年）这30年是云冈石窟雕凿的鼎盛时期，这期间云冈吸收了龟兹（今新疆库车一带）、凉州（今甘肃敦煌）石窟艺术的精华，结合中原地区的特色，并且进行了新的艺术创造，出现了佛殿窟和塔庙窟，造像内容丰富多彩，汉化色彩渐趋浓厚，如雕斗拱的仿木构殿堂龛、楼阁式塔等中原传统的建筑形式均有体现。

龙门石窟

　　龙门石窟的造像明显可以看到绘画、雕刻艺术的承袭演变过程和不同时代的风格。龙门石窟中唐代造像继承了云冈石窟浑朴洗练的优秀传统，又贯注了汉民族传统文化的特点，创造了雄健生动而又柔和自然的写实作风，成为完全汉化的世俗艺术。

　　龙门石窟作为古代佛教圣地之一，留下了不少邻邦友好使者的足迹，是古代文化交流的历史见证。如西山观澜亭南半山腰有古新罗（今朝鲜）僧造像龛、东山看经寺上方山腰有吐火罗（今阿富汗）僧像题记、印度僧善无畏、金刚智死后葬于龙门西山等。

龙门石窟古阳洞左胁侍菩萨像　北魏孝文帝后期　高370厘米

　　从侧面看，上身略后仰，面相略长而丰满，眉、眼作微笑状。颈长，饰项链、宝珠、玉璧，上身腰下束裙，披巾自两肩斜下，交叉于腹前圆环中。左手举胸前，右手提净瓶下垂。北魏早期造像人物有密集的装饰性衣纹，给人以薄纱透体之感，史称"曹衣出水"。塑像可以看到中原地区传统雕塑艺术和西域（这里泛指中国新疆及中亚地区）佛教艺术的融合。

莫高窟第435窟密迹金刚力士　北魏　高93厘米　宽35厘米　厚13厘米

　　力士逆发、大耳、立眉、虎眼、牛鼻、大嘴、体瘦骨现，裸上身，双肩披大巾，长裙，毡毡靴，腰紧带。衣饰厚重，具有皮革和毛织物的质感。造型具有北方游牧民族（鲜卑族）的特点。

树下说法图　唐　敦煌莫高窟藏经洞出土

　　这幅保存良好的绢画是敦煌藏经洞中发现的绘画作品里年代最早的一件，大约是7世纪前叶的作品。本图对体积、透视和空间的关注，可以看出初唐时期由于政治、军事的强盛，与西域交通的畅利对艺术也产生了相当大的影响。

女供养人

　　女供养人的发型和高胸衣服是从隋代到初唐期间极为流行的样式；灵芝形的云朵也是初唐的样式。

敦煌莫高窟

　　敦煌莫高窟早期造像人物衣纹塑造掺有犍陀罗手法。塑像造型可以看到中原地区传统雕塑艺术和西域（这里泛指中国新疆及中亚地区）佛教艺术的融合，这与敦煌"地接西域""华戎所交"的环境有密切的关系。晚期，少数民族建立的西夏和元代当权者极力提倡佛教，因此造像风格颇为别致，具有西夏和元代少数民族的特点。

　　总的来说，五代以后，佛教艺术仍在流行，但是由于河西走廊的政治、经济、文化和交通等多方面的变化，以及佛教本身的衰落，佛教艺术也日趋没落，本土文化和外来文化大融合的局面一去不复返。

特殊历史条件下实行的一种土地分配制度，是封建土地所有制的一种补充形式。同时，均田制使游离的劳动力重新和土地结合起来，扩大了自耕农的数量和政府的纳税面，推动了农业生产的发展和北魏政权封建化的进程。

均田制的具体内容是：一、政府授给均田农民露田。露田只能种植五谷，不许栽种树木，并不许买卖，农民年满70岁或身死后须将田归还官府。二、初授田的男子另给田20亩作为世业，并可终身拥有，但须在3年内栽种桑树50株、枣树5株、榆树3株。三、给予新迁来的农民园宅田，每3口1亩，奴婢每5口1亩。四、地方官吏按品级授给公田，刺史15顷，县令、郡丞6顷，不准买卖。五、老幼残疾者没有受田资格。

第三，建立三长制，加强对地方的控制。冯太后废除了宗主督护制，规定5家立一邻长，5邻立一里长，5里立一党长，这三长负责掌管田产、户口，征发租调徭役，维护地方治安等。三长制的建立确立了户籍制度，巩固了地方统治秩序。冯太后的这些改革措施推动了北方经济的恢复和发展，加强了中央集权。

冯太后病逝后，孝文帝亲政，继续改革，主要进行的是以"汉化"为中心的文治改革。魏都平城地处边塞，气候严寒，农业生产条件差，交通运输也不便利，而迁都是政治经济发展的必然要求，但总是阻力重重。文帝首先取得任城王的支持，并精心编导了一幕"外示南讨、意在谋迁"的喜剧。493年，文帝亲率30万大军渡过黄河，进驻洛阳，准备大举南征。当时正值秋雨绵绵，军队疲惫不堪。众大臣纷纷跪在御马前，叩头哭劝，请求停止讨伐南齐。孝文帝让群臣在南征和迁都之间选择，百官宁愿迁都也不愿冒险南征。494年，孝文帝把都城迁到洛阳。

迁都洛阳后，孝文帝实行全面汉化政策。从平城迁来的人都得改为洛阳籍，死后也要葬在洛阳。同时，他们都得改穿汉服，学说汉语，并改鲜卑姓为汉姓，号召胡汉通婚。孝文帝改姓为元，并带头娶4个汉姓女子做后妃，又为5个弟弟娶汉人为妻，并把公主们嫁给汉人。

孝文帝改革是成功的，它缓解了各民族间的矛盾和阶级矛盾，巩固了鲜卑贵族在北方的统治，促进了各民族之间的融合，对中国多民族的统一做出了贡献。

隋·唐·五代

- ❀ 隋朝兴衰
- ❀ 大唐气象
- ❀ 五代十国

隋朝兴衰

杨坚建隋

北魏崛起后统一了五胡十六国，北周又进一步扩大了北朝的地域，成为南北对峙中北方的最后一个政权。581年，北周相国杨坚迫使自己的外孙、9岁的周静帝退位，自立为帝，改国号为隋，在北周政权的基础上建立了隋朝。杨坚积极改革，增强实力，灭掉了南方陈朝政权，结束了东晋以来数百年分裂的局面，统一了南北。

杨坚生于贵族之家。父亲杨忠是西魏、北周的军事贵族，西魏时因辅佐宇文泰建立政权，受封为十二大将军之一；北周时官至柱国大将军，封为随国公。杨坚后来袭父职，他的妻子独孤氏是鲜卑大贵族独孤信的爱女，他的女儿杨丽华是北周宣帝的皇后。宣帝好酒色，常在后宫酗酒，并实施严刑酷法，统治无道，北周政权日趋衰落。宣帝死后，宦官郑译、刘昉假传遗诏，召杨坚进宫，并极力主张让他入宫辅政，杨坚因此总揽军政大权，并逼迫颜之仪交出天子玉玺和兵符。

为防止各地的诸侯王发动兵变，杨坚借口赵王要嫁女儿给突厥，把北

隋文帝像

周皇室成员召进京都，又让静帝下诏书把威望极高的元老重臣尉迟迥召回京师。尉迟迥统兵数十万，北联突厥，南结陈朝，在相州举兵反杨，同杨坚对抗。杨坚以韦孝宽为行军元帅发兵讨伐，尉迟迥兵败自杀。杨坚在重臣李穆、韦孝宽的支持下，不到半年时间，就平定了各方叛乱。581年，杨坚自称随王，后经"禅让"代周称帝，但因"随"字不吉利，便改国号为隋，杨坚即是隋文帝。隋朝建立后，文帝采取加强了中央集权和发展社会经济的改革措施，国力渐渐强盛，为统一全国奠定了基础。

隋初，北方突厥的势力强盛，与隋朝对抗。突厥可汗曾率军南下大举侵隋，隋军损失惨重。后突厥内部发生叛乱，隋才得到短暂的安宁。不久突厥内部矛盾更加激化，并分裂为东、西两汗国。文帝利用突厥的分裂进攻突厥，突厥大败，东突厥归附隋朝。隋文帝完成了北方的统一，转而集中兵力于南方。

文帝积极做伐陈的准备工作，令大将军贺若弼和韩擒虎镇守离陈朝较近的广陵和庐江；大将杨素调集水工大造战船，做渡江的准备。587年，文帝灭掉后梁的割据势力，扫除了向陈进军的障碍。588年，隋文帝诏告天下，历数陈后主的罪恶，以瓦解陈军斗志，为战争做好舆论准备。之后，文帝令儿子杨广率兵50多万兵分8路，南下攻陈。

陈后主从小生活在宫廷中，根本不知创业和守业的艰难，沉湎于酒色，不理政事。朝中大臣劝他以国事为重的都被他杀掉。当后主得知隋朝进攻后还不以为然，宣称有王气在陈朝。隋朝首先在长江沿岸对陈军发起全面进攻，陈军毫无抵抗力，隋军乘胜包围建康。

589年初，隋将韩擒虎、贺若弼率军渡江，分两路攻入建康。后主和张贵妃、孔贵妃躲到景阳殿的枯井中，最终还是当了俘虏，陈朝灭亡。自西晋以来的分裂局面结束了，南北又归于统一，全国进入稳定时期。

科举制的创立

科举就是采用分科考试的办法选拔官吏，是政府以不同科目对学有所长的读书人进行考试的制度。贵族和高官子弟可以通过门第关系做官，除此以外的子弟经过科举取得做官资格后，还需再通过吏部考试，考试合格的才可以做官。科举制是隋朝创立的，完备和兴盛于唐宋，衰落于明清，清朝末年被完全废除，共存在了1300余年。它起源于门阀等级制度盛行的时代，是当时先进的政治制度，它采用公平竞争的方式，对各种人才择优而用，是合乎时代潮流的，对后世的政治、文化、生活方式产生了深远的影响。

科举考试图

魏晋南北朝时期，选拔人才使用的是曹魏创立的"九品中正制"。曹操为网罗人才一再宣布"唯才是举"，曹丕在此基础上采用九品官人之法，就是选择有见识的官员，任各地方的中正，负责评审本地读书人的才能德行，将他们分为九品（等级），以此作为吏部授官的依据。

后来九品中正制流弊百出，严重地压制并摧残了优秀人才。由于许多寒门及庶族地主强烈要求参与政治，统治者也迫切需要科举制来选拔人才，为它的统治服务。文帝即位后，正式废除九品中正制，实行科举。

598年，隋文帝设立志行修谨（有德行）和清平干济（有才能）两科，他下诏命令五品以上京官和地方官总管、刺史按这两科推荐人才，这被看作是科举制的开始。隋朝的科举制大体上有两种情况：一种是临时性的特科，另一种是常设科目。603年，隋文帝下诏，以明知古今、通识治乱、究政教之本、达礼乐之源等科目选拔人才。以后科举的名目逐渐增多。

607年，炀帝下诏以德行敦厚、刚毅正直、执宪不挠、文才秀美、才堪将略、膂力骁壮等十科选拔德、才、体各方面表现突出的人，这些科目都是临时规定的特科，科目较具体，标准较明确，比较公平。比较固定的常设性科目有秀才、明经、进士三科，这些科目必须经过考试。秀才科先考试策，再考杂文，需要应试者具有很高的学识，录取标准很高，隋朝37年的历史中共录取了十多个人；杂文的题目往往是模拟名人名篇，难度很大。明经科主要是测试经典，即测试对某一儒家经典的熟悉程度，考中的人数较多。进士科是炀帝所创并且放宽了录取标准，它只试策，不考杂文，主要考文才。考中科举后只是获得了明经进士出身，取得了做官的资格，这之后还要通过吏部的考试才能任命为官员。当时考中的也就是做县尉、功曹等九品小官，他们在当时政治上并不占重要地位，但对后世有重大影响。这样一种新的选官制度在隋朝产生了，由此开始了文官考试制度的历史。

科举制的创立和九品中正制的废除，表明门阀世袭制的衰落和中央集权制的加强，它把读书、应考和做官联系在一起，这就给一般的甚至贫寒的子弟一个公平的机会。同时，它把选官的权力集中在吏部和朝廷，加强了中央集权。

· 唐代科举制 ·

唐代科举制的完备：唐朝考生来源有生徒和乡贡两种。唐代科举分制举和常举。制举由皇帝下诏举行，以待特别之才，随时设科，常见的有博学鸿词科、贤良方正科等。文宗后废除制举。常举分秀才、明经、进士、明法等科。唐初，秀才等级最高，到太宗时便废止了；明经主要考试经义；进士科在贞观年间试策和经义，高宗时加试诗赋，到玄宗后改变为以试诗赋为主，此科后来独占重要地位。常举首先要通过礼部的考试，考中进士，只具备了做官的资格，然后还要通过吏部考试，考试合格的才授予官职。吏部先考书、判，看书写是否工整，文理是否通顺；然后考试身、言，看体貌是否俊伟、说话是否清晰。

开凿大运河

举世闻名的京杭大运河，与万里长城并称为中国古代最伟大的工程，是世界上开凿最早、最长的一条人工河道。它始凿于春秋末期（公元前5世纪），后经隋朝（7世纪）和元朝（13世纪）两次大规模扩展，成为北起北京、南至杭州的南北交通大动脉。它跨北京、天津以及河北、山东、江苏、浙江四省，沟通海河、黄河、淮河、长江、钱塘江五大水系。

经隋朝数次开凿形成的南北大运河，是世界上最长的运河。它全长1794千米，水面宽50多米，最窄的地方也有30～40米。运河修通后，隋炀帝杨广率领数达几千艘、长达200里的船队，从洛阳出发，一路浩浩荡荡前往扬州游玩。杨广乘坐的龙舟，高15米，宽17米，长达67米。由此不难看出大运河的规模和通航能力。

南北大运河是由广通渠、通济渠、山阳渎和永济渠以及江南运河连接而

成。其开凿的时间前后不一，计有20多年之久。

开皇四年（584年），隋文帝杨坚为了改善漕运，命宇文恺率水工凿渠，"引水自大兴城（长安）东至潼关三百余里，名曰广通渠"，历时3个月。

开皇七年（587年），隋文帝出于军事上的需要，下令调集民工，开挖江淮河段，"于扬州开山阳渎"。山阳渎长约300里，疏导了春秋时吴王夫差所开的邗沟，引淮河水入长江。

大业元年（605年），隋炀帝杨广调集河南诸郡民工100余万人，开挖通济渠。自洛阳西苑引毂、洛水入黄河，又从洛阳东面的板渚引黄河水与汴水合流，然后又分流，折入淮水，直达淮河南岸的山阳。通济渠、山阳渎连接后，淮河南北漕运畅通。

大业四年（608年）春，隋炀帝又调集河北诸郡民工100余万人开挖永济渠。这个工程先引沁水入黄河，又自沁水东北开渠，到达临清合屯氏河。主要用途是通舟北巡，所以称之为御河。

大业六年（610年）冬，隋炀帝下令修江南运河。工程从京口（今江苏镇江）开始到余杭入钱塘江，全长800余里，河宽10余丈。

隋朝修筑的南北大运河，以洛阳为中心，北通涿郡，南达余杭，西至长安，把钱塘江、长江、淮河、黄河、海河5条大水系连起来，形成了一个四通八达的水运网络。这是一项举世闻名的水利工程。

南北大运河开凿的原因，演义小说都归结为隋炀帝醉心游乐。事实上，主要因为是当时社会经济发展和政治方面的客观需要。从经济方面来说，当时政治中心长安和洛阳人口激增，粮食供应严重不足；而江浙一带"有海陆之饶，珍异所聚，故商贾并凑"，资源丰富，

·京杭大运河的兴修·

京杭大运河始凿于公元前486年，是世界上最长的运河。主要经历3次较大的兴修过程：

第一次是在公元前5世纪的春秋末期。吴王夫差为了北上伐齐，调集民夫开挖自今扬州到淮安入淮河的运河。因为途经邗城，所以得名"邗沟"。邗沟全长170千米，是大运河最早修建的一段。

第二次是在7世纪初的隋朝。即本文的南北大运河。

第三次是在13世纪末的元朝。元定都北京后，为了使南北相连，不再绕道洛阳，前后花了10年时间，先后开挖了"济州河"和"会通河"，又在北京与天津之间新修"通惠河"。新的京杭大运河比绕道洛阳的大运河缩短了900多千米。

十分繁华。南北的经济需要交流，水运方面的状况尤其需要改善，漕运南方的粟米丝帛到中原地区来，促进了南北之间的贸易往来。从政治军事方面来说，南方广大地区大小起义始终不断，隋王朝鞭长莫及。为了进一步控制南方，隋王朝也需要修建一条运河来及时运兵，以镇压当地的反隋活动。开凿南北大运河是经济、政治和军事的需要，也是时代的需要和历史发展的必然；当朝统治者的个人好恶并不是最主要的原因。

隋朝南北大运河的开凿，功在当时，利在千秋。大运河自从凿通以后，就成为我国南北交通的大动脉，运河中"商旅往返，船乘不绝"。唐代诗人皮日休在《汴河铭》中说："今自九河外，复有淇汴（即运河），北通涿郡之渔商，南运江都之转输，其为利也博哉！"在运河两岸，商业都市日益繁荣。自隋唐以后，沿运河两岸如杭州、镇江、扬州、淮安、淮阴、开封等地，都逐渐成为新兴商业都会，这些城市历经宋、元、明、清而不衰，成为繁盛一方的大都市。开挖大运河，要穿越复杂的地理环境，从设计施工到管理，都需要解决一系列科学技术上的难题。工程涉及测量、计算、机械、流体力学等多方面的科技知识。这一工程的完成，反映了我国古代劳动人民的聪明才智和创造精神。

大唐气象

 **李渊起兵**

在反隋的割据势力中，李渊父子集团最终扫灭群雄，统一中国。

李渊出生于关陇一个贵族家庭。其祖父原是西魏八柱国之一，北周刚建立时被追封为唐国公。其父原任北周柱国大将军。李渊生于周天和元年（566年），幼年丧父，7岁袭唐国公爵。隋灭北周后，李渊先后任身侍卫官、太原刺史等职。

616年，突厥（我国古代北方游牧民族之一）侵入北部边境，隋炀帝命李渊和马邑太守王仁恭合力抵抗。结果战事不利，隋炀帝于是派使者押李渊和王仁恭至江都治罪。李渊一方面托词不赴江都，故意纵情声色；另一方面加紧策划。

617年，隋炀帝派李渊到太原去当留守（官名），镇压农民起义。但是隋炀帝不信任他，还任命王威和高君雅为太原副留守，以监视李渊。

李渊有四个儿子，其中第二个儿子李世民是个很有胆识的青年，他很喜欢结交朋友。晋阳（今山西太原）县令刘文静就是李世民非常赏识的一个朋友，他跟李密有亲戚关系。李密参加起义军以后，刘文静受到株连，被革了职，关在晋阳的监牢里。

李世民得知刘文静坐了牢，急忙赶到监牢里去探望。李世民拉着刘文静的手，一面叙友情，一面请刘文静谈谈对时局的看法。

彩绘贴金武官俑　唐

此俑所穿铠甲颜色华丽，边缘绘绿、红、蓝等色构成的宝相花纹。

刘文静早就知道李世民的心思，他说："现在杨广远在江都，李密正进攻东都，到处都有人造反，这正是打天下的好时机。我可以帮您召集十万人马，您父亲手下还有几万人。如果用这支力量起兵，不出半年就可以打进长安、取得天下。"

李世民回到家里，反复想着刘文静的话，觉得很有道理。但是要说服他父亲，却不是一件容易的事。正好在这个时候，太原北面的突厥可汗向马邑进攻。李渊派兵抵抗，连连打败仗。李渊怕这件事传到隋炀帝那里，要追究他的责任，急得不知怎么办才好。

李世民抓住这个机会，就劝李渊起兵反隋。李世民对李渊说："皇上委派父亲到这里来讨伐反叛的人。可是眼下造反的人越来越多，您能讨伐得了吗？再说，皇上猜忌心很重，就算您立了功，您的处境也将更加危险。唯一的出路，只有起来造反。"

李渊犹豫了许久，才长叹一声，说："我思考你说的话，也有些道理，我只是有些拿不定主意。好吧！从现在起，是家破人亡，还是夺取天下，就凭你啦！"

李渊把刘文静从晋阳监牢里放了出来。刘文静帮助李世民，分头招兵买马。李渊又派人召回正在河东打仗的另两个儿子李建成和李元吉。

要起兵必须扩大兵力，李渊为太原留守，虽握有重兵，但是仍须招募一支自己的队伍。可是公开招募会引起高君雅、王威的注意。恰在此时，马邑人刘武周杀死了马邑太守王仁恭，占据马邑郡，起兵反隋，且自称皇帝，还勾结突厥直驱太原。于是，这为李渊公开募兵提供了借口。

李渊以讨伐刘武周为托词，召集各位将领商议，提出自己招募兵丁。高君雅和王威迫于当时的形势，只好同意说："公地兼亲贵，同国休戚，若俟奏报，岂及事机；要在平贼，专之可也。"于是，李渊命李世民与刘文静、

战争壁画

敦煌莫高窟第十二窟唐代的战争壁画。从双方隔河相峙、筑城而战的紧张场面，可看到"城"之于"战"的重要。

长孙顺德、刘弘基、窦琮等人去招募士兵。不多久，便募兵近万人。这支队伍由李渊、李世民父子直接控制和直接指挥，是晋阳起兵的主力。

李渊父子大量募兵，毕竟无法完全掩盖其真实的想法，况且其所用将领长孙顺德、刘弘基是为了逃避征辽诏令而逃到太原的，而窦琮也是逃犯。高君雅、王威见此，怀疑李渊有谋反之心，于是就暗中策划利用晋祠祈雨的机会，将李渊父子诱骗来并全部杀死。不料此事被经常出入王、高家的刘文龙得知，于是刘文龙立刻将此事报告给李渊。因此，李渊决定先发制人。

617年初夏的一天夜里，李渊命令长孙顺德、赵文恪等人带领500壮士，和李世民的精兵一起埋伏于晋阳宫城外，严密封锁。第二天清晨，李渊与高君雅、王威在留守府大厅议事。按照计划，刘文静召鹰扬府司马刘政会入厅，说："有密状，知人欲反。"李渊故意让王威先看，但是刘政会不给，并说："所告乃副留守事，唯唐公得视之！"李渊接过密状一看，是控告王、高暗引突厥入侵。王、高正待辩解，刘文静与长孙顺德、刘弘基等将王威、高君雅逮捕入狱。事也凑巧，第二天果然有突厥数万人进攻晋阳，民众以为是王、高所致，于是李渊趁机杀掉高君雅、王威。这标志着李渊父子正式起兵。

晋阳起兵后，李渊父子的目标就是乘虚入关，直取长安，以号令天下，建立新的王朝。在长安（今陕西西安）的统治者听说李渊带兵进攻，忙派大将宋老生和屈突通分别领兵数万，在霍邑与河东抵抗李渊大军。

大业十三年（617年）七月，李渊率军进攻宋老生驻守的霍邑，却逢秋雨连绵，无法开战，而且道路泥泞，军粮运输困难。相持数日，眼看军粮将尽，李渊准备退兵，李世民劝阻道："今兵以义动，进战则克，退还则散；众散于前，敌乘于后，死之无日。"听了李世民的意见，李渊决定不撤兵。

八月，连日的阴天终于放晴，李渊遂下令攻城，并由李世民率兵诱敌出城，双方展开决战。李世民身先士卒，奋勇冲锋，"砍杀数十人，两刀皆缺，流血满袖"。霍邑一战，李渊大获全胜，斩杀了隋将宋老生，攻下了霍邑。随后，李渊率兵进攻河东郡，虽取得初战的胜利，但是隋将屈突通固守河东郡，李渊久攻不下。后根据李世民的建议，李渊留下部分兵力包围和牵制屈突通，自己率主力部队渡过黄河，直取长安。

同时，李渊在关中地区的家属和亲族也纷纷起兵响应，其中有李世民的胞妹平阳公主、李渊的从弟李神通，李渊的女婿段纶也在蓝田县聚众万余人。

在这种有利形势下，李渊父子一路上采取收揽人心的办法，废除了隋朝的严刑酷法，还开仓济贫。一面收编关中各地的起义军，一面争取关中地主阶级的支持。数月中，李渊、李世民的军队已达20万人，并于十月开始围攻长安。

十一月，长安城破，李渊率军进入长安宫，立年仅13岁的代王杨侑为帝，是为隋恭帝，并改元义宁，遥尊江都的隋炀帝为太上皇。李渊总揽军政大权，晋封为唐王。李建成为唐王世子，李世民为京兆尹、秦公，李元吉为齐公。

义宁二年（618年）三月，隋炀帝在江都被部下杀死，隋朝灭亡。五月，李渊在长安称帝，定国号唐，李渊就是唐高祖，年号为武德。然后立世子李建成为皇太子，李世民为秦王，李元吉为齐王。

玄武门之变

唐太宗像

621年，李世民平定王世充、窦建德后大胜而归。高祖李渊认为前代官职皆不足以称之，因此特设天策上将一职，位在王公之上。十月，李世民以天策上将领司徒、陕东道大行台尚书令。

李世民的声望、地位和权势日增，令太子李建成受到威胁。于是在王珪和魏徵的建议下，李建成向高祖请求领兵征战。高祖以李建成为陕东道大行台及山东道行军之帅，于623年率军讨伐刘黑闼、徐圆朗。这是李建成在统一大业中立下的唯一重大战功。

李建成与李世民的矛盾，由于统一战争的结束而迅速激化，形成明争暗斗之势。

在朝廷中，最受高祖宠幸的裴寂支持李建成，支持李世民的大臣有萧瑀、陈叔达等。在后宫中，秦王李世民曾得罪过高祖的宠妃张婕妤、尹德妃，于是这些人便常常在高祖面前说太子李建成的好话，说李世民的坏话。如此一来，朝廷和宫中都有人支持李建成，形势对李建成颇为有利。他们之间的斗争终于因为突厥的进攻而演变成流血事件。

626年夏，突厥南下犯边。太子李建成为进一步拉拢李元吉，于是向高祖建议，让齐王李元吉代替李世民出征，被高祖采纳。这样，李元吉当上了主帅。出发前，李元吉请求高祖调秦王府中的大将尉迟敬德、程知节、段志宏、秦叔宝同他一起出征，并从秦王府挑选精锐士兵以补充李元吉的军队，此举目的在于为杀害秦王做准备。李建成与李元吉密谋，在李建成和李世民为李元吉宴别时，安排伏兵，先杀李世民，然后再杀尉迟敬德。李建成对李元吉许诺，即位后立即封他为皇太弟。有人将李建成与李元吉的密谋报告给李世民，李世民忙与长孙无忌和尉迟敬德商量对策，决定先动手除掉李建成和李元吉。

六月三日，太史令傅奕向唐高祖秘密奏报，说太白星再次出现在秦地，"秦王当有天下"。于是唐高祖询问李世民，李世民趁机向唐高祖告状，指控太子李建成和齐王李元吉淫乱后宫，并且设计谋害自己。高祖听后极为惊讶，决定第二天早朝时进行查问。

六月四日天还没亮，李世民命长孙无忌、尉迟敬德、侯君集、张公瑾等人率领精兵提前埋伏在宫城北面的玄武门，这是李建成和李元吉上朝时的必经之地。六月四日清晨，唐高祖上朝，裴寂、萧瑀、陈叔达、宇文化及等均已入朝，只等李建成兄弟三人到来。此时，李建成、李元吉已进入玄武门，一路走来。当二人行至临湖殿时，发觉情况有些异常，于是立即掉转马头，准备回府。不料此时李世民突然出现，并且在后面呼喊二人，李元吉回身张弓搭箭，射杀李世民，但是连发三箭，都没能射中。李世民的目标是李建成，他一箭就将李建成射死。就在此时，尉迟敬德带着70多名骑兵赶到，朝李建成、李元吉射箭，李元吉坠马后逃入树林中，李世民策马追赶，结果衣服被树枝挂住，也坠马落地。李元吉力气很大，这时跑过来夺取了弓箭要射杀李世民，恰巧尉迟敬德驱马赶到，李元吉慌忙放弃李世民向成德殿逃跑，结果被尉迟敬德一箭射

高台　窗棂　　　　　鸱尾

玄武门壁画

死。东宫和齐王府的将士听说出事了，于是派兵猛攻玄武门。这时，尉迟敬德提着李建成、李元吉的人头赶到，东宫与齐王府的将士见主人已死，立即溃散而逃。

唐高祖对玄武门之事已有所耳闻，于是李世民派尉迟敬德进宫担任宿卫。唐高祖见尉迟敬德头戴铁盔，身穿铠甲，手持长矛，大吃一惊，便问："今日乱者谁邪？卿来此何为？"尉迟敬德回答说："秦王以太子、齐王作乱，起兵诛之，恐惊动陛下，遣臣宿卫。"唐高祖这才明白刚才发生的一切，于是派人将敕令向众将士宣读，交战双方才放下兵器。玄武门之变以秦王李世民的胜利而结束。

六月七日，高祖立李世民为太子，诏书说："自今军国庶事，无论大小悉委太子处决，然后闻奏。"实际上，唐高祖已把国家的全部权力交给了李世民。两个月后，唐高祖下达诏书，让位给太子，自己当太上皇。于是李世民在东宫显德殿即位，改元贞观，即中国历史上著名的唐太宗。

以人为镜

由于唐太宗鼓励进谏，并且能够虚心纳谏，因此贞观年间出现了一批敢于直谏的大臣，如王珪、魏徵、刘洎、褚遂良等，形成了以进谏为忠的风气。在众多的谏臣中，最著名的是魏徵。

魏徵，字玄城，巨鹿曲城人，隋末参加李密领导的瓦岗军，曾任窦建德的起居舍人，窦建德兵败之后，入唐任太子洗马。玄武门之变前，魏徵曾建议李建成尽量培植自己的力量，及早除掉李世民。

玄武门之变后，有人向李世民告发了魏徵策划杀他的事。李世民找来魏徵，板着脸问道："你为什么在我们兄弟之间挑拨是非？"魏徵神色自如地回答说："要是皇太子早听我的话，就不会发生今天的事了！"左右大臣都替魏徵捏把汗，没想到李世民竟然转怒为喜。他觉得魏徵很正直，就任命他做了谏议大夫。于是他开始参与朝政的一些重大的决策，后一度拜相任侍中，封郑国公，成为唐太宗的得力助手。魏徵不但有卓越的文治武功，而且还有一套系统的政治思想。他总结了历代治国安邦之道，其功绩在中国古代政治史上是不可

~ 175 ~

比拟的。

魏徵以讽谏出名，被誉为"前代诤臣一人而已"。他曾多次谏止太宗意气用事，有时甚至令太宗下不了台。魏徵还注重提醒太宗要防微杜渐，善始善终。魏徵前后陈谏200余事，曾有"兼听则明，偏听则暗""君好比舟，民好比水，水能载舟，亦能覆舟"等著名的政治谏言。

626年，唐太宗派人征兵。有大臣建议说：有些16岁以上的男孩，虽然不满18岁，可长得身材高大，也应该让他们当兵打仗，唐太宗同意了。但是魏徵扣住诏书不发。唐太宗催了几次，魏徵就是不发。唐太宗气得火冒三丈，对魏徵说道："你好大的胆子！竟然敢扣住我的诏书不发？"魏徵不慌不忙地说："我不赞成您这样做！军队强大不强大，不在于人多人少，而在于用兵得法。好比湖里的鱼和水，您把水弄干了，可以捉到很多鱼，但是到明年湖中就无鱼可捞了。如果把那些不到18岁的男子都征来当兵，以后还到哪里征兵呢？"唐太宗虽觉得有理，可就是不服气。魏徵也生气了，不顾一切地说："陛下，您已经好几次说话不算数、失信于民了！"魏徵一席话，说得唐太宗哑口无言。他别扭了好半天，才老老实实承认了自己的错误。于是，又重新下了一道诏书，免征不到18岁的男子。

628年，通事舍人郑仁基的女儿年满16岁，花容月貌，长孙皇后得知后，请求太宗召此女入宫，聘为九华。当时诏书已经发出，只是还未派出册封的使者，魏徵得知此女已许给了陆氏，于是忙向太宗进谏。太宗听后，立即以手诏回答魏徵，并表示自责，下令将郑氏女归还旧夫。

由于魏徵敢于犯颜直谏，所以太宗在魏徵面前非常注意约束自己的言行。有一次，唐太宗要去南山巡游，车马都已准备了，却又

魏徵古帖

传说唐初虞世南书名远播，太子李世民从其学"戈"法，一日，李世民将写"戬"字，空书右半边"戈"旁，召虞世南补写。之后拿给魏徵看，并说："朕学虞世南，似乎已尽其法。"魏徵细看一番，评曰："天笔所临，万象不能逃其形，非臣书所可仰。今仰观圣作。惟'戬'字'戈'法遍真。"李世民大加赞叹，可见魏徵书法鉴赏力之高。

改变主意不去了，魏徵问唐太宗何故，唐太宗笑着回答说："本来是打算去，后来怕你不高兴，所以就不去了。"还有一次，唐太宗在御花园中玩弄一只新得的鹞鹰，正玩得尽兴，看见魏徵远远走来，太宗忙把鹞鹰藏在怀里。其实魏徵早就看见了，于是故意把汇报时间拖长。等魏徵走后，唐太宗发现鹞鹰已经闷死了。还有一次，唐太宗去洛阳巡视，中途在昭仁宫（今河南寿安）休息，他对用膳安排不周大发脾气。魏徵当面批评唐太宗说："隋炀帝就是因为常常为百姓不献食物而发火，或者嫌进献的食物不精美，使百姓背上沉重的负担而灭亡了，陛下应该从中吸取教训。

·三省六部制·

三省六部制是自西汉以后形成的政治制度，到唐朝时这种制度趋于完善。国家中央机关主要由"三省"和"六部"构成。三省是最高的权力机关，分别是中书省、门下省、尚书省，各省长官是辅佐皇帝处理天下政事的最高官员。中书省负责掌管制令决策，门下省掌管封驳审议。所有的军国大事，必须由中书省拟定诏书，门下省审议复奏，然后交付尚书省颁布实行。各部门以及地方所呈的重要奏章，也必须通过尚书省交给门下省审定，然后由中书省呈请皇帝批阅。尚书省是一个执行机关，下统6部分别为吏部、户部、礼部、兵部、刑部、工部，各部下有四个属司，一共24司，负责处理全国的各类具体的行政事务。

如能知足，今天这样的食物陛下就应该满意了；如果贪得无厌，即使食物再好一万倍，也不会满足。"唐太宗听后不觉一惊，说："若不是你提醒，恐怕我就难得听到这样中肯的话了。"

643年，63岁的魏徵得了重病。唐太宗不断派人前去探视他的病情。这一天，唐太宗听说魏徵病危，急忙领着皇太子，亲自到他府里去看望。唐太宗难过地问魏徵："您还有什么话要说吗？"魏徵用微弱的声音说："我最担心的就是国家的危亡啊！如今国家昌盛，天下安定，希望陛下您在太平的时候要想到可能出现的危险局面啊（文言是居安思危）！"唐太宗边听边点头，表示一定记住他的话。几天以后，魏徵病死了。唐太宗十分悲痛，亲自为他撰写了墓碑的碑文。此后，他还时常怀念魏徵。有一次，唐太宗在朝堂上对大臣们说："用铜做镜子，可以整理衣帽；用历史做镜子，可以知道兴亡的道理；用人做镜子，可以明白自己的过失。我常常拿这三面镜子来审视自己的得失。如今魏徵去世了，我就少了一面镜子啊！"

魏徵的忠言直谏和唐太宗的虚心纳谏使唐朝出现了繁荣的局面，形成了后世历史学家称赞的"贞观之治"的局面。

贞观之治

627~649年，这段时间是唐太宗统治的时期。在这期间，封建统治较为开明，经济发展迅速，社会秩序稳定，历史上把这一时期称为"贞观之治"。

唐太宗经历了隋末农民战争，目睹了强大的隋朝怎样在农民起义的打击中分崩离析，因此他时时注意以隋朝的灭亡为教训，十分重视人民的力量。他常常说："君好比舟，民好比水，水能载舟，亦能覆舟。"因为有了这种认识，唐统治者为了实现长治久安，较为重视民生问题。

在经济上，唐太宗继续实行均田制。均田制规定：凡18岁以上的男子，分给口分田80亩，永业田20亩。口分田在农民死后要归还国家，由国家另行分配；永业田则归农民所有，可以买卖或传给子孙。与均田制相适应的赋役制度是租庸调制。租是指每年纳粟二石；庸是指每年服役20天，可以让农民纳绢代役；调是指每年纳绢二丈、棉三两或布二丈五尺、麻三斤。唐太宗对租庸调制没有进行重大改革，但是在即位后实行了轻徭薄赋的政策，减轻农民的负担。他尽量减少徭役的征发，即使非征不可的徭役也多改在农闲时征发。如631年，皇太子承乾年满13岁，需要举行加冠典礼，这样要征发各地的府兵作为仪仗队。唐太宗认为当时正是农忙的季节，不应该影响正常农事，于是下诏将冠礼改在秋后农闲时举行。

唐太宗还很重视兴修水利，朝廷设有专门的官员以"掌天下川渎陂池之政令"，另外还命各地兴修水利。他还经常派使者到各地考察官吏，劝课农桑。

在政治上，唐太宗总结了前代的经验教训，对三省六部制进行了适当变革。唐代时的

文官图　唐

唐初多因袭隋制，帝王及文武百官均能戴图中所示的黑色帻，至贞观后，则为帝王、内臣所专用。

三省是指尚书省、中书省、门下省。尚书省是执行政令的最高行政机关，尚书省下设有吏、户、礼、兵、刑、工六部，尚书省的最高长官是尚书令。因为李世民曾任尚书令，为了避讳，便以左右仆射作为尚书省的最高长官。中书省主要管理军国大事的审议和决定，负责进奏章表、草拟诏敕等，因而有"中书出诏令"之说，其最高长官是中书令。门下省的职责是对中书省的决议进行审查，不同意的可以驳回，其长官是侍中。三省六部制的实行巩固了中央集权，行政效率明显提高。也正是因为依靠三省六部制，唐太宗的政令才能畅通。

在地方上，唐实行州县制，设刺史和令为州、县长官。唐太宗十分注重地方官吏的选拔，常把刺史的名字写在寝宫的屏风上，并在每个人的名字下记录他的政绩，以决定奖惩。唐太宗规定，县令须有五品以上的中央官员保举，各州刺史必须由皇帝选拔任命。

为了选拔人才，他还确立了完整的科举制度。科举制度为地主阶级知识分子参与政治提供了机会。唐代科举制已实行分科，其中以进士科最重要。有一次，唐太宗在金殿端门俯视新科进士鱼贯而入的盛况，高兴地说："天下英雄，入吾彀中矣。"

在文化教育上，唐太宗尊崇儒学。从贞观二年开始以孔子为先圣，在国学中设置庙堂，以备祀典，并下令各州县都置孔子庙。为培养更多通晓儒学的士人，唐太宗大力兴办学校。在朝廷设国子监、弘文馆、崇文馆，在地方设京都学及府、州、县学。国子监规模很大，曾有8000多名学生。

唐太宗还十分重视历史的借鉴作用，他曾说："以古为镜，可以知兴替。"因此，在贞观年间，史书编纂取得了重要的成就，编了晋、梁、陈、北齐、北周、隋等朝的史书。除此之外，还开始编修国史。

在个人方面，唐太宗提倡节俭，并以身作则。唐太宗即位后，没有大兴土木，建造新的宫殿，而是住在隋朝时建造的破旧的宫殿里。628年秋天，大臣们想为唐太宗建造一座楼阁，但是当年发生了天灾，于是唐太宗就把这件事阻止了。在建造自己的陵寝时，唐太宗亲自制定规格：以山为陵，能放得下棺材即可。

经过唐太宗的励精图治，唐朝出现了政治清明、社会安定、经济发展、文化繁荣的局面。犯罪的人也大大减少了，有一年，全国仅有29人被判死刑。

天下百姓路不拾遗、夜不闭户，民风淳朴，呈现出太平盛世的景象。

女皇武则天

武则天像

　　唐高宗是个懦弱平庸的人，他即位以后，把朝政大事交给他的舅父、宰相长孙无忌处理。后来，他又立武则天为皇后，武则天权力欲很强，逐渐掌握了朝政大权，成为中国历史上唯一的女皇帝。

　　武则天，名曌，并州文水（今山西文水）人。她的父亲武士彠原来是一个很有钱的木材商人，隋末时弃商从戎，成了一名府兵制下的鹰扬府队正。李渊起兵反隋，武士彠转而参加了李渊的军队，后来在唐朝廷为官，官至工部尚书，封应国公。武则天9岁时，父亲死去。14岁时，已经近40岁的唐太宗听说她长得很美，便选她入宫，赐号武媚，人称媚娘，后来又封为才人。

　　唐太宗死了以后，她和一些宫女依旧制被送到感业寺去做尼姑。唐高宗李治当太子时曾与她有暧昧关系，于是让她蓄发入宫侍寝，封为昭仪。但武则天心里还不满足，想进一步夺取皇后的位子，于是武则天千方百计想陷害王皇后。

　　武则天生了一个女儿，有一天，王皇后来探望，爱抚地摸了摸，逗了逗。王皇后走后，武则天竟狠心地把女儿掐死，用被子盖好。当高宗来看时，她便诬陷是王皇后杀了她的女儿，使王皇后有口难辩。唐高宗因此大怒，从此动了废王立武的念头。

　　到了655年九月，唐高宗不顾褚遂良、长孙无忌等人的反对，正式提出废王皇后，立武则天为后。

　　有一天，唐高宗问李勣："我打算立武昭仪做皇后，褚遂良他们坚决反对，你看这事该怎么办呢？"李勣看见高宗废立决心已下，便说："废立皇后，这是陛下的家事，何必一定要得到外人同意呢？"许敬宗也说："农人多割10斛麦子，尚且想换个新媳妇，何况天子富有四海，立新皇后没有什么不可以的！"于是高宗决定，废王皇后为庶人，册封武氏为皇后。

武则天当皇后以后，很快形成了自己的势力集团，参与朝政。她利用高宗与元老重臣之间的矛盾，在短短几年内，就杀了长孙无忌，罢免了20多个反对他的重臣。武则天对拥护她的人全都重用，李义府、许敬宗因而青云直上，当了宰相。到了后来，武则天甚至同高宗一起垂帘听政，当时朝臣并称他们为"二圣"，即称高宗为天皇，武后为天后。武则天作威作福，高宗一举一动都受她约束。唐高宗对此很不满，就秘密把大臣上官仪找来，让他起草废武后的诏书。消息传到武则天那里，武则天怒气冲冲地去见唐高宗。她厉声问高宗说："这是怎么回事？"唐高宗十分害怕，没了主意，就结结巴巴地说："我本来没有这个意思，都是上官仪教我这么干的。"武则天立刻命人杀掉上官仪等人。从此大小政事，都由武则天一人定夺。

唐高宗感到武氏一派的威胁越来越大，担心李家的天下难保，就想趁自己还在世，传位给太子李弘（武则天的长子）。但是，武则天竟用毒酒害死了李弘，立次子李贤做太子。不久，又把李贤废为平民，改立三儿子李显为太子，弄得唐高宗束手无策。

到683年十二月，唐高宗病死，太子李显即位，就是唐中宗。武则天以皇太后的身份临朝执政。后来，她容忍不了唐中宗重用韦氏家族的人，又废了唐中宗，立她的四儿子李旦为帝，就是唐睿宗。同时，她不许睿宗干预朝政，一切事务由她自己做主。

载初元年（690年）七月，武后的亲信法明、怀义和尚等10人献呈《大云经》，内有女主之文，陈符命，说武则天是弥勒下界，应该做人间主。这一切都是为武则天称帝制造理论根据。九月三日，侍御史傅游艺猜中了武则天的心思，率关中百姓900人上表，请改国号为周，赐皇帝武姓。武则天假装不许，但升傅游艺为给事中。百官及帝室宗戚、百姓、四夷酋长、沙门、道士6万余人又请改唐为周，睿宗皇帝亦不得不上表请改武姓。于是武则天在九月九日宣布改唐为周，改元天授。十二日，武

武后步辇图　唐　张萱

新颖别致的唐三彩造型

唐三彩的出现受盛唐时期繁盛的经济、文化艺术的发展以及社会风气影响。盛唐时期厚葬之风盛行使这种三彩陶自唐初出现以后在各地迅猛发展，特别是西安、洛阳一带。"安史之乱"以后，唐王朝从盛至衰，国力削弱致使陪葬之风不如从前兴盛，风靡一时的唐三彩也随之衰落。唐三彩包括俑和器皿两大部分，器物如壶、罐、瓶、尊、碗、盘、杯、钵、枕及文房用具等，几乎包括了社会生活各方面，体现了国力强盛的盛唐气象。唐代中外文化的交流日益广泛，唐三彩受异邦的影响很大。鲁迅先生曾经说过："唐人大有胡气。""胡气"也鲜明地反映在唐三彩的造型上。

三彩灯盏　高45.5厘米　底盘直径22.6厘米　1987年河南洛阳出土

此灯盏分为四部分：底座、持柄、托盘和油盏。托盘的中央为莲花，油盏立在莲花中央。持柄犹如竹节，中部为正、反相背的莲花。底座为倒扣的碗洗，上面装饰着贝壳、兽面。

三彩花式面点和饺子　新疆维吾尔自治区阿斯塔那出土

三彩犀牛枕

　　三彩瓷枕的形状很奇特，除了常见的长方形，还有拟形枕，如图中的犀牛枕。三彩瓷枕用作殉葬、医务脉枕及日常寝具，枕体较后代小，它不仅仅满足于使用上的需要，同时还要求具备审美价值。我国自古以来以虎、豹、熊等为神兽，认为它们可以镇宅守户，故而经常在器物形体上模拟虎、豹、熊之形。瓷枕自隋创烧以后，在唐朝更为流行。

充满异域风情的凤头壶

　　凤头壶在西安与洛阳一带的唐墓中时有出土。三彩凤头壶的壶盖已经消失，凤首与颈相接而为壶口，壶柄缩短成从口沿至肩部。此图为陕西富平房陵公主墓遗存的壁画，壁画中所绘的壶，正是凤头壶造型。可见凤头壶在初唐至盛唐时已流传于王室。三彩凤头龙柄壶的造型表明古代的陶瓷艺术和其他艺术门类一样，也充分吸收外来文化。

三彩卧驼 高25.4厘米 1955年陕西西安出土 陕西省博物馆藏

　　唐三彩俑常见的有人俑、马俑、骆驼俑，之所以出现大量的骆驼俑，是因为唐代与西域、中亚等地区有频繁的文化、经济、政治联系。其中，丝绸之路的主要交通工具是骆驼。此俑四足卧地，昂首嘶叫，鸣示即将要起行，造型十分逼真。

则天受尊号为圣神皇帝，将睿宗皇帝立为皇嗣，赐姓武，以皇太子为皇太孙。十三日，立武氏七庙于神都洛阳，追尊其父王为始祖父皇帝，平王少子武为睿祖康皇帝，又立武承嗣为魏王，武三思为梁王，武氏诸姑姊为长公主。十月，制天下武氏悉免课役。

无字碑

现存陕西乾县乾陵陵园，碑额刻八条螭首尾相交，两侧线雕龙云纹，初立时，未刻一字，表示帝王功高德大，无法用文字表述，取《论语》"民无德而称焉"之意。

武则天掌理朝政期间，上承贞观之治，下启开元盛世，经济发展，社会稳定，为唐帝国的全面繁荣奠定了坚实的基础。她重视发展农业，继续推行轻徭薄赋、与民休息的政策；又广开言路，善于纳谏，对符合她意愿的建议她乐意采纳，反对她的意见她在一定程度上也能听取，甚至能容忍对她的人身攻击。

武则天最大的贡献在于改革官制，削弱三省六部制的相权，加强御史台的监督作用；同时打击旧门阀士族，扶植庶族地主出身的官僚，使更多的寒

·武则天与乾陵·

乾陵坐落在陕西梁山之巅，距西安80千米。一代女皇武则天和她的丈夫合葬在这里。"乾"是天的意思，按八卦方位，梁山在京城西北，正处在"乾"的方位上，故名乾陵。乾陵所在州县亦随之改称乾州和乾县。陵园海拔千米以上，原有内外两重城墙，内城围墙周长40千米，保存至今的是一组精美的大型石刻群。

武则天葬乾陵，是"头枕梁山，脚蹬渭河，卧望长安"。高岭之巅是长达700米的司马道。步行在司马道上，两边是对称排列的由124件石刻组成的石刻群：标志帝王陵墓的八棱柱形华表；象征明君盛世的祥禽瑞兽——翼马、朱雀，朱雀即鸵鸟，是吐火罗（今阿富汗）特使参加高宗李治葬礼时带来的赠品；为皇帝乘骑的鞍马，旁立牵马的侍从，神情安逸；戴冠持剑、侍卫皇帝的直阁将军，威武健硕。其中还有参加高宗葬礼的外国使者和少数民族首领的宾王石像61尊，可惜石像头部皆被人凿去。在四门外还各置蹲狮、石马，所谓"蕃王俨侍立层层，天马排列势欲腾"。这众多的石刻，屹立于梁山之巅，无不与山陵默契配合，构成一种磅礴的气势，一股肃穆庄严的气氛油然而生。朱雀门东侧是著名的"无字碑"。武则天预料后人会对自己褒贬不一，临终遗言："己之功过由后人评述。"因此她的纪念碑只字未刻。而人们来到乾陵，面对那空前创举的无字碑时，都不得不对1000多年前的女皇帝那超越时代的政治风度赞叹不已，因为历史本身已经对武则天的功过做了最公正的评判。

族参与政治。她完善了科举制，为表示对选拔人才的重视，她亲自过问，开创了殿试的先例，并且开设武举，由此培养和选拔了一批文臣武将，如狄仁杰、张柬之等。但武则天任用酷吏、制造冤狱并广开告密之风，形成政治上的恐怖。她生活奢侈，支持佛教，大修宫殿、佛寺，并宠信张易之等小人，朝政日益败坏。

705年，武则天病重，宰相张柬之等人发动政变，迫使武则天退位，唐中宗复位。同年，82岁的武则天病死，她生前曾留下"祔庙、归陵，令去帝号，称则天大圣皇后"的遗言，并令人在陵前高高竖起一座无字碑。

名相狄仁杰

狄仁杰像

武则天对那些反对她的人，进行残酷的迫害；对那些有才能的人，不计较门第出身，破格任用。她手下有许多有才能的大臣，其中最著名的是宰相狄仁杰。

狄仁杰，字怀英，太原（今山西太原）人。祖父狄孝绪贞观年间做过尚书左丞，父亲狄知逊做过夔州长史。狄仁杰在少年时热爱读书。有一次县吏来询问一桩案情，他周围的人都争着向县吏说出自己的想法，唯独狄仁杰聚精会神地读书，不理不睬。县吏责怪他，狄仁杰说：我正和书中圣贤对话，没有工夫和凡夫俗子搭腔。

676年初，狄仁杰升任为大理丞。大理丞是负责掌管案件审判的官员。当时积压了许多纠缠不清的案件，狄仁杰以卓越的才能，一年内处理了17000余件，件件都处理得公平合理，没有一个喊冤叫屈的。

唐高宗知道狄仁杰这人不但有胆气，而且有才识，便擢升他为侍御史。侍御史是负责监察弹劾百官的官员。狄仁杰常常置个人安危于不顾，与那些有权有势的贪官进行斗争。

狄仁杰对朝事直谏也很出名。高宗执政时，大将军权善才误砍昭陵柏树，高宗要杀他，狄仁杰认为权善才罪不该死，据理力争。高宗终因理屈，将其改为流放。狄仁杰重民生业，力革弊政，在任宁州刺史时，妥善处理汉族与

少数民族的关系，颇受尊敬。在任江南巡抚使时，烧毁祭典之外的祠庙1700余所。武则天执政后，想建造大像，需要费钱数百万，狄仁杰认为此举劳民伤财，便直言进谏，于是武则天免了此役。

武则天当上皇帝后，更加赏识狄仁杰的才干，不断提升他的官职，最后让他当了宰相。

天授二年（691年）九月，狄仁杰拜相。有一次，武则天问狄仁杰："卿在汝南（豫州），甚有善政，卿欲知谮者名乎？"狄仁杰回答说："陛下以臣为过，臣请改之；以臣无过，臣之幸也，不愿知谮者名。"武则天被他的宽宏大量所感动，更加重用狄仁杰。

692年，酷吏来俊臣诬告狄仁杰谋反，狄仁杰被捕下狱。狄仁杰为了不被冤死，等待时机，就承认自己谋反。来俊臣还要逼狄仁杰供出另外一些同谋的大臣。狄仁杰怒不可遏，气愤地把头向柱子撞去，血流满地，以致来俊臣不敢再审问。后来，狄仁杰乘看管松懈，偷偷写成一纸冤状，放在棉衣里转给儿子。儿子接到冤状急忙向武则天上报，引起武则天的注意。武则天亲自召来狄仁杰，问他为什么要造反。狄仁杰回答说："如果不承认造反，我早死在酷刑之下了。"武则天又问他为什么要写谢罪表。狄仁杰说："没有这样的事。"武则天这才知道是来俊臣阴谋陷害他。

后来，狄仁杰又恢复了宰相官职。这时，武则天在立李氏为太子还是立武氏为太子的问题上犹豫不决。武则天的侄儿武承嗣、武三思为谋求太子地位，在暗地里频繁地活动，曾多次让人劝说武则天立武氏为太子。他们大肆宣扬自古到今从来没有一个皇帝立异姓为太子的。狄仁杰趁武则天还没有拿定主意，便劝她立李氏为太子。他说："陛下您想想，姑侄的关系和母子的关系哪个亲。陛下立儿子为太子，在千秋万岁之后，配食太庙，享受祭祀，承继无穷；如果立侄儿为太子，就没有听说太庙中供姑姑的！"狄仁杰的这些关键的话触动了武则天的心。

狄仁杰做宰相，善于推举贤才。先后推举的有桓彦范、敬晖、窦怀贞、姚崇等数十人，均官至公卿，有的后来成为宰相。

狄仁杰善于用人，能够让他们发挥各自的才能。就是已经归降的少数民族将领，狄仁杰也能使他们充分发挥作用。如契丹部落的两员大将李楷固和骆

务整，骁勇异常，屡次打败唐朝军队，许多唐朝将领死在他们手中。后来，这两个人都来归顺唐朝，大臣们纷纷上书，要求处死他们。最后，武则天接受了狄仁杰的意见，赦免了他们的罪过，派他们到边境驻守。这两人驻守边境，尽忠守职，从此边境平安无事。

狄仁杰晚年的时候，武则天更加敬重他，尊称他为"国老"，而不直接叫他的名字。

700年，狄仁杰病死。武则天非常悲痛，罢朝三日，追封他为梁国公。以后，每有不能决断的大事，武则天就想起狄仁杰，慨叹地说："老天为什么要那么早夺走国老呢！"言语中，对狄仁杰充满了无限怀念之情。

开元盛世

李隆基，为唐睿宗李旦第三子，唐第七代皇帝。他性格果断，仪容英武，且多才多艺，尤其擅长音律。他初被封为楚王，后改封为临淄王。

李隆基于景云二年（711年）和姑母太平公主发动政变，将韦后之余党消灭，拥其父睿宗即位。因李隆基除韦后有功，唐睿宗李旦立其为太子。延和元年（712年）七月，西方出现彗星，经轩辕入太微至大角，于是，太平公主遣方士向睿宗进言："彗星是预示当除旧布新之星；彗星一出，帝座也随之变位，这表明太子要为天子了。"他们向睿宗进此言的意思是李隆基将要弑君篡位，让睿宗赶快将其除掉。睿宗不理解他们的意图，说："传位于太子就可避灾，我已经下了决心，传位于他。"

李隆基知道后，急忙入宫，叩头道："我功劳微薄，越诸位兄弟成为太子，已经觉得日夜不安了，如父皇让位于我，会使我更加不安。"睿宗说："我之所以得天下，都是因为你的缘故。现在帝座有灾，传位于你，为的是转祸为福，你怀疑什么？"李隆基仍再三推辞，睿宗说："你是孝子，为什么非要等我死后在枢前即位呢？"李隆基只好流泪应之。太平公主和其同党也力谏皇帝，认为不可让位，但是睿宗主意已决。于是唐睿宗在七月二十五日诏令正式传位于李隆基。

八月三日，李隆基（玄宗）即位，尊睿宗为太上皇帝。八月七日，唐玄

宗李隆基改元为先天，大赦天下。

玄宗即位之初就重用贤相姚崇和宋璟励精图治。姚崇讲究实际，宋璟坚持原则，守法则正，二人鼎力辅佐朝政，使赋役宽平、刑罚清省、百姓富庶。玄宗不仅重视人才的选拔与任用，而且广开言路，虚心纳谏。姚崇提出的抑制权贵、不接受礼品贡献、接受谏诤、不贪边功等建议，玄宗不仅采纳而且严格执行。宋璟敢于犯颜直谏，玄宗对他又敬又怕。

为改变当时的奢侈之风，玄宗下诏将皇帝服御和金银器玩销毁，重新造成有用的物品，交给国家使用；把珠玉锦绣在殿前焚毁，并规定后妃以下，不准穿锦绣珠玉。在玄宗的倡导下，节俭成了时尚。对日益扩大的佛教势力，玄宗下令严禁建造佛寺道观、铸造佛像、抄写佛经，禁止百官和僧尼、道士往来，并精简僧尼人数，从而扼制了寺院的势力。

开元年间，玄宗采取了一系列措施整顿改革。为安定皇位、稳定政局，玄宗采取出刺诸王、严禁朝臣交结诸王和抑制功臣等措施。出刺诸王即玄宗解除诸王皇亲国戚的兵权，让他们做外州的刺史并严格限制他们，使他们不能掌握一地的军政大权，从而无法叛乱。而且规定诸王不能同时留居京城，减少他们和京官接触的机会。对那些功臣权势，玄宗或罢免他们的官职或让他们出任地方官。这就消除了动乱的隐患。为强化皇权，玄宗裁减冗官，加强吏治，革新政治。针对武后以来官吏冗滥的现象，玄宗下令免去员外官、试官、检校官数千人，撤销、合并闲散司、监十余所，从而精简了官僚机构，节约了开支。同时健全监察机构，严格选拔官吏制度，赏罚分明。玄宗对官员实行严格的考核，在开元四年组织的县令考试

· 唐长安城 ·

唐长安城，兴建于隋朝，时称大兴城，唐朝易名为长安城，为隋唐两朝的首都。它是隋文帝君臣建立的中国古代最宏伟的都城，反映出大一统王朝的宏伟气魄。为体现统一天下、长治久安的愿望，城池在规划过程中包揽天时、地利与人和的思想观念。"法天象地"，帝王为尊，百僚拱侍。为容纳更多的人口以及迁徙江南被灭各国贵族以实京师的宏伟计划，将城池建设得超前大，面积达84平方千米，是汉长安城的2.4倍、明清北京城的1.4倍，是同时期的拜占庭王国都城的7倍，是800年所建的巴格达城的6.2倍，为当时世界大城之一。长安城由外郭城、宫城和皇城三部分组成，城内百业兴旺，最多时人口接近300万。唐王朝建立后，对长安城进行了多方的补葺与修整，使城市布局更趋合理化。龙首原上大明宫的建立，更显一代帝国一统天下的气度与风范。

中，不及格的45人立即被罢免。另外，他还鼓励官员外任。玄宗比较注意发展经济。开元初年，流民人数巨大，玄宗采取检田括户、抑制兼并的措施，下令在全国清查户口和土地，安置逃亡人口，将籍外土地重新分给农民耕种。这样就打击了豪强地主的兼并活动，增加了国库收入。其次大力兴修水利，发展农业。玄宗当政期间，全国共兴建了56项农田水利工程，相当于全唐水利工程总数的20%以上。

玄宗即位后的一系列改革，使政治清明、百姓富庶、国力强盛、社会繁荣昌盛，唐朝达到了全盛时期。开元二十年（732年），天下人口786万户、约4543万人；开元二十八年（740年），天下人口841万户，约4814万人。唐都长安有人口百万，是著名的国际文化中心，也是当时世界上最大的城市。唐代不仅商业发达，而且对外贸易兴旺，往来于唐和波斯、天竺、大食等地的商船络绎不绝。数以万计的外国使节、商人、僧侣和留学生居住在长安。开元五年（717年）、开元二十一年（733年），日本派出的遣唐使均在550人以上。气象万千的长安就是开元盛世的最好写照。

口蜜腹剑

唐玄宗执政二十多年，见天下太平，便渐渐滋长了骄傲怠惰的情绪。他觉得，天下太平无事，宰相管政事，将帅守边防，自己何必那么为国事操心。于是，他就追求起奢侈享乐来了。

宰相张九龄看在眼里、急在心上，常常给唐玄宗提意见。唐玄宗本来对张九龄很尊重，但是到了后来，再也听不进张九龄的意见了。

李林甫像

李林甫原是吏部侍郎，奸诈狡猾。他善于拉拢宦官和妃嫔，故而对皇帝的一举一动了如指掌。因此，他每次都能揣测到皇帝的心思而去奏旨，深得唐玄宗的赏识。当时唐玄宗对武惠妃最为宠爱，其子寿王瑁也最受玄宗喜欢。李林甫谄附武惠妃，由此得以擢升为黄门侍郎。开元二十二年（734年）五月二十八日，李林甫、张九龄、裴耀卿三人分别被唐玄宗任命为礼部尚书、中书

令、侍中，同为中书门下三品。

唐玄宗想提升李林甫为宰相，跟张九龄商量。张九龄看出李林甫是个心术不正的人，就直截了当地说："宰相的地位，关系到国家的安危。陛下如果拜李林甫为相，只怕将来国家就要遭难了。"李林甫听到这些话，把张九龄恨得咬牙切齿。

朔方（治所在今宁夏灵武）将领牛仙客没读过书，但是很会理财。唐玄宗想提拔牛仙客，张九龄不赞同。李林甫在唐玄宗面前说："像牛仙客这样的人，是宰相的合适人选；张九龄是个书呆子，没有大局观念。"

有一次，唐玄宗又找张九龄商量任用牛仙客的事。张九龄还是不同意。唐玄宗生气地说："难道什么事都得由你做主吗！"

经过几件事，唐玄宗越来越讨厌张九龄，加上李林甫的挑拨，终于找了个借口撤了张九龄的职，让李林甫当了宰相。

李林甫当上宰相后，第一件事就是要把唐玄宗和百官隔绝，不许大家在玄宗面前提意见。

有一个谏官不肯依附李林甫，上奏本向唐玄宗提建议。第二天他就接到命令，被降职去外地做县令了。大家知道这是李林甫的意思，以后谁也不再向玄宗提意见了。

李林甫自知在朝廷中的名声不好。凡是大臣中能力比他强的，他就千方百计地把他们排挤出朝廷。他要排挤一个人，表面上不动声色，笑脸逢迎，却在背地里暗箭伤人。

有一个官员叫严挺之，被李林甫排挤去外地做刺史。后来，唐玄宗想起他，跟李林甫说："严挺之在什么地方？这个人很有才能，可以任用。"李林甫说："陛下既然想念他，我去打听一下。"

退朝后，李林甫忙把严挺之的弟弟找来，说："你哥哥不是一直很想回京城见皇上吗，我有一个办法能让他如愿。"

严挺之的弟弟见李林甫对他哥哥很关心，当然很感激，连忙请教怎么办才好。李林甫说："只要叫你哥哥上一道奏章，就说自己得了病，请求回京城来治病就行了。"

严挺之接到他弟弟的信，果然上了一道奏章，请求回京城看病。这时，李林甫就拿着奏章去见唐玄宗，说："实在太可惜了，严挺之现在已经得了重病，干不了大事了。"

唐玄宗惋惜地叹了口气，也就作罢了。像严挺之这样上当受骗的还有很多。但是，不管李林甫装扮得多么巧妙，他的阴谋诡计还是被人们识破了。人们就说李林甫这个人是"嘴上像蜜甜，肚里藏着剑"（成语"口蜜腹剑"就是这样来的）。

747年，玄宗欲广招贤士，下令凡有一技之长者，都可到长安参加考试。李林甫下令郡县官吏先行挑选，然后送到尚书省，由尚书复试、御史中丞监试，然后再挑选几人送至皇上。考试结果，李林甫未录取一人，却向玄宗贺喜说："这些人才能平庸，可见野无遗贤。"

李林甫在宰相的职位上，一干就是19年，一个个有才能、正直的大臣全都遭到排挤，一批批阿谀奉承的小人都受到重用提拔。就在这个时期，唐朝的政治从兴旺走向衰败，"开元之治"的繁荣景象也消失了，接着就发生了"天宝之乱"（天宝是唐玄宗后期的年号）。

安禄山叛乱

自唐中宗年间起，朝廷开始在边镇设置节度使，作为常设的军事长官。开元年间，节度使的设置越来越多。至天宝元年（742年），全国共分设了九道节度使，领兵40万。节度使逐渐成为集行政、财政、军事大权于一身的最高长官，由此埋下了藩镇坐大的祸根。

唐玄宗在位期间，为加强边境的防御，在重要的边境地区设立了10个军镇（也就是藩镇），这些军镇的长官叫节度使。节度使的权力很大，不仅带领军队，还兼管行政和财政。按照当时的惯例，节度使立了功，就有被调到朝廷当宰相的可能。

李林甫掌握朝政大权后，不但排挤打击朝廷的文官，还猜忌边境的节度使。担任朔方等4个镇节度使的王忠嗣立了很多战功，他手下就有著名的将领哥舒翰、李光弼等人。李林甫见王忠嗣的功劳大、威望高，怕他被唐玄宗调回京城当宰相，就派人向唐玄宗诬告王忠嗣想拥戴太子谋反，王忠嗣为此险些丢

掉了性命。

　　当时，边境将领中有一些胡人。李林甫认为胡人文化水平低，不会威胁到自己的地位，就在唐玄宗面前竭力主张重用胡人。在这些胡人节度使中，唐玄宗、李林甫特别欣赏平卢（治所在今辽宁朝阳）节度使安禄山。

　　安禄山为营州（今辽宁朝阳）人。父亲是胡人，母亲是突厥人，安禄山年幼时父亲就死了，一直随母亲住在突厥族里。他母亲后来嫁给了突厥将军安波注的哥哥安延偃，安禄山也就冒姓安氏，名叫禄山。他在30岁前一直混迹在边疆地区，是一个不很安分的商人。30岁那年步入军旅，在不到4年的时间里就做到平卢将军。

　　安禄山经常搜罗奇禽异兽、珍珠宝贝，送到宫廷讨好唐玄宗。他知道唐玄宗喜欢边境将领报战功，就采取许多卑劣的手段，诱骗平卢附近的少数民族首领和将士到军营来赴宴。在酒席上，用药酒灌醉他们，把兵士杀了，又割下他们首领的头，献给朝廷报功。

　　唐玄宗常常召安禄山到长安朝见。安禄山抓住这个机会，使出他的手段，逢迎拍马讨唐玄宗的喜欢。安禄山长得特别肥胖，又装出一副傻乎乎的样子。唐玄宗一见到他就高兴得不得了。

　　安禄山得到了唐玄宗和李林甫的信任，做了范阳、平卢两镇及河东（治所在今山西太原）节度使，控制了北方边境的大部分地区。他秘密扩充兵马，提拔了史思明、蔡希德等一批猛将，又任用汉族士人高尚、严庄帮他出谋划策，囤积粮草，磨砺武器。只等唐玄宗一死，他就准备造反。

　　没过多久，李林甫病死了，杨贵妃的同族哥哥杨国忠借着他的外戚地位，继任了宰相。杨国忠本来是个流氓，安禄山瞧不起他，他也看不惯安禄山，两个人越闹越僵。杨国忠几次三番在唐玄宗面前说安禄山要谋反，但是唐玄宗正在宠信安禄山，自然不相信他的话。

　　755年农历十月，安禄山做了周密准备以后，决定发动叛乱。这时，正巧有个官员从长安到范阳来。安禄山便假造了一份唐玄宗从长安发来的诏书，向将士们宣布说："接到皇上密令，要我立即带兵进京讨伐杨国忠。"将士们都觉得事出突然，但是谁也不敢对圣旨表示怀疑。第二天一早，安禄山就带领叛军出兵南下。15万步兵、骑兵在河北平原上进发，一时间，道路上烟尘滚滚，鼓声震天。

·藩镇割据·

安史之乱以后，地方节度使的势力进一步膨胀，所据的藩镇俨然成为独立王国，而中央政府却无力控制，形成了弱干强枝的局面。各藩镇中，势力最大、为祸也最烈的是安史之乱的降将张忠志、田承嗣、李怀仙所治的成德、魏博、卢龙三镇。他们表面上尊奉朝廷，实际上各拥强兵，自任将吏，自收赋税。其职位也往往父死子继、兄终弟及，朝廷只能事后追认。此外，重要的藩镇还有淄青、淮西、宣武、沧景等。藩镇割据使得唐朝后期的政局极为动荡不安，中央政府对藩镇进行了长期的斗争。唐宪宗元和十三年（818年），藩镇割据终于得到了控制和清除，唐王朝出现了"元和中兴"的暂时复兴局面。但仅仅两年后，唐宪宗被宦官杀死，藩镇相继恢复割据，一直延续到唐朝灭亡。

中原一带已经有一百年左右没有发生过战争，老百姓好几代没有看到过打仗。沿路的官员逃的逃，降的降。安禄山叛军一路南下，几乎没有遭到什么抵抗。

范阳叛乱的消息传到长安，唐玄宗开始还不相信，认为是有人造谣，到后来警报一个个传来，他才慌了起来，召集大臣商议对策。满朝官员没有经历过这样的大变乱，个个吓得目瞪口呆，不知所措。只有杨国忠反而得意扬扬地说："我早说安禄山要反，我没说错吧。不过，陛下尽管放心，他的将士不会跟他一起叛乱。10天之内，一定会有人把安禄山的头献上。"

唐玄宗听了这番话，心情才安稳下来。可是，谁知道叛军在短短的时间内便长驱直入，一直渡过黄河，占领了洛阳。

朋党之争

宦官专权时期，朝廷官员中凡是有反对宦官的，大都受到打击排挤。一些依附宦官的朝官，又分成两个不同的派别。牛党是以牛僧孺、李宗闵为首的官僚集团，李党是以李德裕为首的官僚集团。唐宪宗时，两党政争开始，穆宗时朋党正式形成，历经敬宗朝、文宗朝、武宗朝、宣宗朝，两党此起彼伏，反复较量，持续达半个世纪之久。两党斗争的形式是交替掌权，一党掌权，就积极排挤另一党，把朋党利益置于国家利益之上。两派官员互相攻击，争吵不休，这样闹了40年，历史上把这场政治争斗叫作"朋党之争"。

这场争吵开始于唐宪宗在位之时。有一年，长安举行考试，选拔能够直言敢谏之人。在参加考试的人中有两个下级官员，一个叫李宗闵，另一个叫牛

僧孺。两个人在考卷里都批评了朝政。考官看了卷子后，认为这两个人都符合选拔的条件，就把他们向唐宪宗推荐了。

宰相李吉甫知道了这件事。李吉甫是个士族出身的官员，他本来就对科举出身的官员有想法，现在出身低微的李宗闵、牛僧孺居然对朝政大加指责，揭了他的短处，更加令他生气。于是他在唐宪宗面前说，这两人被推荐，完全是因为跟考官有私人关系。唐宪宗对李吉甫的话深信不疑，就把几个考官降了职，李宗闵和牛僧孺也没有得到提拔。

李吉甫死后，他的儿子李德裕凭借他父亲的地位，做了翰林学士。那时候，李宗闵也在朝做官。李德裕对李宗闵批评他父亲这事件，仍旧记忆犹新。

唐穆宗即位后，又举行了进士考试。有两个大臣因为有熟人应考，就在私下里与考官沟通，但是考官钱徽没卖他们人情。正好李宗闵有个亲戚应考，结果被选中了。这些大臣就向唐穆宗告发钱徽徇私舞弊。唐穆宗问翰林学士，李德裕便谎称有这样的事。唐穆宗于是降了钱徽的职，李宗闵也受到牵连，被贬谪到外地去做官。

李宗闵认为李德裕存心排挤他，恨透了李德裕，而牛僧孺当然同情李宗闵。从这以后，李宗闵、牛僧孺就跟一些科举出身的官员结成一派，李德裕也与士族出身的官员拉帮结派，双方明争暗斗得很厉害。

唐文宗即位之后，李宗闵利用宦官的门路，当上了宰相。李宗闵向文宗推荐牛僧孺，把牛僧孺也提为宰相。这两人一掌权，就合力对李德裕进行打击，把李德裕调出京城，派往四川（治所在今四川成都）做节度使。

唐文宗本人因为受到宦官控制，没有自己的主见。一会儿用李德裕，一会儿用牛僧孺。一派掌了权，另一派日子就不好过。两派势力就像走马灯似的轮流转换，把朝政搞得十分混乱。

牛、李两派为了争权夺利，都向宦官讨好。李德裕做淮南节度使的时候，监军的宦官杨钦义被召回京城，人们传说杨钦义回去必定掌权。临走的时候，李德裕就办酒席请杨钦义，还给他送上一份厚礼。杨钦义回去以后，就在唐武宗面前竭力推荐李德裕。到了唐武宗即位以后，李德裕果然当了宰相。他竭力排斥牛僧孺、李宗闵，把他们都贬谪到南方去。

846年，唐武宗病死，宦官们立武宗的叔父李忱即位，就是唐宣宗。唐宣

（文内插图）

·甘露之变·

　　唐后期宦官大权在握，不仅引起官僚的不满，而且也使帝位受到威胁。835年，唐文宗与宰相李训、郑注等合谋诛灭宦官。当文宗在紫宸殿上朝时，李训使人报告在左金吾仗院内石榴树上，冬夜降甘露，空中有紫云。这是吉祥的征兆，百官纷纷去看。宦官仇士良到左金吾厅时，有风吹动帷幕，他发现幕后有埋伏，便急忙挟持文宗退入内殿，随后就派禁兵大杀朝臣官吏，逢人便杀。甘露之变后，宦官更加专横，向上胁迫皇帝，向下视宰相官员如草芥。文宗自叹受制于家奴，痛不欲生。以后的皇帝更是宦官的傀儡，从而唐朝内部日益混乱和分裂，政治日益腐朽黑暗。

　　宗对武宗时期的大臣全都排斥，即位的第一天，就把李德裕的宰相职务撤了。

　　李德裕一贬再贬，于848年死于贬所，从此李党瓦解，牛李党争以牛党的胜利告终。宣宗以后，牛、李两派的领袖人物相继去世，朋党终于停息。

　　历经六朝近40年的牛李党争，使官僚集团陷于严重的内耗之中，他们为争夺自身的政治权力而丧失理智，不惜一切，乃至损害国家人民的利益，但两党官员有些还是做出一些政绩的。如李党首领李德裕曾经辅佐朝廷北破回纥，安定边陲；又平定昭义镇叛乱；抑制宦官权力，并裁减冗官、禁断佛教。但他却又不择手段维护自己的同党，陷害敌党，可惜一代名相身陷朋党倾轧中而"功成北阙，骨葬南溟"。

黄巢起义

　　唐朝末年，经过藩镇混战、宦官专权和朝廷官员中的朋党之争，朝政混乱不堪。尽管唐宣宗是一个比较精明的皇帝，但也不能改变这种局面。唐宣宗死后，先后接替皇位的唐懿宗李漼、僖宗李儇只知寻欢作乐，追求奢侈糜烂的生活，腐朽到了极点。僖宗初年，河南、山东一带连年天灾，庄稼颗粒不收，许多人以草籽、槐树叶充饥，而官府只知向百姓搜刮。于是，唐末大规模的农民起义在这里爆发。

　　874年，也就是唐僖宗即位那一年，濮州（治所在今河南范县）地方有个盐贩首领王仙芝，带领几千农民，在长垣（在今河南）起义。王仙芝称自己为天补平均大将军，发出文告，揭露朝廷造成贫富不等的罪恶，这个号召很快得到

贫苦农民的响应。不久，冤句（今山东曹县北）地方的盐贩黄巢也起兵响应。

后来，黄巢和王仙芝两支起义队伍会合了，继而转战山东、河南一带。黄巢决定跟王仙芝分两路进军，王仙芝向西，黄巢向东。不久，王仙芝率领的起义军在黄梅（在今湖北）打了败仗，他本人也被唐军杀死了。

王仙芝失败后，剩余的起义军重新与黄巢的队伍会合，大家推黄巢为王，又称冲天大将军。

当时在中原地区的官军力量还比较强，起义军进攻河南的时候，唐王朝在洛阳附近集中大批兵力准备围攻。黄巢看出官军的企图，决定攻打官军兵力薄弱的地区，于是带兵南下。后来，一直打到广州。

起义军在广州休整后不久，岭南地区发生了瘟疫。黄巢于是决定挥师北上。

880年，黄巢统率60万大军开进潼关，声势浩大。

起义军攻下了潼关，唐王朝惊恐万状。唐僖宗带着妃子和宦官头子田令孜，向成都出逃，来不及逃走的唐朝官员全部出城投降。

过了几天，黄巢在长安大明宫称帝，国号叫大齐。经过7年的斗争，起义军终于取得了胜利。

但是，黄巢领导的起义军长期流动作战，攻占过的地方，都没留兵防守。几十万起义军占领长安以后，四周还是官军势力。没过多久，唐王朝便调集各路兵马，把长安围住。长安城里的粮食供应出现了严重困难。

黄巢派出大将朱温在同州（今陕西大荔）驻守。在起义军最困难的时候，朱温竟投降了唐朝。

三月，唐僖宗任用先前因兵败逃往鞑靼部落的李克用父子以攻击黄巢军。李克用率沙陀兵5万讨伐起义军，取得成效。四月，联合忠武、河中、义武等军击溃黄巢军，收复长安。

黄巢带领起义军撤退到河南时，又遭到朱温、李克用的围攻。884年，黄巢攻打陈州（今河南淮阳）失利，官军紧紧追赶。最后，黄巢在泰山狼虎谷兵败遇害。

长达10年之久的唐末农民大起义沉重地打击了唐朝政权，导致统一王朝彻底的大分裂。黄巢虽没有灭亡唐朝，但唐王朝已名存实亡。

五代十国

 ## 海龙王钱镠

　　开平元年（907年）四月，梁王朱温即帝位，国号大梁，建元开平，是为梁太祖。大梁的建立，标志着中国重新分裂，五代十国的混战从此开始。

　　朱温又名朱全忠，他原本是黄巢部将，后见起义军大势已去，便举兵降唐。唐朝廷授朱温任宣武军节度使、右金吾大将军、河中行营招讨副使，赐名全忠，后授为梁王。朱温先后杀昭宗、立幼主、屠诸王、灭朝士，摧残唐王朝的统治。

　　907年农历正月，朱温强迫哀帝下诏，定于二月禅位。三月，哀帝正式降下御札，禅位于朱温。四月，梁王朱温更名朱晃，服衮冕，登上皇帝宝座，史称后梁太祖。改元开平，国号大梁，以汴州为开封府，称东都。以唐东都洛阳为西都，废唐西京长安，改称大安府，置佑国军。将哀帝降为济阴王，迁于曹州，派兵防守，次年将哀帝杀死。将枢密院撤废，另设崇政院，任命首辅敬翔为使。

　　至此，自武德以来经21帝、289年的李唐王朝为梁王朱温所亡。以后50多

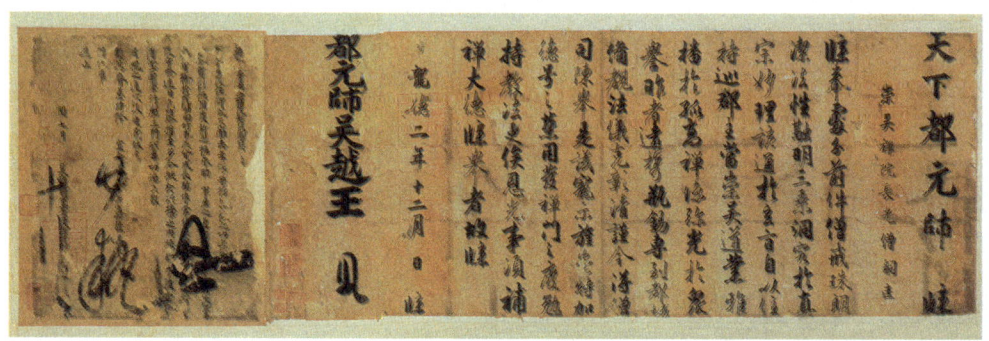

钱镠文状　五代

年的时间里，中原地区前后更替了5个王朝——梁、唐、晋、汉、周（为了跟以前相同名称的王朝区别，历史上把它们称作后梁、后唐、后晋、后汉、后周），合称为五代。五代时期，在南方和巴蜀地方，还出现了许多割据政权，有的称王，有的称帝，前后建立了九个国（前蜀、吴、闽、吴越、楚、南汉、南平、后蜀、南唐），加上建立在北方的北汉，一共是十国。所以又把五代时期称作"五代十国"时期。

朱温刚一即位，镇海（治所在今浙江杭州）节度使钱镠第一个派人到汴京祝贺，表示愿意臣服于梁。朱温很高兴，立即把他封为吴越王。

吴越王钱镠为唐代镇海、镇东节度使。后梁灭唐后，于后梁龙德三年（923年）二月，派兵部侍郎崔协等为使，拉拢钱镠并册封其为吴越国王。从此，吴越建立，都城设在杭州。

吴越国王钱镠为杭州临安人，出身寒门。年轻时以贩私盐为生，后应募参军，慢慢掌握军权而占据两浙之地。唐末时被封为越王和吴王。后梁初立，吴越为提高自身地位及加强国力，一改别国的做法而和后梁建立良好的外交关系，被封为吴越王兼淮南节度使。他虽受封却不对梁称臣而称吴越国，次年改元天宝，是一个表面臣属而实际独立的政权。吴越国的版图在十国之中较小，包括杭、越、湖、苏等13州。因其国小力弱，孤处东南，所以一直对北方朝廷示好纳贡，以联络中原抗衡周边政权为国策。

钱镠当了上节度使后，开始追求奢华的生活享受。他在临安盖了豪华的住宅，出门时坐车骑马，兴师动众。他的父亲对他这样的做法很看不过去。他对钱镠说："我家祖祖辈辈都是靠打鱼种庄稼过日子，没有出过做官的人。你处在今天的位置，周围都是敌对势力，还要跟人家争城夺地。我怕我们钱家今后要遭难了。"钱镠听了很有感触，从那以后，他做事谨小慎微，只求保住这个割据地区。

由于钱镠长期在混乱动荡的环境里生活，使他养成了一种保持警惕的习惯。他给自己做了个"警枕"，就是用一段滚圆的木头做枕头，倦了就斜靠着它休息；如果睡熟了，头从枕上滑下，人也惊醒过来了。他除了自己保持警惕外，还严格要求他的将士。

钱镠就是靠小心翼翼地做事才保持住他在吴越的统治地位的。吴越国虽然不大，但是因为长期没有遭到战争的侵扰，经济渐渐繁荣起来。后来，钱镠征发民工修筑钱塘江的石堤和沿江的水闸，这样就有效地防止了海水倒灌；又叫人把江里的大礁石凿平，方便船只来往。民间因他在兴修水利方面的贡献，给他起了个"海龙王"的外号。

吴越自后梁开平元年（907年）建立，至宋太平兴国三年（978年）降宋，共历5主，计71年。

儿皇帝石敬瑭

后唐河东节度使石敬瑭是后唐明宗的女婿，早年与唐末帝李从珂一齐追随明宗，都以能征善战著称。后来，石敬瑭与李从珂发生了矛盾，便上奏弹劾李从珂，唐明宗大怒，将其免职。

唐明宗死后，他的儿子李从珂做了后唐皇帝，这就是唐末帝。唐明帝在位时，唐末帝已与石敬瑭不和，等到他登基后，两人终于闹到公开决裂的地步。

石敬瑭本是勇将，沙陀部人，辅佐李克用和李存勖，屡立战功，升至刺史。李嗣源对他很器重，将自己的女儿嫁给了他，让他统领自己的亲军精锐骑兵"左射军"。

石敬瑭不仅在战场上救岳父李嗣源，在遇到政治难题时又是他为李嗣源分析局势，指点迷津，体现出了过人的政治谋略。这方面最突出的就是劝李嗣源顺应时势，在兵乱时取得帝位。石敬瑭后来去河东任节度使，并兼云州、大同军等地蕃汉马步军总管，掌握了河东这个后唐起源地区的军政大权。

石敬瑭不仅在军事和政治方面有勇有谋，有韬略，在地方事务的治理方面也表现出色。在陕州、魏博、河东等地，他都很有政绩。

李从珂派兵讨伐石敬瑭，石敬瑭眼看要抵挡不住了，这时，有个叫桑维翰的谋士给他出了个主意，让他向契丹人求救兵。

那时候，耶律阿保机已经死了，他的儿子耶律德光做了契丹国主。桑维翰帮石敬瑭起草了一封求救信，对耶律德光表示愿意拜契丹国主做父亲，并且答应在打退唐军之后，将雁门关以北的幽云十六州，即幽州、云州等十六个州的大片土地献给契丹，而这一区域都是战略要地。

耶律德光正打算向南扩张土地，听到石敬瑭给他的优厚条件，立刻出5万精锐骑兵援救晋阳。后来，耶律德光来到晋阳，石敬瑭亲自出城迎接，卑躬屈膝地把比他小10岁的耶律德光称作父亲。

经过一番观察，耶律德光觉得石敬瑭的确是死心塌地投靠他，便正式宣布石敬瑭为皇帝。石敬瑭称帝后，立刻按照原来答应的条件，把幽云十六州送给了契丹。

石敬瑭在契丹的支持下，带兵南下攻打洛阳，接连打了几个胜仗。石敬瑭攻下洛阳，灭了后唐，在汴京正式做了中原的皇帝，国号叫晋，这就是后晋高祖。石敬瑭为获取契丹的支持以打击不归服的藩镇，并通过与之交好来安定后晋的北部边界，于是向契丹上奏章，把契丹国主称作"父皇帝"，自己称"儿皇帝"。石敬瑭做了7年的儿皇帝，病死了。他的侄儿石重贵即位，这就是晋出帝。晋出帝向契丹国主上奏章的时候，自称孙儿，不称臣。耶律德光借机说晋出帝对他不敬，带兵进犯。

契丹两次进犯中原，都被晋朝军民打败了。但是后来，由于汉奸的出卖，契丹兵攻进了汴京，俘虏了晋出帝，把他押送到契丹。后晋便灭亡了。

947年，耶律德光进了汴京，自称大辽皇帝（这一年契丹改国号为辽）。

宋·元·明·清

宋朝大业

 ## 黄袍加身

赵匡胤出生于河南洛阳将门之家，胆识过人，武艺超群。21岁时，他投奔郭威，成为郭威帐下的一名士兵。951年，掌握后汉军权的郭威，谎称契丹入侵，太后命他统军北征。后汉大军渡过黄河，到达澶州时，将士们将黄袍披在郭威身上，拥立郭威为帝。郭威率军掉头南行，回后汉京师东京，建立后周。赵匡胤也逐步升为滑州副指挥。

不久，郭威病逝，其养子柴荣即位，就是周世宗。世宗有雄才大略，他南征北战，同时励精图治，革新政治。即位之初，北汉勾结辽大举攻周，世宗率军亲征。双方在高平大战，世宗亲冒矢石督战，当后周军队形势危急时，禁军将领赵匡胤和张永德拼死保护世宗。高平大捷后，赵匡胤被提拔为禁军高级将领，负责整编禁卫军。他精心挑选武艺超群的壮士，组成勇敢精锐的殿前诸班，这以后成了后周战斗力最强的队伍。世宗也由此开始了他"十年平定天下"的战略行动。几乎每次征战，赵匡胤都立下汗马功劳，成为世宗的得力虎将。世宗正当开拓疆土、北征辽时，不幸英年早逝。

世宗在征辽途中捡到一块木牌，上写"点检做天子"，心中就有几分猜忌。当时张永德任禁军最高统帅殿前都点检，他又是周太祖郭威的女婿。世宗担心禁军将帅权势过重会发动政变，就匆匆撤掉了张永德，换

宋太祖赵匡胤像

上了赵匡胤。但这却使赵匡胤的实力更加雄厚，他做了禁军的最高统帅，掌握了后周军权。

河南封丘陈桥乡"宋太祖黄袍加身处"碑

世宗死后，他年幼的儿子登基做了皇帝。960年，后周接到边境送来的紧急战报：北汉国主和辽联合出兵，攻打后周边境。

赵匡胤得令后，立刻调兵遣将，带了大军从东京出发。军校苗训自称知天文，找到主帅的门吏楚昭辅说："我看见太阳下边还有一个太阳，而且有一道黑光来回荡漾了好长时间。一日克一日，这是天命啊！"快到夜晚时，部队还没有走出很远，只好在陈桥驿安营扎寨，这时离京城不过20里路。当天晚上，将领们反复商议，说现在皇帝还小，即使战死他也不知道，不如推赵匡胤为天子，大家可以荣华富贵。他们到军营四处游说，煽风点火，一时军士大哗，都聚集在赵匡胤营前喊着："点检当天子！"

赵匡胤的弟弟赵光义和归德军掌书记赵普知道时机已经成熟，于是连夜派人骑快马回京城，将殿前都指挥使石守信和都虞候王审琦这两个赵匡胤的心腹叫来，商量办法。天快亮的时候，叫喊着的军士们已经逼近赵匡胤休息的房舍，赵光义和赵普进去，叫起了赵匡胤，走出房门。只见许多军校站在庭院中，手里还拿着武器，一齐叫喊："愿奉点检当天子！"这时早有人从背后给赵匡胤披上黄龙袍，所有在场的都跪倒在地上，高喊着"万岁"，向赵匡胤叩拜。其实这不过是赵匡胤在背后导演的一出闹剧而已。

随即，赵匡胤率大军进入东京城。文武百官齐集崇元殿，为赵匡胤举行受禅大典。但是到了黄昏时分，还没等到小皇帝的禅位诏书，众人都不知如何是好，幸好翰林学士陶谷早有准备，已经拟好了诏书。于是，就用陶谷起草的禅位诏书举行仪式。宣徽使领着赵匡胤来到龙墀的南面，朝北跪拜，接着，宰相们上前搀扶起赵匡胤登上崇元殿，穿上皇帝行大礼的冕服，端坐到龙椅上，接受群臣的拜贺，这就算正式登上了皇位。

赵匡胤因为原来做过归德军节度使，并驻扎在宋州（今河南商丘），所以，他把国号改为宋，并以东京（今河南开封）为京城。后来，他让周朝小皇帝和符太后迁到西宫，并封小皇帝为郑王。

赵匡胤登基后，赐给内外百官军士爵位，实行大赦，凡被贬官的都恢复原职，被流放发配的放回原籍。他派官员祭祀天地，报告改朝换代的事，还派出宦官带了诏书向天下人宣告宋朝的建立。

杯酒释兵权

赵普，字则平，幽州蓟县人，是陈桥兵变的关键人物。他多谋善策，读书虽然不多，但对政事有独到的见解。曾经担任赵弘殷的军事判官，对赵弘殷很忠心。据说有一次赵弘殷生病，幸亏赵普日夜伺候，方转危为安。赵弘殷感动之余，便认他作同宗。赵弘殷的儿子赵匡胤发现赵普是个人才，见识高远，很想收为己用，便向父亲借调赵普任自己的推官。陈桥兵变时，赵普任掌书记，是赵匡胤的心腹谋士。

赵匡胤的母亲杜太后视赵普为自己亲人，平日里总是以"赵书记"称呼他。陈桥兵变中的关键人物就是赵普，所以赵匡胤建宋后论功行赏，授予赵普右谏议大夫、充枢密直学士。962年，赵普任掌管全国军事的枢密使、检校太保，后任宰相。赵匡胤与赵普相交甚久，互相了解，关系非同一般，赵匡胤视赵普为智囊和军师，事无巨细都要与他商量，再作最后的决定。

赵匡胤提倡大臣读书，赵普就熟读《论语》，并以其中所讲用于政事上。他曾经对赵匡胤说："我有一本《论语》，用半部佐助您平定天下，用半部佐助您治理天下。"以致留下了"半部《论语》治天下"的美谈。赵普的脾气很倔强，他曾经上奏推荐一个人任职，赵匡胤不用。第二天，赵普还推荐这个人，赵匡胤还是不用。第三天，赵普又推荐这人，赵匡胤大发脾气，将奏折撕碎扔在地上。赵普也不害怕，不慌不忙地跪下把破碎的奏折粘贴起来，第四天又到朝廷上向赵匡胤上奏举荐。赵匡胤没办法，只好下诏重用这个人。

从一建立宋朝起，如何结束和防止唐末五代军阀割据政局不稳的局面一直是赵匡胤的心结，他经常跟赵普谈起这个话题。陈桥兵变后论功行赏，以石守信为归德军节度使，以王审琦为泰宁军节度使、殿前都指挥使，掌握着国家最精锐和数量近全国总兵额一半的禁军，负责出征和保卫皇帝与都城的任务。又让手握重兵的慕容延钊任殿前都点检，韩令坤担任侍卫亲军都指挥使。赵普对此感到很担心，多次警示赵匡胤。赵匡胤说："他们都像我的亲兄弟一样，是靠得住的，不会背叛我。你可能多虑了。"赵普深思后回答赵匡胤："现在他们一定不会反，但是有朝一日，他们被手下有野心的人黄袍加身，到时他们就身不由己了。"他又把赵匡胤与柴荣的关系做了比较，当年柴荣待赵匡胤恩重如山，但赵匡胤还是在部下的鼓动下夺取了后周的政权。生动的事例使赵匡胤如梦初醒。

有一天，他主动找来赵普，说："从唐末以来，几十年时间，出了8姓12个君王，僭称皇帝和篡夺政权的事比比皆是，战乱不断。我想要结束天下的战争，开创长治久安的局面，应该用什么方法呢？"赵普说："陛下考虑到这个问题，是天地神人的福气。我看，关键是节度使权力太大，造成尾大不掉的后果，而危及皇权，只要削弱他们的行政权，剥夺他们的兵权，那些节度使就不敢有什么想法了。"赵匡胤恍然大悟，决心依照赵普说的办。

961年，为了保证自己地位不受威胁，赵匡胤首先把讨伐李重进回来的大将慕容延钊的殿前都点检职务免去，改任山南东道节度使，免去韩令坤侍卫亲军都指挥使的职务，改任成德节度使。此后不再设殿前都点检一职。接下来，赵匡胤又谋算起他最亲信的老朋友的军权。有一天晚朝以后，赵匡胤将石守信等大将留下来喝酒叙旧。

赵匡胤趁酒酣耳热之际，命令身边的太监退出。他拿起一杯酒，请大家喝干之后说："我要不是有你们帮助，也不会有今天这个样子，但是你们哪知道，做皇帝也有很多难心事，还不如做个节度使自在。不瞒你们说，这一年来，我就没有睡过一夜安稳觉。"

石守信等人听了很吃惊，连忙问这是什么原因。

赵匡胤说："这不是明摆着吗？皇帝这个位子，谁不眼红呀？"

石守信等人听赵匡胤这么一说，都惊慌失措，跪在地上说："陛下为什么这样说呢？现在天下已经太平无事了，谁还敢对陛下不忠呢？"

赵匡胤摆摆手说："你们几位我是信得过的，只怕你们的部下当中，有

人贪图富贵，往你们身上披黄袍，你们想不干，恐怕也不行吧？"

石守信等听赵匡胤这么说，顿时感到大祸临头，连连磕头，流着泪说："我们都是粗心人，想得不周到，请陛下给我们指引一条出路。"

赵匡胤说："我替你们着想，你们不如把兵权交给朝廷，去地方做个闲官，置些田产房屋，给子孙留点家业，平平安安地度过晚年。我和你们结为亲家，彼此毫无猜疑，这样不是很好吗？"

石守信等一齐说："陛下为我们想得太周到啦！"

第二天，石守信等大臣一上朝，每人都递上一份奏章，说自己年老多病，请求辞职。赵匡胤马上准许，收回他们的兵权，赏给每人一大笔财物，打发他们到各地去做节度使。历史上把这件事称为"杯酒释兵权"。

在杯酒释兵权解除了石守信等重臣元老的军权后，赵匡胤又采取措施加强禁军，并用各种手段牢牢控制住禁军，使其成为巩固统治最重要的力量，以对抗实力强大的各地方节度使。

同时，赵匡胤一反五代重武轻文的陋习，重用文人，让文官取得了武官的许多权力，使各地武官的权力大幅缩小，建立起了以皇帝为中心的封建中央集权政治制度，成功解决了军阀割据问题，有利于社会的安定和经济的发展。

开宝九年（976年）十月，赵匡胤因病逝世，终年50岁，谥号英武圣文神德皇帝，庙号太祖。

 **寇准抗辽**

幽云十六州是中原的天然屏障，直接关系着中原的安危。中原王朝从后周柴荣起，就开始与辽争夺燕云。赵匡胤建立北宋后，国力无法与辽抗衡，就采取了先南后北的方针。他曾积极储存钱帛，准备或以赎回的方式收回，或用这笔钱作军费，以武力攻取燕云。其弟宋太宗赵光义统一北汉后，就亲征伐辽，要乘胜收复幽云。宋军初战时极为顺利，一直打到幽州，但辽军苦守坚城，幽州久攻不下。太宗率军在高粱河与辽的援军展开激战，结果在辽的援军的夹击下大败。太宗身中两箭，匆忙乘驴车逃走。几年后，太宗趁辽圣宗幼小、母后萧太后专政的机会，兵分3路北伐辽。但由于东路军不顾进兵计划，

贪功冒进，宋军大败。

宋太宗两次伐辽失败，朝廷内外谈辽色变，宋政府采取妥协退让政策，在河北沿边的平原上广修河渠池塘，广植水稻和柳、榆林，阻挡辽的铁骑。宋真宗即位后对辽更是以和为贵。辽军见宋朝软弱可欺，就不断遣兵南下，威胁宋廷。只是由于大将杨延昭等人奋起抵抗，辽军才无法长驱直入。

1004年，辽再次南侵。辽圣宗及萧太后亲披甲胄，督军30万，大规模南下，深入宋境内地，直抵澶州北城，离北宋首都东京只有一河之隔。

告急的消息不断地传到已经当了宰相的寇准那里，一个晚上竟来了5次。寇准不慌不忙，只说声"知道了"，照样喝酒下棋。宋真宗却慌了，他把寇准叫来，问："大兵压境，我们怎么办？"

寇准说："这好办，只要5天时间就够了。"没等真宗再发问，寇准接着说："现在只有陛下亲自出征，才能长我军士气，灭敌人威风，我们就一定能打败强敌！"站在旁边的一些大臣听后都慌了，怕寇准也让自己上前线，都想赶快走开。

宋真宗也是个胆小鬼，听了寇准的话，脸都吓白了，就想回皇宫躲起来。寇准郑重地说："您这一走，国家的事没人决断，不是坏了大事了吗？请您三思！"在寇准的坚持下，宋真宗才平静下来，商量起亲征的事。

过了几天，辽军的前锋已经打到了澶州（今河南濮阳），情况万分紧急。同平章事王钦若趁机劝真宗迁都避敌，寇准据理力争，真宗才答应亲征。

宋真宗和寇准带领人马离开东京往北，来到韦城（在今河南境内）时，听说辽的兵马十分凶猛，宋真宗又害怕了。有的大臣趁机再向他提出到南方去的事。

宋真宗派人把寇准找来，问他："有人劝我到南方去避风险，你看怎么样？"寇准心中生气，可还是耐心地说："您千万别听那些懦弱无知的人的话。前方的将士日夜盼您呢！他们知道您亲征，就会勇气百倍，您要是先走了，军心就会动摇，就要打败仗。敌人在后面紧紧追赶，就是想逃到南方也是不可能的了！"宋真宗听了，还是下不了决心，皱着眉头，一声不吭，停了一会儿，他让寇准出去。

寇准刚出来，遇到将军高琼，连忙对他说："将军这次打算如何为国出

力呢？"

高琼说："我是一个武人，愿意为国战死！""好，你跟我来！"

寇准带着高琼又来到宋真宗面前，说："我对您说的，您要是不信，就再问高琼好了！"接着，他又把反对迁都和主张亲征的事说了一遍。

高琼听了，连声对宋真宗说："宰相说得非常对，您应该听他的。只要您到澶州去，将士们就会拼死杀敌，一定会打败辽军！"

寇准激动地接过话："陛下，机不可失，眼下正是打败辽军的好机会，您应该立即出征！"宋真宗让寇准说得也露出笑容，抬头看了看站在旁边的卫官王应昌。王应昌紧紧握住挂在腰上的宝剑，说："陛下亲征，一定成功，假如停止前进，敌人更加猖狂！"寇准和两员武将抗敌的坚定态度感染了宋真宗，他这才下了决心去澶州亲征。

宋真宗亲征的消息传到前线，宋军将士士气大振。当辽军攻打澶州城的时候，宋军拼死抵抗，威虎军头张环眼疾手快，一箭射死了辽军统帅萧挞凛。辽军见统帅未战而死，顿时士气低落。辽军见形势不利便主动提出和谈。而真宗本无抵抗之心，急忙答应与辽议和。他不顾寇准等人的反对，派使臣曹利用前往和谈，告诉曹利用哪怕赔百万白银也行。寇准不得已，告诉曹利用超过30万就杀了他。经过几次讨价还价，双方达成协议：宋辽约为兄弟之国，宋帝尊辽萧太后为叔母，辽主称宋帝为兄；宋朝每年交给辽朝绢20万匹、银10万两等。因议和地点在澶州城下，故称"澶渊之盟"。

澶渊之盟是在宋朝军事有利的条件下订立的屈辱性条约。它开了赔款的先例，成了宋朝财政的重负和民众的重压。但澶渊之盟结束了宋辽之间的战争，使边境相对稳定，宋辽两朝由此保持了上百年的和平局面。

元昊建西夏

宋真宗一味地妥协求和，这种做法虽然按下了辽朝那一头，但西北边境的党项族（古代少数民族之一）贵族却趁机侵犯宋朝边境，提出无理要求。宋真宗疲于应付，只好妥协退让，封党项族首领李继迁为夏州刺史、定难军节度使。1004年，李继迁死后，又封他的儿子李德明为西平王，每年送去大批银绢，以示安抚。

李德明的儿子元昊是个雄心勃勃的人。他精通汉文和佛学，多次打败吐蕃、回鹘等部落，势力范围不断扩大。他劝说李德明不要再向宋朝称臣。

李德明不肯接受他的意见。直到李德明死后，元昊继承了西平王的爵位，才按照自己的主张，设置官职，整顿军队，准备脱离宋朝的控制，自立门户。

西夏王陵

西夏王陵是西夏历代帝王和达官贵戚的埋葬地。陵园内有九座西夏帝王陵墓，近二百座陪葬墓似众星拱月布列其周围。西夏王陵糅合了汉族传统风格与本族特色，气势宏伟，号称塞外戈壁的"金字塔"。

1038年，元昊正式宣布即位称帝，国号大夏，建都兴庆（今宁夏银川市）。因为它在宋朝的西北，历史上叫作西夏。

元昊称帝以后，派使者要求宋朝承认。那时候，宋真宗已经死了，在位的是他的儿子赵祯，即宋仁宗。宋朝君臣讨论的结果，认为这是元昊反宋的表示，就下令削去元昊西平王爵位，断绝贸易往来，还在边境关卡上张榜悬赏捉拿元昊。元昊被激怒了，就决定大举进攻。

那时，在西北驻防的宋军兵士有三四十万，但是这些兵士分散在24个州的几百个堡垒里，而且各州人马都直接由朝廷指挥，彼此之间没有作战配合。西夏的骑兵却是统一指挥，机动灵活，所以常常打败宋军。

一年后，西夏军向延州进攻，宋军又打了一个大败仗。宋仁宗十分生气，把延州知州范雍革了职，另派大臣韩琦和范仲淹到陕西指挥抗击西夏。

范仲淹到了延州，改革边境上的军事制度。他把延州1.6万人马分为6路，由6名将领率领，日夜操练，宋军的战斗力显著提高。西夏将士看到宋军防守严密，不敢进犯延州。

1041年2月，西夏军由元昊亲自率领，向渭州进犯，韩琦集中所有人马布

·由简到繁的西夏服饰·

西夏衣冠制度规定西夏男子以穿着圆领窄袖的袍服为主，也可以穿交领长袍。这两种衣服的衣襟都是右衽，与唐朝流行的服装很相似。女子穿交领长褙子，内系细裥百褶裙，脚穿尖头弓鞋。青绿色是平民的服饰颜色，适合劳动，穿着非常简朴。随着与宋朝的不断往来，西夏决定"制小蕃文字，改大汉衣冠"，并得到了宋朝的允许。至此，西夏服饰的种类和形式多了起来。从形制上看，有皇太后的法服、皇后法服、太子法服、嫔妃法服、朝服、便服等，并且在每一服饰种类后面，还有其他详细的名称和形式。男子服饰大概有26种，女子服饰大概有19种。

从西夏民族服饰发展的过程来看，呈现了由简到繁的一种规律和趋势，这是完全符合历史发展潮流的。

防，还选了1.8万名勇士，由任福率领出击。

任福带了几千骑兵迎击西夏兵，两军相遇，双方打了一阵，西夏兵丢下战马、骆驼就逃。任福派人侦察，听说前面只有少量的敌兵，就在后面紧紧追赶。

任福带着宋军向西进兵，到了六盘山下，连西夏兵的影子都没看见。只见路边有几只银泥盒子，封得很严实，兵士们走上前去，端起银泥盒子听了一下，有一种跳动的声音从里面发出。兵士报告任福，任福吩咐兵士打开盒子。只见里面接连飞出了一百多只带哨的鸽子，在宋军的头上飞翔盘旋。

原来，西夏兵采取了诱敌战术。在六盘山下，元昊带了10万精兵，早已布置好埋伏，只等那鸽子飞起，四面的西夏兵就一齐杀出，将宋军紧紧围在中央。宋军奋力突围。从早晨一直打到中午，大批的西夏兵不断从两边杀出。宋兵边打边退，伤亡不断增加。

任福身上中了10多支箭，兵士劝任福逃脱。任福说："我身为大将，兵败至此，只有以死报国。"他又冲了上去，死在西夏兵刀下。

这一仗，宋军死伤惨重，元昊获得大胜。韩琦听到这消息，非常难过，上书朝廷处分。宋仁宗撤了韩琦的职。范仲淹虽然没直接指挥这场战争，但是被人诬告，也降了职。

从这以后，宋夏多次交兵，宋军连连损兵折将，宋仁宗不得不重新起用韩琦、范仲淹指挥边境的防守。两人同心协力，爱抚士卒，军纪严明，西夏才不敢再进犯。

范仲淹推行新政

范仲淹像

范仲淹，宋苏州吴县（今江苏苏州）人。父亲在他很小的时候就死去了，因为家里贫穷，母亲不得不带着他改嫁了人家。范仲淹在十分艰苦的环境中成长，他在一座庙里居住、读书，穷得连三餐饭都吃不上，每天只得熬点薄粥充饥，但是他仍旧苦学不辍。有时候，读书到深更半夜，实在倦得睁不开眼，就用冷水泼在头上，去除倦意，继续攻读。这样苦读了五六年，终于成为一个学识渊博的人。

大中祥符年间，范仲淹中进士。入仕后，他关心民众疾苦，政绩显著。天圣初他任泰州兴化令，主持修筑捍海堰，世称"范公堤"。

范仲淹最初在朝廷当谏官，因为看到宰相吕夷简滥用职权，谋求私利，就向仁宗大胆揭发。这件事触犯了吕夷简，吕夷简怀恨在心，诬陷范仲淹结交朋党，挑拨君臣关系。宋仁宗听信了吕夷简的话，贬谪范仲淹去了南方。直到西夏战争发生以后，才把他调到陕西去防守边境。

范仲淹在宋夏战争中屡立战功，宋仁宗觉得他确实是个难得的人才。这时候，宋王朝因为内政腐败，加上在跟辽和西夏战争中军费和赔款支出浩大，财政极为紧张。宋仁宗就把范仲淹从陕西调回京城，任命他为副宰相。

范仲淹回到京城后，宋仁宗马上召见了他，要他提出治国的方案。范仲淹知道朝廷弊病太多，不可能一下子都改掉，准备一步一步来。但是，禁不住宋仁宗一再催促，就提出了10条改革措施。

正在改革兴头上的宋仁宗看了范仲淹的方案，立刻批准在全国推行。历史上把这次改革称为"庆历新政"（"庆历"是宋仁宗的年号）。

范仲淹的新政刚一推行，就在朝中引发了巨大波澜。一些皇亲国戚、权贵大臣、贪官污吏见自己的利益受到威胁，纷纷闹了起来，散布谣言，攻击新政。那些原来就对范仲淹不满的大臣天天在宋仁宗面前说坏话，又说起范仲淹与一些人结党营私，滥用职权。

宋仁宗看到有那么多的人反对新政，就动摇起来。范仲淹被逼得无法在京城立足，便主动要求回到陕西防守边境，宋仁宗批准了。范仲淹刚走，宋仁宗就下令废止新政。

在文学创作上，他亦提出不少新颖的观点，主张"应于风化"。他传下来的诗词仅有6首，其中《渔家傲》突破了当时词限于男女、风月的界限而开创了新的词风，这首词是他在西北负责抵抗西夏入侵时所作。词中表达了作者决心捍卫边疆的英雄气概，同时也反映了作者思念家乡的情绪和战士们生活的艰苦，格调苍凉悲壮，慷慨激昂，与那些靡丽的闺怨词形成鲜明对比。

范仲淹的文学主张和他政治革新的要求相同，认为"国之文章，应于风化，风化厚薄，见于文章"，反对那种"专事藻饰，破碎大雅，反谓古道不适于用"的浮华文风。他擅长辞赋文章，所作政论趋向古文，著名的《岳阳楼记》就是其中的代表作。

范仲淹因改革政治一事，受了很大打击，但是他并不因为个人的遭遇感到懊恼。一年之后，他的一位在岳州（治所在今湖南岳阳）做官的老朋友滕宗谅，重新修建当地的名胜岳阳楼，请范仲淹写篇纪念文章。范仲淹挥笔写下了《岳阳楼记》。在这篇著名的文章里，范仲淹提道：一个有远大政治抱负的人，他的思想感情应该是"先天下之忧而忧，后天下之乐而乐"。这两句名言一直被后人传诵，而岳阳楼也因范仲淹的文章而名扬四海。

王安石变法

王安石像

宋仁宗在位40年，虽然朝中有范仲淹、包拯等一些正直的大臣，但是并没有真正使他们发挥作用，因而国家越来越衰弱下去。宋仁宗没有儿子，死后由一个皇族子弟做他的继承人，这就是宋英宗。治平四年（1067年）正月，宋英宗病逝，英宗长子赵顼即皇帝位，是为宋神宗。

宋神宗看到国家衰弱的景象，有心改革一番，可是他周围的人都是仁宗时期的老臣，就连富弼这样支持过新政的人，也变得暮气沉沉了。宋神宗想，要改革这种现状，一定得找个得力的助手。

宋神宗即位之前，身边有个叫韩维的官员，常常在神宗面前谈一些好的见解。神宗称赞他，他说："这些意见都是我朋友王安石说的。"从那时起，宋神宗就对王安石有了一个好印象。现在他想找助手，便想到了王安石。于是下了一道命令，把正在江宁做官的王安石调到京城来。

王安石是北宋中期的改革家、思想家和文学家。他出生于世宦之家，博学强记，能文善赋，早年就负有盛名，22岁中进士，出任地方官。他年轻时，文章就写得很出色了，得到了欧阳修的赞赏。

王安石在地方做了20年的官，名声越来越大。后来，宋仁宗调他到京城做管理财政的官。他一到京城，就向仁宗上了一份近一万字的奏章，提出他对改革财政的主张。宋仁宗刚刚废除范仲淹的新政，并不热心于改革，便把王安石的奏章束之高阁。王安石知道朝廷没有改革的决心，自己又跟一些官员合不来，就趁母亲去世的时机，辞职回家了。

这一次，王安石接到宋神宗召见的命令，又听说神宗正在物色人才，就高高兴兴地进京来了。他一到京城，宋神宗就单独召见他。神宗一见面就问他说："你看要治理国家，该从哪儿入手？"他从容地回答说："先从改革旧的法度，建立新的法度开始。"

熙宁二年（1069年），宋神宗把王安石提为副宰相。二月，神宗与王安石共同商讨后，为实行变法专门设立了一个机构——制置三司条例司，主要工作就是制定新的财政经济政策，颁行新制，以通天下之利。同年七月，制置三司条例司建议实行均输法，宋神宗采纳后便下诏实行，在"便转输，省劳费，去重敛，宽农民"等方面，收到较好的成效。

九月，王安石主持改革常平仓制度，推行青苗法。青苗法的实施，在限

· 庆历新政 ·

庆历三年（1043年），范仲淹被宋仁宗任命为参知政事。他和富弼、欧阳修提出10项改革方案：属整顿官僚机构方面的有抑侥幸、精贡举、择长官、均公田等；属于富国强兵方面的有厚农桑、修武备、减徭役等；属于取信于民的有重命令等。其改革的中心是吏治，即加强对官吏的考核，调整地方官；改善科举制度，限制大臣子弟凭身份得到官衔；任命各州县设立学校等。但反对派极力攻击改革，诬陷范仲淹专权结党，甚至勾结契丹。范仲淹被排挤离开了朝廷，富弼等也被调到外地。实行一年多的新政措施被废除。

制官僚望族利用高利贷盘剥等方面，收到成效，同时为朝廷获取了大量利息。十一月，宋实施农田水利法，也称农田水利条约或农田水利约束。水利法实行后亦颇见成效，熙宁九年（1076年），兴修水利10793处，受益民田36万多顷，公田1915顷。后有募役法、市易法、方田均税法等出台。

王安石的变法巩固了宋王朝的统治，取得了富国强兵的显著成效。政府的财政状况大有改善，北宋军事实力明显提高。在与西夏交战中，取得了熙河之役的胜利，收复故地两千里，这是北宋历史上十分少见的胜利。然而，由于变法涉及面广，阻力很大，未能真正解决社会矛盾，遭到两宫太皇太后、皇太后及元老重臣如司马光、文彦博、吕公著等守旧派的激烈反对。宋神宗见反对的人不少，就动摇起来。

王安石眼看新法实行不下去，便上书辞职。宋神宗也只好让王安石暂时离开东京，去江宁府休养。

第二年，宋神宗又把王安石召回京城当宰相。谁知几个月后，天空出现了彗星。这本来只是一种正常的自然现象，但是在当时的人看来这是不吉利的预兆。宋神宗又慌了，要大臣对朝政提意见。一些保守派便趁机对新法攻击诬蔑。王安石竭力为新法辩护，让宋神宗不要相信这种迷信的说法，但宋神宗还是犹豫不定。

后来王安石无法继续贯彻自己的主张，便于1086年春天，再一次辞去宰相的职位，回江宁府去了。神宗去世后，10岁的哲宗即位，太皇太后高氏临朝，起用司马光执政，尽废新法，史称"元祐更化"。哲宗亲政后，逐渐恢复新法，但由于新旧党争，新法已没有什么进展了，北宋王朝也逐渐走向衰亡。

 # 《资治通鉴》

王安石虽然罢了相，宋神宗还是把他定下的新法推行了将近10年。1085年，宋神宗病死，年仅10岁的太子赵煦即位，这就是宋哲宗。哲宗年幼，他的祖母高太后临朝听政。高太后一向反对新法，她临朝后，便把反对新法最激烈的司马光召到京城担任宰相。

司马光，字君实，北宋陕州夏县（今山西夏县）人。他父亲司马池，官任天章阁（皇帝藏书阁）待制（皇帝顾问）。司马池为人正直、清廉，这对司马光有深刻的影响，时人赞誉司马光是"脚踏实地的人"。司马光自幼酷爱史学，"嗜之不厌"。仁宗宝元元年（1038年），司马光中进士，历仕仁宗、英宗、神宗三朝，任天章阁待制兼侍讲、龙图阁直学士、翰林学士、御史中丞等职。

司马光在当时的大臣中，名望最高。他的名声，从他幼小的时候就已经开始传开了。他7岁那年，就专心读书。不论是酷暑，还是严寒，他总捧着书不放，有时候连吃饭喝水都忘了。他不但用功读书，而且很机灵。有一次，他和小伙伴们在后院子里玩耍。院子里有一口大水缸，有个小孩爬到缸沿上，一不小心，掉进缸里。缸大水深，眼看孩子快要没顶了。别的孩子们一见出了事，吓得一面哭喊，一面往外跑，找大人来救。司马光不慌不忙，从地上搬起一块大石头，使尽力气朝水缸砸去。缸被砸破了，水从缸里流了出来，被淹在水里的小孩也脱险了。这件偶然的事情，让幼小的司马光出了名。

宋神宗在位的时候，司马光担任翰林学士。司马光和王安石本来是交往密切的好朋友，后来王安石主张改革，司马光不赞同，两个人就分道扬镳了。

王安石做了宰相以后，提出的一件件改革措施，司马光全都反对。

司马光很喜欢研究历史，他认为治理国家的人，一定要通晓从古以来的历史，从历史中吸取兴盛、衰亡的经验教训。他又觉得，从上古到五代，历

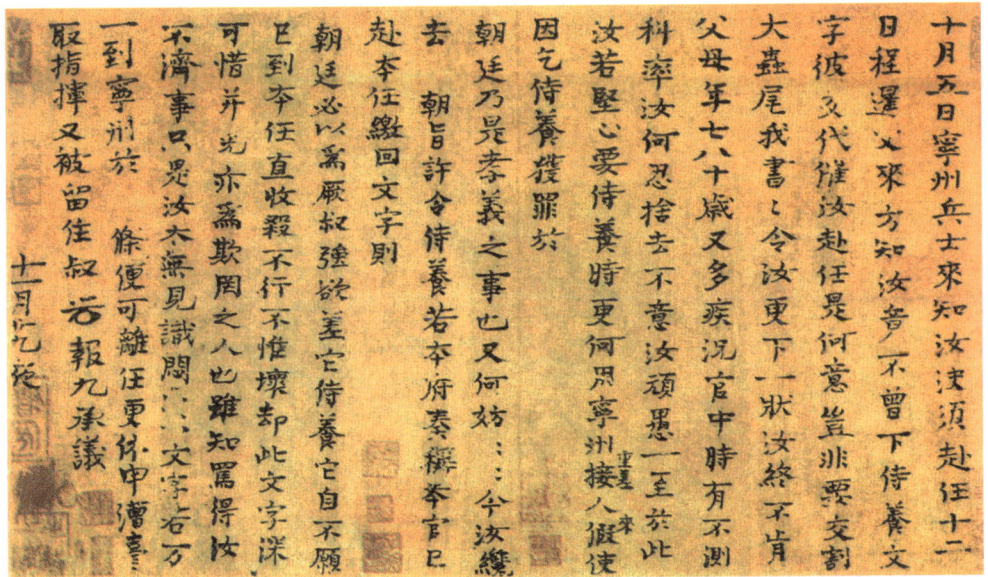

宁州帖卷　北宋　司马光

中国古代兵书

"三代"（夏、商、西周）时，文字的普遍使用和战争经验的积累，是军事思想产生最原初的客观条件。甲骨金文及早期典籍（如《尚书》《易经》《诗经》）对军事问题均有不同程度的探讨，专门性的军事典籍如《军政》等更是为传统兵学的形成奠定了基础。及至秦汉，兵学的发展开始重视军队建设和国防建设，并趋向于理论的整合，也出现了兵书整理和兵学流派分类。《汉书·艺文志·兵书略》更是以汉成帝时期的整理成果为基础，对中国兵书进行了大规模的著录和分类，它共分为兵权谋家、兵形势家、兵阴阳家、兵技巧家四大类，这基本上构架了兵学的理论范畴与层次，规范了兵学发展的方向。除了名垂千古的《孙子兵法》之外，还有一些兵书，如彗星划过，在久远的时空有过耀目的划痕。它们是中华军事文化的结晶，整个中华文明史也自有它们的地位。

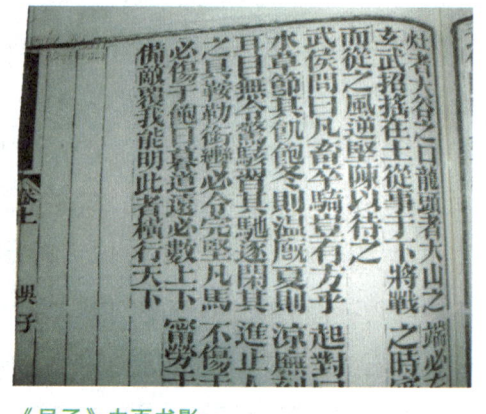

《吴子》内页书影

《吴子》是一部与《孙子兵法》齐名的军事著作，相传为战国时著名兵学家吴起所作。该书在长期流传过程中为后人所整理和删补，有些篇目和内容有所亡佚，现仅存《图国》《料敌》《治兵》《论将》《应变》《励士》六篇，远非全璧。

《六韬》书影

《六韬》是一部战国晚期至秦汉之间的兵书，现存60篇。《六韬》吸收了先秦诸子的思想而又自成体系，是一部综合性的兵书。《六韬》对军队的编制、装备、训练、通信、将领等问题进行了广泛的论述，对中国古代军事科学的发展具有一定的意义。

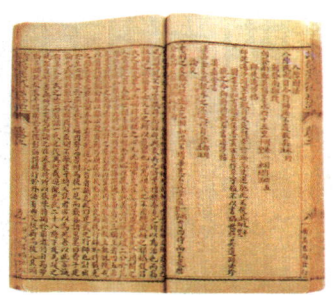

《诸葛忠武侯兵法》明张溥辑

诸葛亮早先隐居于邓县隆中（今湖北襄阳西），以擅长谋略著称，被视为智慧的化身，他善于推演阵法，"八阵图"为后世传扬，曾制"木牛流马"，其革新的连弩能同时发射10支箭。

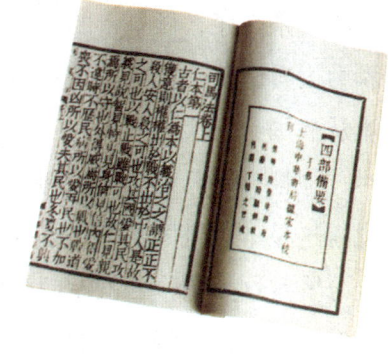

古代兵书《司马法》

共150篇，今本仅存仁本、天子之义、定爵、严位和用众等5篇。

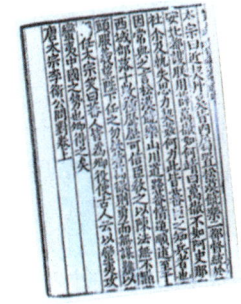

《唐太宗李卫公问对》

《唐太宗李卫公问对》是唐太宗李世民与李靖多次议论军事问题的言论辑录，集中反映了唐太宗与李靖的军事思想，全书万余言，分上、中、下三卷，《武经七书》有其名目。它在中国古代军事学术史上具有重要地位。

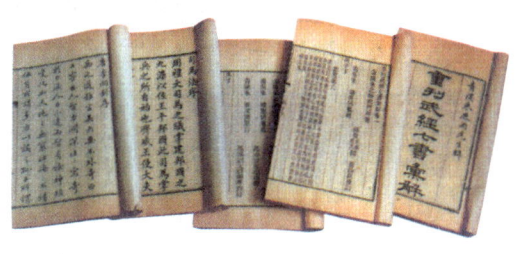

《武经七书》

北宋神宗时，健全了武学制度，每年招收武生，练习兵法，演练武艺，三年后考试，按等第授官。1078～1085年，朝廷颁布《武经七书》作为武学和武举的统一教材，这在军事学术史上是一个创举。作为第一套军事教科书，它包括《孙子》《吴子》《司马法》《六韬》《尉缭子》《三略》和《唐太宗李卫公问对》。

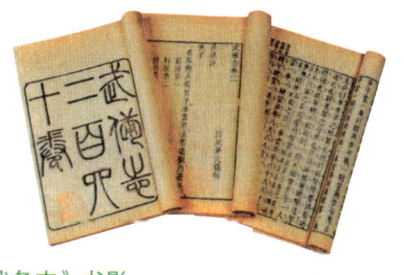

《武备志》书影

《武备志》系明代茅元仪汇编。全书共240卷，约200万字，700多幅图，分五部分："兵诀评"18卷、"战略卷"31卷、"阵练制"41卷、"军资乘"55卷、"占度载"96卷。各部分均绘图评说，史料丰富。《武备志》是一部大型军事百科类的兵书，为后世所推崇。

《海国图志》魏源著

清末出现"国人皆谈兵"的景象，涌现了一批高层次、高质量的军事著作和译著。《海国图志》初刊刻50卷本，1852年扩编为100卷，该书论述清朝海防理论，介绍各国地理分布和历史政治，主张西方科学技术，"师夷长技以制夷"。

史书实在繁杂无序，做皇帝的人没有那么多精力去看。于是，他很早就动手编写一本从战国到五代的史书。宋英宗在位之时，他把一部分稿子献给朝廷。宋英宗觉得这是本对巩固王朝很有好处的书，十分赞赏这项工作，就专门为他设立了一个编写机构，叫他继续编下去。

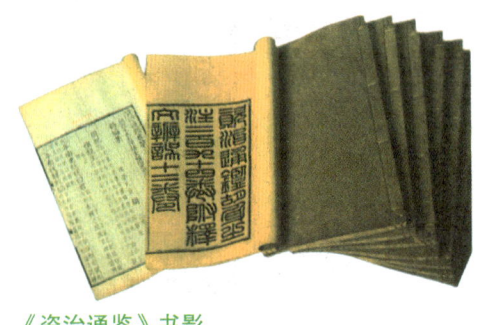
《资治通鉴》书影

宋神宗即位以后，司马光又把编好的一部分稿子献给宋神宗。宋神宗不欣赏司马光的政治主张，但是对司马光编书却十分支持。他把自己年轻时收藏的2400卷书都送给了司马光，让他好好完成这部著作，还亲自为这本书起了个书名，叫《资治通鉴》（"资治"就是能帮助皇帝治天下的意思）。

司马光一共花了19年时间，才完成了这部著作。《资治通鉴》是中国最著名的编年体通史，上起周威烈王二十三年（公元前403年），下迄后周显德六年（959年），记载了包括周、秦、汉、魏、晋、宋、齐、梁、陈、隋、唐、后梁、后唐、后晋、后汉、后周在内的16个朝代的1362年历史。分为294卷，共计300多万字，另外《目录》30卷，《考异》30卷，其中《周纪》5卷，《秦纪》3卷，《汉纪》60卷，《魏纪》10卷，《晋纪》40卷，《宋纪》16卷，《齐纪》10卷，《梁纪》22卷，《陈纪》10卷，《隋纪》8卷，《唐纪》81卷，《后梁纪》6卷，《后唐纪》8卷，《后晋纪》6卷，《后汉纪》4卷，《后周纪》5卷。

司马光是为了巩固当时的封建政权才编写《资治通鉴》的，这就决定了此书的内容主要是政治史。他把历史上的君主依据他们的才能分为五类：第一类是创业之君，比如汉高祖、汉光武帝、隋文帝、唐太宗等；第二类是守成之君，如汉文帝和汉景帝；第三类是中兴之帝，如汉宣帝；第四类是陵夷之君，如西汉的元帝、成帝，东汉的桓帝、灵帝；第五类是乱亡之君，如陈后主、隋炀帝。在司马光看来，最坏的是那些乱亡之君，他们"心不入德义，性不受法则，舍道以趋恶，弃礼以纵欲，谗谄者用，正直者诛，荒淫无厌，刑杀无度，神怒不顾，民怨不知"，如陈后主、隋炀帝等就是最典型的例证。对于乱亡之君，《通鉴》都做了一定程度的揭露和谴责，以为后世君主鉴戒。

高太后临朝听政后，把司马光召回朝廷。这时的司马光已经是又老又病了，但是他反对王安石新法的思想却毫不放松。他一当上宰相，第一件大事就是把新法废除掉。王安石听到废除新法的消息，十分生气，不久就郁郁而终。而司马光的病也越来越重，在同年九月也去逝了。

靖康之辱

在金将宗望被迫退兵的时候，种师道向宋钦宗建议，趁金军渡黄河之际，发动一次袭击，把金军消灭掉。宋钦宗不但不同意这个好主意，反而把种师道撤了职。

金军退走以后，宋钦宗和一批大臣以为从此可以安稳度日了，哪料到东路的宗望虽然退了兵，西路的宗翰率领的金军却不肯罢休。靖康元年（1126年）十月，金军又开始对北宋发动进攻，太原、真定很快失守。十一月中旬，西、东两路金军相继渡过黄河。钦宗君臣知道金军渡河向东京进军的消息后，吓得惊慌失措，不知该怎么退敌。宋钦宗派大将种师中带兵前去援救，半路上被金军包围，种师中兵败牺牲。投降派的一些大臣正嫌李纲在京城碍事，就撺掇宋钦宗把李纲派到河北指挥作战。

李纲明知道自己遭到排挤，但是要他上前线抗金，他也不愿推辞。李纲到了河北，招兵买马，准备抗金。但是朝廷却命令他解散招来的新兵，立刻

临萧照瑞应图　明　仇英
此图描绘的是赵构从磁州北回，渡河时刚上岸冰即拆裂，高宗幸免于难。

~ 219 ~

前往太原。李纲调兵遣将，分3路进兵，但是，那里的将领都受朝廷的直接指挥，根本不听李纲的命令。由于3路人马没统一领导，结果打了一个大败仗。

李纲名义上是统帅，却没有实际指挥权，只好向朝廷提出辞职。宋钦宗撤了李纲的职，把他贬谪到南方去了。金人最怕李纲，现在李纲罢了官，他们就再没有顾忌了。金太宗又命令宗翰、宗望向东京进犯。

这时候，太原城被宗翰的西路军围困了8个月后，终于陷落在金兵手里。

太原失守之后，两路金军同时南下。各路宋军将领听到东京吃紧，主动带兵前来援救。宋钦宗和一些投降派大臣忙着准备割地求和，竟命令各路援军退回原地。

面对两路金军不断逼近东京，宋钦宗被吓昏了。一些投降派大臣又成天劝宋钦宗向金求和。宋钦宗只好派他弟弟康王赵构到宗望那里去求和。

赵构经过磁州（今河北磁县），州官宗泽对赵构说："金要殿下去议和，不过是骗人的把戏而已。他们已经兵临城下，是求和的态度吗？"

磁州的百姓也拦住赵构的马，不让他去金营求和。赵构也害怕被金人扣留，就留在了相州（今河南安阳）。

没过多久，两路金军已经赶到东京城下，继而猛烈攻城。城里只剩下3万禁卫军，不久就差不多逃跑了一大半。各路将领因为朝廷下过命令，也不来援救东京。这时候，宋钦宗已是叫天天不应，叫地地不灵了。

眼看末日来到，没有办法，宋钦宗痛哭了一场，亲自带着几个大臣去金营送降书。宗翰勒令钦宗把河东、河北土地全部割让给金，并且向金献金1000万锭，银2000万锭，绢帛1000万匹。宋钦宗一一答应，金将才把他放回了城。

宋钦宗派了24名官吏帮金军在皇亲国戚、各级官吏、和尚道士等人家里彻底查抄，前后抄了20多天，除了搜去大量金银财宝之外，还把珍贵的古玩文物、全国州府地图档案等也抢劫一空。

靖康二年（1127年）三月七日，金人扶植张邦昌建立傀儡政权。四月一日，金将宗望、宗翰押着被俘而扣留在金营的宋徽宗、宋钦宗和皇子、皇孙、后妃、宫女等400余人回金，同时满载掠夺的大量金银财宝。金军退兵时，还将宋宫中所有的法驾、卤簿等仪仗法物和宫中用品，以及秘阁、太清楼、三馆所藏图书连同内侍、内人、伎艺工匠、倡优、府库蓄积席卷一空。

 **岳家军大败兀术**

　　南宋初年，金军几次南下，威胁南宋政权。南宋军民奋起抗金，金军一举灭亡南宋的计划失败，高宗才得以苟安江南。金扶植刘豫为大齐皇帝，建立大齐傀儡政权，与南宋对峙。接着，又放宋旧臣秦桧南归，利用他破坏南宋的抗金力量。秦桧到南宋后，千方百计取得高宗的信任，被任命为宰相。尽管南宋处于极为不利的地位，但是当时的抗金战场上依然活跃着无数保家卫国的英雄。岳飞，就是南宋抗金的一面旗帜。

　　岳飞是相州汤阴（今河南汤阴）人，从小刻苦读书，尤其爱读兵法。他还力大过人，十几岁的时候就能拉开300斤的大弓。后来，他听说同乡老人周同武艺高强，就拜周同为师，学得一手百发百中的好箭法。

　　后来，岳飞从了军。金兵南下的时候，他在东京当一个小军官。有一次，他带领100多名骑兵，在黄河边练兵，忽然对面来了大股金兵。兵士们都吓得不知所措，岳飞却不慌不忙地说："敌人虽然多，但他们不知道我们有多少兵力。我们可以趁他们没准备的时候击败他们。"说着，就带头冲向敌阵，斩了金军一名将领。兵士们受到岳飞的鼓舞，也冲杀上去，果然把金军杀得落花流水。

　　从这以后，岳飞的勇猛便出了名。过了几年，他在宗泽部下当了将领。岳飞跟宗泽一样，把抗金作为自己的职责。

　　宗泽死后，岳飞的队伍仍旧坚持在建康附近战斗。这回趁兀术北撤的时候，他跟韩世忠配合，打得兀术一败涂地。

　　绍兴四年（1134年），岳飞奉命挥师北伐。仅用3个月，就收复了襄汉地区六州之地，这是南宋建立以来第一次大规模收复失地。年仅32岁的岳飞被封为开国侯和节度使，成为与韩世忠等享有此殊荣的大将中最年轻的一个。之后，岳飞率军收复了河南许多地方。金见形势不好，就决定与南宋议和。高宗听到和议，喜不自胜，遂复用秦桧为相，同金订立和议，向金称臣纳贡。岳飞强烈反对议和，并向高宗指出秦桧误国心怀不忠。从此，秦桧对岳飞怀恨在心。

　　岳家军军纪严明。一次，有个士兵擅自用百姓的一束麻来缚柴草，被岳飞发现，当即就按军法处置了。岳家军行军经过村子，夜里都在路旁露宿，老

百姓请他们进屋，没有人肯进去。岳家军中有一个口号，叫作："冻死不拆屋，饿死不掳掠。"

岳飞在作战之前，总是先把将领们召集起来，一起商量作战方案，然后才出战。所以打起仗来，每战必胜。金军将士见到岳家军，没有一个不害怕的，他们中间流传着一句话："撼山易，撼岳家军难。"

1139年，金内部发生政变，兀术掌握大权。第二年（1140年），兀术撕毁和约，兵分四路向南宋大举进攻，宋金间展了规模空前的激战。在东线，宋将刘锜指挥原八字军取得顺昌大捷，击败兀术的部队10万多人。在中原战场上，岳飞不顾秦桧阻挠，率岳家军进行反攻，收复了河南中部的一些地区，并派军袭击金军后方。兀术趁岳家军兵力分散之际，率精锐骑兵直逼岳家军指挥中心郾城。岳飞命其子岳云率轻骑攻入敌阵，往来冲杀，直杀得金军尸横遍野。勇将杨再兴单骑冲入敌阵，杀死金兵数百人。金军队中突然冲出15000铁骑，中间的金兵"铁浮图"三骑并连，头带双层铁盔，身被重甲，两翼是轻疾如飞的骑兵"拐子马"，向岳家军平推过来。岳飞派步兵手持麻扎刀、大斧，上砍敌兵，下砍马足。一匹马摔倒，其他的两匹也不能动了，行动不便的重骑兵完全失去了威力。岳飞则率领精骑与拐子马激战，金军大败。郾城大捷是宋金双方精锐部队之间的大决战，宋军以少胜多，给金军以沉重打击。

岳家军节节胜利，一直打到距离东京只有45里的朱仙镇。河北的义军得知岳家军打到朱仙镇的消息，都欢欣鼓舞，渡过黄河来同岳家军会合。老百姓用牛车拉着粮食慰劳岳家军，有的还顶着香盆来欢迎，个个兴奋不已。

岳飞眼看形势大好，胜利在望，也止不住内心的兴奋。他鼓励部下说："大家共同努力杀敌吧。等我们直捣黄龙府的时候，再跟各路弟兄痛饮庆功酒！"

莫须有罪名

绍兴和议之后，兀术派使者给秦桧送去密信说："你天天向我们求和，但是岳飞不死，我们就不放心。一定得想法子把他杀掉。"秦桧接到密信，就对岳飞下了毒手。

秦桧先唆使他的同党、监察御史万俟卨（万俟是姓）给朝廷上奏章，攻击岳飞骄傲自满，捏造了岳飞在金兵进攻淮西的时候拥兵观望、放弃阵地等许多"罪名"。万俟卨开了第一炮以后，又有一批秦桧同党接连上奏章对岳飞进行攻击。

岳飞知道秦桧要陷害他，就主动要求辞去了枢密副使的职务。然而，事情并没到此结束。岳飞原来是大将张俊的部下，后来岳飞立了大功，受到张俊的妒忌。秦桧知道张俊对岳飞不满，就与张俊勾结起来，唆使岳家军的部将王贵、王俊，诬告另一个部将张宪想发动兵变、攻占襄阳，帮助岳飞夺回兵权；还诬告岳飞的儿子岳云曾经给张宪写信，秘密策划这件事。

岳飞、岳云两人被逮捕到大理寺的时候，张宪已被拷打得遍体鳞伤。岳飞见了，心里又难过又气愤。

万俟卨开始审问岳飞，他拿出王贵、王俊的诬告状，放在岳飞面前，吆喝着说："朝廷并没有亏待你们三人，可你们为什么要谋反？"

岳飞说："我没有对不起国家之处，你们掌管国法的人，可不能诬陷忠良啊！"

秦桧又派御史中丞何铸去审问岳飞，岳飞一句话也不说，他扯开上衣，露出脊梁让何铸看，只见岳飞背上刺着"尽忠报国"四个大字。何铸看后大为震动，不敢再审，就把岳飞押回监狱。随后，他又看了一些卷案，觉得岳飞谋反的证据不足，只好向秦桧照实回报。

· 杭州岳王庙 ·

岳飞一生尽忠报国，却被秦桧等人以"莫须有"之罪名害死在风波亭。他的故事千百年来广为流传，一直受到人们的敬重。埋葬着岳飞尸骨的杭州岳王庙就成为人们缅怀、凭吊他的地方。

岳王庙大体上可以分为两大部分，祠堂和墓园。祠堂有门楼、忠烈祠、启忠祠、南枝巢、正义轩、精忠柏亭等组成。门楼是岳王庙的大门。悬挂着一块绘有龙凤图案的黑底竖匾，上写"岳王庙"三个金色大字。门内有12根大立柱，柱头

岳王庙内秦桧夫妇铁铸跪像

雕刻着岳飞一生的主要经历。人们熟知的四座白铁塑像就在墓园的门内两侧，四尊铁人就是陷害岳飞的秦桧、秦桧的妻子王氏、万俟卨、张俊。他们反绑着手，面向岳飞坟跪了千年，受到人们的唾弃。靠近石像的石柱上，写了这样一副对联："青山有幸埋忠骨，白铁无辜铸佞臣。"

秦桧认为何铸同情岳飞，不再让他审问，仍叫万俟卨罗织罪名。万俟卨一口咬定岳飞曾经给张宪写信，部署夺军谋反的计划。他们没有物证，就诬说原信已经被烧毁了。

这个案件一拖就是两个月，审讯毫无结果。朝廷官员都知道岳飞冤枉，有些官员上奏章替岳飞申冤，结果却遭到秦桧陷害。

老将韩世忠气愤地亲自去找秦桧，责问他凭什么说岳飞谋反，证据是什么。秦桧吞吞吐吐地说："岳飞给张宪写信，虽然没有证据，但是这件事莫须有（就是'也许有'的意思）。"韩世忠愤怒地说："'莫须有'三个字，怎能叫天下人心服！"

1142年一月的一个夜里，这位年仅39岁的抗金名将被害牺牲。岳云、张宪也同时被害。

岳飞被害以后，临安狱卒隗顺偷偷地把他的遗骨埋葬起来。直到宋高宗死后，岳飞的冤案才得到平反昭雪。人们把岳飞的遗骨改葬在西湖边的栖霞岭上，后来又在岳墓的东面修建了岳庙。岳飞死后20年，孝宗即位后才以礼改葬，建庙鄂州；37年后赐谥武穆；70年后，宁宗追封其为鄂王。

理学的形成

理学作为一种伦理道德，是反映统治阶级利益的官方思想，是维护封建统治的思想武器；它作为一种学术思想和哲学体系，又是我国古代哲学思想发展到较完备阶段的产物。

宋代的理学，又称道学、新儒学，它以儒学为中心，融会佛道而形成。这种思想以"理"或"天理"为宇宙万物的本体，作为人们思想、行为的根本原则，所以称为理学。它又以三纲五常的伦理道德为基本内容，以明道为目标，继承古代的道统，所以称道学。宋代理学以程颢、程颐和朱熹为代表，即所谓程朱理学。

程朱理学是从周敦颐开始的。周敦颐提出了"太极"的概念，认为"太极"是宇宙的本体。他引用了道家思想阐释儒学，建立了理学的宇宙论。程颢和程颐是北宋理学的代表人物，是理学的奠基人，他们都是周敦颐的学生。二程的思想直接继承了理学的开创者周敦颐，吸收了他的《太极图说》中的宇宙生成图式，并发展了他的"太极"说，提出"理"作为宇宙的本体，从而为理学建立了体系。后经朱熹进一步完善，遂成了封建社会官方的正统哲学，并统治元、明、清思想界长达数百年之久。

二程理学体系的核心是理或天理，并把它作为宇宙的本

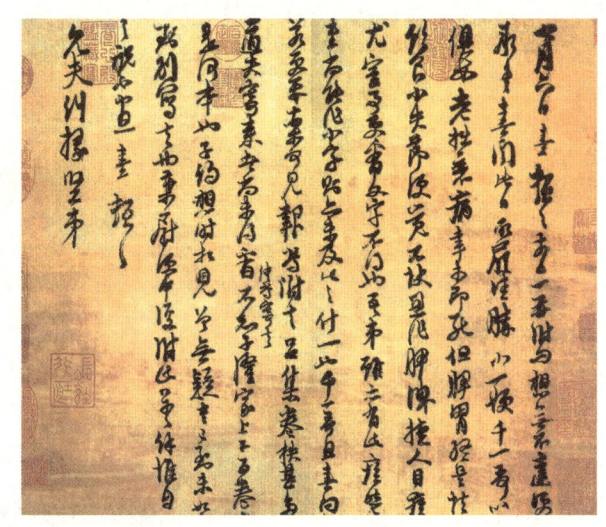

朱熹行书墨迹

源，说它是先于一切事物而存在的，一切都是理产生的。二程用理来解释一切，认为封建伦理道德如君臣之道、父子之道、夫妇之道都是天理的体现。二程进一步要求去掉欲求。有人曾问程颐，家贫的寡妇是否可以再嫁。他认为饿死是小事，失节可就是大事了。这就是"去人欲，明天理"的主张。

南宋的朱熹是程朱理学的集大成者。朱熹，字元晦，号晦庵，别称紫阳。他是二程的四传弟子，一生精力用于著书讲学，是中国封建社会后期影响最大的哲学家。他完成了儒学的复兴，形成了与汉唐经学不同的新儒学体系。他进一步把"气"引入了理学，并从理与气的关系上探讨天地万物的哲学意义。他认为理是万物的本体，而气则是金、木、水、火等构成万物的材料。理和气两者相依相存，但理先于气，气依理而存在。万物有万理，万理的总和就是太极。万物的形成依赖于气，气又是理的表现。

朱熹把儒学的伦理纲常加以新的解释，赋予了新的内容，他使三纲五常理论化，又在二程的基础上提出了"存天理，去人欲"的道德观，这成为禁锢人性的封建伦理规范。他创建的一套体系严整的新儒学思想，成为宋以后历代封建王朝的官方思想。他是著名教育家，一生讲学不辍，先后在白鹿洞书院、岳麓书院等地讲学，培养出了大批儒学弟子。他编著的《四书集注》，后来成了科举考试的必读书。理学对中国的社会政治、传统文化和思想意识形态产生了巨大的影响。

大元帝国

一代天骄

南宋北伐屡屡失败的同时，金朝也因内部腐败而渐渐走向衰落。这时，北方的蒙古族却日渐强盛起来。

铁木真出生于蒙古孛儿只斤氏族。曾祖合不勒统一了蒙古尼伦各部。后来，叔祖忽图剌和父亲也速该也相继做了尼伦部的乞颜部的首领。

也速该英勇善战。在成吉思汗出生的那一天，也速该征讨塔塔儿部凯旋。为了纪念出征的武功，他给这刚出生的儿子取名铁木真。"铁木真"蒙古语的意思是"精钢"。青少年时的铁木真武艺超群，才智过人，远近闻名。为了重振家业，铁木真去找父亲的安答（结义兄弟）克烈部首领王罕。在王罕的庇护下，铁木真开始积聚力量，势力迅速壮大。后来，铁木真迁居到怯绿连河上游的桑沽儿小河，建立了自己的营地，铁木真被推举为部族的汗。

1196年，铁木真联合王罕，配合金的军队，在斡里札河围歼了反叛金的塔塔儿部，杀死了他们的首领。战后，金

成吉思汗放鹰捕猎图

这是一幅中国丝绸上的绘画，狩猎是蒙古人重要的生活内容。在狩猎时，鹰是猎人的向导，它负责搜寻猎物，引导方向，所以蒙古人出猎时往往将鹰带在身边。

封王罕为王，任命铁木真为招讨使，铁木真名声大振。此后，他又战胜了篾儿乞等部，攻取呼伦贝尔草原。1202年，铁木真彻底歼灭塔塔儿部，占领了西起斡难河，东到兴安岭的广大地区。1203年，王罕与铁木真反目，大战于合兰真沙陀，铁木真大败。随后，铁木真重整旗鼓，发动突然袭击，大败蒙古族最强大的克烈部，王罕父子逃亡后被杀。

1204年，铁木真征服蒙古草原上唯一能和自己对抗的乃蛮部的首领太阳罕。1206年，统一了西起阿尔泰山，东到兴安岭的整个蒙古草原。各部贵族在斡难河源头举行盛大集会，推举铁木真为大汗，建立了强大的蒙古汗国。随后，成吉思汗开始建立蒙古汗国的国家制度。

成吉思汗的黄金家族是蒙古汗国的最高统治集团，拥有全部的土地和百姓。他按照分配家产的方式，将百姓和土地分给自己的子弟亲族。成吉思汗推广了千户制度，将全蒙古的百姓划分为95千户，任命蒙古的开国功臣以及原来的各部贵族担任那颜（意为千户长），世袭管领。为了维护自己的至高无上的统治地位，成吉思汗还建立了一支由大汗直接控制的人数达1万人的常备护卫军。这支强大的护卫军成为巩固蒙古汗国、进行对外战争的有力工具。

成吉思汗还根据畏兀儿文字创造了蒙古文字，用这种畏兀儿蒙古文发布命令，登记户口，编订法律，大大加强了统治，推进了蒙古文化的发展。

成吉思汗又任命自己的养子失吉忽秃忽为大断事官，负责分配民户，后来又让他掌管审讯刑狱等司法事务。成吉思汗还制定了蒙古法律"大札撒"，作为全部蒙古人民都要遵守的准则。法律的制定，对于安定社会、加强蒙古政权的统治起到了积极的作用。

蒙古汗国建立之后，成吉思汗开始向外扩张。他先后三次入侵西夏，迫使西夏称臣纳贡，并随同蒙古一同进攻金。1211年，成吉思汗南下进攻金，1215年，攻占了中都燕京。

骑射图　蒙古

此图绘箭在弦上蓄势待发的瞬间，表现出蒙古人的矫健，很有"弯弓射大雕"之势。

1219年，成吉思汗踏上征讨花剌子模的万里西征之路。1220年，成吉思汗连破花剌子模的要塞不花剌、撒麻耳干等城，花剌子模逃往里海一带，成吉思汗穷追不舍。1221年，成吉思汗占领花剌子模全境以及中亚的许多地区。1222年，血洗花剌子模中心城市玉龙杰赤后，大军继续西进，并于1223年跨过高加索山，一直打到克里米亚半岛、伏尔加河流域、多瑙河流域。1224年，成吉思汗决定东归，1225年，回到蒙古，这场持续7年的西征终于结束。

蒙古灭金

1206年，铁木真称成吉思汗，在斡难河建立了蒙古汗国，成为北方草原地区新兴的强大势力。蒙古汗国一直受女真贵族建立的金的统治，金统治者经常向蒙古部族勒索各种贡物，激起了蒙古族人民的不满和反抗。蒙古汗国确立奴隶制以后，奴隶主贵族掠夺财富的欲望不断膨胀；成吉思汗建立汗国以后，开始发动南侵金的战争。

1211年农历二月，成吉思汗率众南下，开始了对金的侵略战争。蒙古军首先突袭金军要隘，金军士气低落，无力抵抗，金军守将仓皇撤兵。蒙古军顺利占领抚州（今内蒙古集宁区东）后，成吉思汗率众继续追击，经过3天鏖战，金军损失惨重。十月，蒙古军过紫荆关、居庸关，前锋部队直逼中都（今北京市）。1212年春，蒙古军攻打中都时，遭到金守将完颜天骥的埋伏和夜袭，蒙军被迫撤军。

1212年秋，成吉思汗再次南侵，攻打金的西京府（今山西大同市）。蒙古军队与金援兵元帅左都监奥屯襄部发生激战，金军全军覆没。蒙古军在围攻西京时，遇到金左副元帅兼西京留守赛里的顽强抵抗。成吉思汗在作战中身中流矢，再加上一时也攻不下西京，只好撤回阴山。

1213年秋，成吉思

成吉思汗统一漠北图

骑兵的作用从成吉思汗率领的蒙古铁骑身上最能体现出来。

汗又从阴山南下，一直打到怀来，与金尚书左丞完颜纲10万军队展开激战，金军精锐全部溃散，损失极其惨重。成吉思汗率军乘胜进攻，相继占领河北、河东广大地区，直抵黄河北岸。然后又向东攻占山东诸地，直到海滨，对中都形成包围之势。金无奈，只好提出议和的要求，蒙古大军携带掠夺来的人口和财富得胜而归。

1214年农历五月，金宣宗不愿再受蒙古军队的骚扰，迁都南京（今河南开封市）。成吉思汗又立即派兵南下，进占中都。同时，蒙古木华黎部攻占金东京（今辽宁辽阳市）和北京（今内蒙古宁城县西），金的实力大减。

1217年八月，被封为太师兼国王的木华黎率兵出征，接连攻克太原、汾州（今山西汾阳市）、绛州（今山西新绛县）、潞州（今山西长治市）、平阳。1221年，木华黎大军直指陕西，进攻延安，金延安知府固守城池，蒙古军只好撤退。1222年八月，木华黎转攻被金收复的太原府，太原再次失守。不久，蒙古军攻占河中府（今山西永济市）。

1223年春，木华黎决定亲率大兵10万，先攻打凤翔府（今陕西凤翔县），再取京兆（今陕西西安市），但是在进攻的过程中，却遭到沉重打击，只好撤兵。

1227年七月，成吉思汗病死。1229年八月，成吉思汗第三子窝阔台继承汗位。窝阔台继位后，大举侵金。此次用兵，窝阔台旨在消灭金。

庆阳之战、卫州之战、潼关凤翔之战后，1231年五月，窝阔台兵分三路合围汴京（今河南开封市），中路窝阔台率兵攻陷河中府，左路斡陈那颜进兵济南，右路拖雷出凤翔，攻破宝鸡，直指汴京。经过钧州三峰山之战，金军队主力损失殆尽，主要将领大多战死，元气大伤，灭亡指日可待。1232年一月，蒙古军队围攻汴京，虽然金的军民奋力保卫汴京，但金哀宗却逃到了蔡州，汴京、中京（今河南洛阳市）相继陷落。

1233年，蒙古与南宋达成协定，协力围困蔡州。蔡州被困3个月后城破，金哀宗自杀，金灭亡。

贾似道误国

蒙古、南宋联合灭了金国以后，南宋出兵想收复开封、河南一带土地。

窝阔台借口南宋破坏协议，向南宋发起进攻。从这以后，蒙古与南宋双方不断发生战争。

窝阔台的侄儿蒙哥即位后，派他弟弟忽必烈和大将兀良合台进军云南，占领了西南地区。1258年，蒙哥分3路进兵攻打南宋。他自己亲率主力进攻合州（今四川合川），忽必烈攻打鄂州（今湖北武昌），另一路由兀良合台率领，从云南向北攻打潭州（今湖南长沙），3路的进军路线都直指临安。

警报一个接一个送到临安，南宋朝廷震动了。宋理宗命令各路宋军援救被忽必烈围困的鄂州；又任命贾似道担任右丞相兼枢密使，去汉阳督战。贾似道，字师宪，台州天台（今属浙江）人，嘉定六年（1213年）生于官宦之家。他少年时整天游荡赌博，不思上进，后来靠父亲的关系，荫补为嘉兴司仓。他的姐姐做了宋理宗的贵妃后，贾似道开始官运亨通，一两年内便由正九品籍田令升为正六品军器监，并于嘉熙二年（1238年）中进士。理宗还特别召见了贾似道，予以勉励。新任丞相的他，原本是个不学无术之徒。这一回，宋理宗派他上汉阳前线督战，他只好硬着头皮去了。

忽必烈攻城越来越猛。贾似道眼看形势紧张，就瞒着朝廷，偷偷地派了一个亲信到蒙古大营去求和，表示只要蒙古退兵，宋朝就愿意称臣，进贡银绢。正巧这时候，忽必烈接到他妻子从北方派人送来的密信，说蒙古一些贵族正准备立他弟弟阿里不哥做大汗。忽必烈见汗位要被弟弟占了，就答应了贾似道的请求，订下了秘密协定，赶着回去争夺汗位去了。

贾似道回到临安，瞒着私自订立和约的事，还抓了一些蒙古兵俘虏，吹嘘各路宋军大获全胜，不但打跑了鄂州的蒙古兵，还把长江一带的故人也全部

·马上的天下·

蒙古族迁徙、征战均依赖于马匹，马匹在他们的生活中有重要地位，因此蒙古人被称为"马背上的民族"。他们知道马匹对自己的重要性，所以对其格外爱护。在速不台攻篾儿乞之前，成吉思汗就对他进行叮嘱"要爱惜乘马……平时行军……马嚼也要摘掉，这样才能爱护战马"，如果有人违此命令，是熟人遣回，不认识的人斩首。成吉思汗对马匹的爱护超乎我们想象。同时，他们用各种织纹装饰马鞍，这样既显出自身的威严与地位，对马本身也起了保护作用。而且，在长期的生活和战争中，蒙古族积累了丰富的驯养马匹的经验，并逐渐形成一套行之有效的规章制度，违者重罚。这样就让他们的马匹永远矫健雄壮，也让成吉思汗东征西战，雄跨欧亚。

肃清了。

宋理宗听信了贾似道的谎言，认为贾似道立了大功，特意下了一道诏书，赞赏贾似道指挥有方，给他加官晋爵。贾似道由此进一步掌握了大权。他随即使人编造左相吴潜罪状上奏理宗，吴潜被罢相。宦官董宋臣已在吴潜为相时被斥出朝，支持董宋臣的阎妃在同年七月病死。贾似道进而清除朝中异己，一手把持了政权。从此，贾似道在理宗、度宗两朝独专朝政长达15年。

贾似道隐瞒求和真相，骗取权位，陆续对抗蒙有功的将士给予打击。贾似道又实行所谓"打算法"，只要在抗战中支取官物做军需的人，一律治罪。贾似道控制御史台，反对贾似道的官员都被御史台以各种罪名予以免官。

景定五年（1264年），理宗赵昀的养子赵禥即皇帝位，即宋度宗。次年，度宗加封贾似道为太师。赵禥认为贾似道有"定策"之功，每逢他朝拜，也定回拜，称贾似道为"师臣"，而不呼其名。朝廷百官都称贾似道为"周公"。

忽必烈打败了阿里不哥，稳定了内部以后，在1271年称帝，改国号元，他就是元世祖。元世祖借口南宋不履行和约，派大将刘整、阿术出兵进攻襄阳，把襄阳城整整围了5年。贾似道把前线来的消息一一封锁起来，不让宋度宗知道。有个官员向宋度宗上奏章告急，奏章落在贾似道手里，那个官员马上被革职了。最终，襄阳还是被元兵攻破了。消息传来，南宋朝廷大为震惊。这个时候，贾似道再想瞒也瞒不住了，就把责任推给襄阳守将，免了守将的职了事。

元世祖见南宋这样腐败，便决定一鼓作气消灭南宋。他派左丞相伯颜率领元军20万，分兵两路，一路从西面攻鄂州，另一路从东面攻扬州。这时，宋度宗病死了，贾似道拥立一个4岁的幼儿赵㬎做皇帝。伯颜攻下鄂州后，沿江东下，直指临安。贾似道一面带领7万宋军驻守芜湖，一面派使臣到元营求和。伯颜拒绝议和，命令元军在长江两岸同时发起进攻，宋军全线溃败，贾似道逃回扬州。到了这个时候，南宋灭亡的局势已经无法挽回了。

文天祥抗元

元军乘胜南下，眼看就要打到临安了。4岁的皇帝赵㬎自然无法处理朝政，他祖母谢太后和大臣们一商量，赶紧下诏书，要各地将领带兵到临安救驾。诏书发到各地，响应的人寥寥无几，只有赣州的州官文天祥和郢州（今湖北钟祥）守将张世杰两人立刻起兵救援。

文天祥接到朝廷诏书，立刻招募了3万人马，排除种种干扰，领兵到了临安。右丞相陈宜中派他到平江（今江苏苏州）防守。这时候，元朝统帅伯颜已经渡过长江，3路进兵攻取临安。其中一路从建康出发，越过平江，直取独松关（今浙江余杭）。陈宜中得到消息，马上命令文天祥退守独松关。文天祥刚离开平江，独松关已经被元军占领，想再回平江，平江也在这时陷落了。

谢太后和陈宜中惊慌失措，赶紧派了一名官员带着国玺和求降表到伯颜大营求和。伯颜却指定要南宋丞相亲自去谈判。陈宜中害怕被扣留，不敢到元营去，偷偷地逃往了南方。张世杰不愿投降，一气之下，带兵出海去了。谢太后无可奈何，只好宣布文天祥接替陈宜中做右丞相，让他到伯颜大营去谈判投降。

文天祥答应到元营去，但是他心里却另有打算。他带着大臣吴坚、贾余庆等到了元营，根本不提求和的事，反而义正词严地责问伯颜说："你们究竟是想跟我朝友好呢，还是想存心消灭我朝？"

伯颜说："我们皇上（指元世祖）的意思很清楚，没有消灭宋朝的打算。"

文天祥说："既然是这样，那么请你们立刻把军队撤回。如果你们硬要消灭我朝，南方军民一定会跟你们打到底，那样对你们也不会有好处的。"

伯颜把脸一沉，用威胁的口气说："你们再不老实投降，就饶不了你们。"

文天祥也气愤地说："我是堂堂南宋宰相。现在国家危急，我已经准备拼死报答国家，哪怕刀山火海，我也毫不畏惧。"

义天祥的气势把伯颜的威胁顶了回去，周围的元将个个都惊呆了。之后，伯颜让别的使者先回临安去跟谢太后商量，却把文天祥扣留了下来。

随同文天祥到元营的吴坚、贾余庆回到临安，把文天祥拒绝投降的事向谢太后奏报了。谢太后一心想投降，便改任贾余庆做右丞相，到元营去求降。伯颜接受降表后，把文天祥请进营帐，告诉他宋朝廷已另外派人来投降。文天祥气得痛骂了贾余庆一顿，但是投降的事已无法挽回了。

1276年，伯颜带兵进入了临安，谢太后和赵㬎出宫投降。元军把赵㬎当作俘虏押往大都（今北京市），文天祥也被一同押走。一路上，他一直在考虑怎样逃脱。路过镇江时，他和几个随从人员商量好，趁元军没防备之际，逃出了元营。

后来，扬州的宋军主帅李庭芝听信谣言，以为文天祥已经投降，便悬赏缉拿他。不得已，文天祥等人夜行日宿，历尽千难万险，从海口乘船到了温州。在那里，他听说张世杰和陈宜中在福州拥立新皇帝即位，就决定去福州。

文天祥复任右丞相兼枢密使。景炎二年（1277年），他进兵江西，收复州县多处，后因寡不敌众，败退广东，依旧坚持抵抗元兵。祥兴元年（1278年）十二月，他在五坡岭（今广东海丰北）被俘。

投降元朝的张弘范劝说文天祥招降张世杰，他写了《过零丁洋》诗作为答复。元朝专横跋扈的宰相阿合马来威逼利诱，文天祥不为所动。后来，陆秀夫背着南宋皇帝赵昺投了海，张世杰也以身殉职，南宋灭亡。

文天祥《沁园春》诗意图

"嗟哉人生，翕歘云亡，好轰轰烈烈做一场。"有人评价此首作品：此等作品，不可以寻常词观之也！

南宋灭亡以后，张弘范又劝文天祥投降，文天祥嗤之以鼻。到了元朝的大都以后，南宋的前丞相留梦炎、受封为瀛国公的宋恭帝赵㬎前来劝降，都碰了一鼻子灰回去了。文天祥的慷慨陈词、义薄云天让所有的人都无计可施。从这以后三年当中，他一直被关在阴暗潮湿的监狱中。在此期间，他读到投降元朝的弟弟和在监狱中的妻子儿女的来信。但他没有被百般的折磨吓倒，没有被千般的利诱迷惑，更没有被万般的亲情感动，始终没有投降，表现了自己的气节。1283年农历一月八日，元世祖忽必烈召见文天祥，进行最后一次劝降。文天祥回答说："我是大宋的状元宰相，宋朝灭亡，我只能是死，不能活。"第二天就慷慨就义。

文天祥著有《文山先生全集》。他前期的诗文大多是应酬之作，赣州起兵以后，风格迥然不同，诗词散文都悲壮刚劲，被人传诵至今。

明的集权与裂变

 ## 和尚朱元璋

在刘福通带领红巾军征战的同时，据守在濠州的郭子兴领导的红巾军也在日益壮大。濠州虽处在元军的包围中，但义军将士们英勇不屈，众志成城，使元军无计可施。

一天，在凛冽的寒风中，匆匆走来了一位衣衫褴褛的年轻和尚。城卫怀疑他是元军的奸细，一面将他捆在拴马桩上，一面派人去通报元帅郭子兴。郭元帅闻讯赶到城门，只见绳索紧缚的和尚相貌奇伟、气度非凡，心里不禁暗暗称绝。此人便是后来的大明开国皇帝朱元璋。

朱元璋祖籍江苏沛县，本名朱重八。当时布衣百姓一般都不取正式名字，只用行辈或父母年龄合计数作为称呼。

朱元璋小时候一有空就跑到皇觉寺去玩耍，这寺内的长老见他聪明伶俐，讨人喜欢，便抽空教他识文认字。朱元璋天赋过人，过目不忘，天长日久，便也粗晓些古今文字了。

朱元璋17岁那年，淮北发生旱灾、蝗灾和瘟疫，他的父母、长兄在不到半个月的时间里相继死去，乡里人烟稀少，非常凄凉。朱元璋走投无路，只好剃发进了皇觉寺，当了一个小行僧，整天扫地上香，敲钟击鼓，还经常受到那些老和尚的训斥。为了混口饭吃，朱元璋只好忍气吞声。

后来，灾情越来越严重，靠收租米度日的皇觉寺再也维持不下去了。住

明太祖朱元璋像

朱元璋道：天下之治，天下之贤共理之；天下始定，民财力俱困，要在休养安息；得贤为宝。

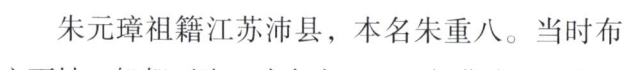

持只好把寺里的和尚一个个打发出去云游化斋，自谋生路。进寺刚刚50天的朱元璋也只得背上小包袱，一手拿木鱼，一手托瓦钵，穿城越村，加入了云游僧人的队伍。

云游中，朱元璋目睹了混乱不堪的世事，对当时的社会有了深刻的认识，人生经验也大大丰富。他决定广泛交游，等待出人头地的时机。3年后，他回到了皇觉寺，不久，接到了已在郭子兴部队当了军官的穷伙伴汤和的来信，邀他前去投军。于是他连夜奔往濠州城。在征战过程中，朱元璋知人善任，为人豁达大度，文士冯国胜、李善长等为他出谋划策，英勇善战的常遇春、胡大海也来投奔他。攻下滁州和和州后，他整顿军纪，申明纪律，禁止军队抢掠

论不必渡海帖　明　朱元璋

奸淫，因此深得百姓的拥护。郭子兴死后，朱元璋被升为左副元帅，第二年，他率众占领建康，成为红巾军内部一支力量强大的武装力量。

此后，朱元璋逐渐把郭子兴的旧部全部纳入自身旗下，并以建康为根据地，不断扩充势力。当时，在他北面的刘福通、韩林儿所率红巾军正受到地主武装的袭击；西面的徐寿辉被部将陈友谅所杀，陈友谅不能服众，将士离心；明玉珍因为不服陈友谅的领导，在四川自立，国号大夏；东面的张士诚和方国珍受到元政府的劝诱，接受了元的官号。元朝的主力指向刘福通等人，朱元璋便趁机在浙东发展，逐渐控制了皖南、浙东地区。

由于红巾军内部的分裂腐化和元政府的镇压，刘福通一部在1363年时兵败，刘福通牺牲，红巾军力量削弱，起义失败。朱元璋这时占据浙东，发展生产，罗致人才，巩固统治，实力渐渐壮大。

胡惟庸之案

建明之初明太祖设置拱卫司，统领校尉，隶属都督府，为皇帝侍从军事机构，后改拱卫司为拱卫指挥使司。洪武二年（1369年），拱卫指挥使司又重新更名为亲军都尉府，另设仪鸾司归其统领。后又将仪鸾司改为锦衣卫，下设指挥使、指挥同知、指挥佥事、南北镇抚司镇抚、千户五职，皇帝任命自己的心腹出任指挥使。锦衣卫建立前的仪鸾司只是替皇帝管理仪仗的普通侍卫机构，改为锦衣卫后，权力增加了很多。除拥有侍卫职权外，还有权巡察缉捕和审理诏狱。

锦衣卫木印　明

锦衣卫是明代内廷侍卫侦查机关，始建于洪武十五年（1382年），专门从事侍卫缉捕弄狱之事，是皇帝的侍卫与耳目，与明王朝相伴始终。明初朱元璋为加强中央集权，以刑部、都察院、大理寺分典刑狱，称三法司，让其互相制约，如遇重大要案由三法司会审结案。这枚木印是三法司会同刻置的。

胡惟庸是凤阳定远人，1373年由右丞相升任左丞相。胡门生故吏遍于朝野，形成一个势力集团，威胁皇权。1378年，明太祖对中书省采取行动。一天，胡惟庸的儿子骑马在大街上横冲直撞，结果跌落马下，被一辆过路的马车轧了，胡惟庸将马夫抓住，随即杀死。明太祖十分生气。十一月又发生了占城贡使事件。占城贡使到南京进贡，把象、马赶到皇城门口，被守门的太监发现，报与明太祖。明太祖大怒，命令将左丞相胡惟庸和右丞相汪广洋抓进监狱。但是，两丞相不愿承担罪责，便推说接待贡使是礼部的职责。于是，明太祖便把礼部官员也全部关了起来。

两相入狱，御史们理解了皇上的意图，便群起攻击胡惟庸专权结党。于是，1380年，明太祖以擅权枉法的罪名处死了胡惟庸和有关的官员，同时宣布废除中书省，以后不再设丞相。

明太祖以专权枉法之罪杀了胡惟庸后，胡案就成为他打击异己的武器，以致受牵连而被杀者达3万多人。

学士宋濂，在明朝开国初期受过明太祖重用，后来又当过太子的老师。宋濂为人谨慎小心，但是明太祖对他也不放心。有一次，宋濂在家里请了几个朋友喝酒,第二天上朝,明太祖问他昨天喝酒的事,宋濂一一照实回答。明太祖笑着说:"你没欺骗我。"原来,宋濂家那天请客的时候,明太祖早已偷偷派人去监视了。后来明太祖称赞宋濂说:"宋濂跟随我19年,从没说过一句谎言,也没说过别人一句坏话,真是个贤人啊!"宋濂68岁时告老还乡,明太祖还送他一块锦缎,说:"留着它,32年后,做件百岁衣吧!"

胡惟庸案件发生后,宋濂的孙子宋慎被揭发是胡党,于是宋濂也受到株连。明太祖派锦衣卫把宋濂从金华老家抓到京城,要处死他。

马皇后知道这件事后,劝明太祖说:"老百姓家为孩子请个老师,尚且恭恭敬敬,何况是皇帝家的老师呢。再说,宋先生在乡下居住,他怎么会知道孙子的事呢?"

明太祖正在气头上,不肯饶恕宋濂。当天,马皇后陪明太祖吃饭,她呆呆地坐在桌边,不喝酒,也不吃肉。明太祖感到奇怪,问她是不是身体不舒服。马皇后难过地说:"宋先生就要死了,我心里难受,在为宋先生祈福呢。"

马皇后和太祖是患难夫妻,明太祖平时对她也较为尊重,听她这么一说,也有点感动,才下令赦免宋濂死罪,改成充军茂州(今四川茂县)。70多岁的宋濂禁不起这场折腾,没到茂州就死去了。

过了10年,又有人告发李善长明知胡惟庸谋反不检举揭发,犯了大逆不道的罪。李善长是第一号开国功臣,又是明太祖的亲家,明太祖大封功臣的时候,曾经赐给李善长两道免死铁券。可是明太祖一翻脸,把已经77岁的李善长和他的全家七十几口全部处死。接着,再一次追查胡党,又处死了1.5万余人。

事情并没到此结束。过了3年,锦衣卫又告发大将蓝玉谋反。蓝玉是明朝开国大将,被明太祖封为凉国公。1391年,四川建昌发生叛乱,明太祖命蓝玉讨伐。临行前,明太祖面授机宜,命蓝玉手下将领退下,连说3次,竟无一人动身;然而蓝

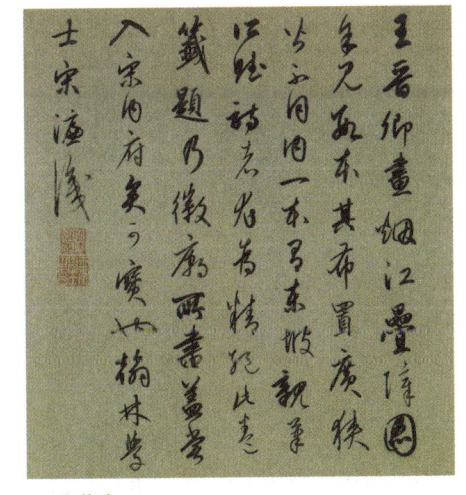

宋濂草书

宋濂不仅是明代开国重臣,还是一名杰出的书法家,他的字行笔流畅、气势不凡,自成一派。

玉一挥手，他们却立刻没了身影。这使明太祖下决心要除掉蓝玉。1392年的一天，早朝快结束时，锦衣卫指挥使参奏蓝玉谋反，明太祖随即令人将其拿下，并由吏部审讯。当吏部尚书詹徽令蓝玉招出同党时，蓝玉大呼："詹徽就是我的同党！"话音未落，武士们便把詹徽拿下，审判官们目瞪口呆，不再审了。3天后，明太祖将蓝玉杀死，尔后，就是大规模的清洗和株连。胡、蓝两案，前后共杀4万人。

对于明太祖的滥杀，皇太子朱标深表反对，曾进谏说："陛下诛戮过滥，恐伤和气。"当时明太祖没有说话。第二天，他故意把长满刺的荆棘放在地上，命太子拣起。太子怕刺手，没有立刻去拣，于是明太祖说："你怕刺不敢拣，我把这些刺去掉，再交给你，难道不好吗？现在我杀的都是对国家有危险的人，除去他们，你才能坐稳江山。"然而太子却说："有什么样的皇帝，就会有什么样的臣民。"明太祖大怒，拿起椅子就扔向太子，太子只好赶紧逃走。

燕王进南京

明太祖杀了一些权位很高的大臣，把他的24个儿子分封到各地为王。明太祖认为这样做可以巩固他建立的明王朝的统治，却不料后来引起了一场大乱。

明太祖60多岁的时候，太子朱标死了，朱标的儿子朱允炆被立为皇太孙。

各地的藩王大都是朱允炆的叔父，眼看皇位的继承权落到侄儿的手里，心里不服气。特别是明太祖的第4个儿子——燕王朱棣，他多次立过战功，对朱允炆更瞧不起了。

朱允炆的东宫里，有个官员叫黄子澄，是朱允炆的伴读老师。有一次，黄子澄见朱允炆一个人坐在东角门口，心事重重，便问他为什么发愁。朱允炆说："现在几个叔父手里都有兵权，将来如何管得了他们。"黄子澄跟朱允炆讲了西汉平定七国之乱的故事来安慰他。朱允炆听后，心总算放宽了一点。

明成祖像

1398年，明太祖死了，皇太孙朱允炆继承皇位，这就是明惠帝，历史上又叫建文帝（建文是年号）。当时京城里就听到谣传，说几位藩王正在互相串通，准备谋反。建文帝听了这个消息害怕起来，忙让黄子澄想办法。

　　黄子澄找建文帝另一个亲信大臣齐泰一起商量。齐泰认为诸王之中，燕王兵力最强，野心最大，应该首先把燕王的权力削除掉。黄子澄不赞成这个做法，他认为燕王已有准备，先从他下手，容易引发突变。于是，两人商量好先向燕王周围的藩王下手。建文帝便依计而行。

　　燕王早就暗中练兵，准备谋反。为了麻痹建文帝，他假装得了精神病，成天胡言乱语。齐泰、黄子澄不相信燕王有病，他们一面派人到北平把燕王的家属抓起来，一面又秘密命令北平都指挥使张信去捕燕王，还约定燕王府的一些官员做内应。不料张信是站在燕王一边的，反而向燕王告了密。

　　燕王是个精明人，知道建文帝毕竟是法定的皇帝，公开反叛，对自己不利，就说要帮助建文帝除掉奸臣黄子澄、齐泰，起兵反叛。历史上把这场内战叫作"靖难之变"（靖难是平定内乱的意思）。

　　这场战乱，差不多打了3年。到了1402年，燕军在淮北遇到朝廷派出的南军的抵抗，战斗进行得十分激烈。有些燕军将领主张暂时撤兵，燕王却坚持打到底。不久，燕军截断南军运粮的通道，发起突然袭击，南军一下子垮了。燕军势如破竹，进兵到应天城下。

　　过了几天，守卫京城的大将李景隆打开城门投降。燕王带兵进城，只见皇宫火光冲天。燕王派兵把大火扑灭时，已经烧死了不少人。他查问建文帝的下落，有人报告说，燕兵进城之前，建文帝下令放火烧宫，建文帝和皇后都跳到大火里自焚了。

　　随后，燕王朱棣即了位，这就是明成祖。七月初一，朱棣于南郊大祀天地后，回到奉天殿，诏令当年六月以后，仍以洪武三十五年为纪，第二年（1403年）为永乐元年。建文帝所改易的祖宗成法，一律恢复旧制。七月初三，又诏令把建文时更定的官制改回洪武旧制。九月初四及次年五月，朱棣先后两次赐封靖难功臣。十一月十三日，朱棣册立妃徐氏为皇后。

　　朱棣即帝位后，为了巩固自己的皇位，又进行了大量的血腥的屠杀活动。他将建文帝亲信大臣50余人列为奸臣，悬赏捕拿。捉住后，不仅将其本人

杀害，而且还株连九族。

 **兴建北京城**

北京古代被称为"山环水抱必有气"的理想都城。西部的西山为太行山脉；北部的军都山为燕山山脉，均属昆仑山系。两山脉在北京的南口（今北京昌平南口）会合，形成向东南展开的半圆形大山湾，山湾环抱的是北京平原。在地理格局上，北京"东临辽碣，西依太行，北连朔漠，背扼军都，南控中原"，是一处战略要地。

1399年，明成祖发动靖难之役，夺得帝位后，于1403年改北平为北京。永乐四年（1406年），明成祖开始筹划迁都北京，并开始营建北京宫殿。1420年，建成紫禁城宫殿、太庙、五府六部衙门、钟鼓楼等，同时将南城墙南移0.8千米，以修建皇城。永乐十九年（1421年），正式迁都北京。此后又在北京南郊修建了天地坛和山川先农坛。

1436年至1445年，明英宗对北京城进行了第二次增建，主要工程包括：将城墙内侧用砖包砌；开挖太液池南海；建九门城楼、瓮城和箭楼；城池四角建角楼；城门外各立牌坊一座；护城河上的木桥全部改为石桥，桥下设水闸，河岸用砖石建造驳岸。整修之后的京城形成了极其坚固的城防体系。

·迁都北京·

北京宫殿、郊庙的大规模营建开始于永乐四年（1406年），历经15年完成。皇城位于元都旧址，只是稍微东移，有奉天、华盖、谨身三殿，乾清、坤宁两宫及午门、西华、东华、玄武四门等，完全同于金陵旧制，只是比其更为壮丽。

永乐十八年（1420年）十一月，北京宫殿修建已到了收尾阶段，钦天监奏明年五月初一为吉日，应御新殿受朝贺。朱棣开始正式迁都北京，诏示天下，并遣户部尚书夏原吉诏皇太子及皇太孙，限期十二月底到北京。后又下诏，从第二年正月起，北京为京师，设六部，去行在之称，并取南京各印信给京师诸衙门，另铸南京诸衙门印信，全部加"南京"二字。十二月，北京郊庙、宫殿落成。

永乐十九年（1421年）正月初一，迁都基本完成，十一日大祀南郊，十五日大赦天下。从此，北京就成了明王朝的都城。明朝两京制的格局形成，北京逐渐成为全国的政治、军事中心，既可以就近指挥长城一线的军事防御，又能加强对于东北地区的控制，巩固了明王朝的统一。

北京是中国历史上最后3个封建王朝元、明、清的都城，其设计规划体现了中国古代城市规划的最高成就，被称为"地球表面上，人类最伟大的个体工程"。明北京城是在元大都的基础上建成的，从形状来看，呈"凸"字形，是以一条纵贯南北，长达8千米的中轴线进行布置的。外城南部正中的永定门是这条中轴线的起点，北部的钟鼓楼则是中轴线的终点。明时的北京城分内城、外城，皇城和紫禁城位于内城之中。内城分为九门，分别为正阳门、崇文门、宣武门、朝阳门、东直门、阜成门、西直门、德胜门、安定门。外城分为七个城门，即永定门、左安门、右安门、广宁门、广渠门，以及两座方便进出的小城门：东便门与西便门。

故宫气势恢宏，庄严华丽，是明清两代的皇宫，亦是中国古代宫殿建筑的扛鼎之作。

故宫又称紫禁城，"紫禁"二字系从紫微星垣而来。大家知道，我国古代天文学家把天上的恒星分为三垣、二十八宿和其他星座。其中的三垣为太微垣、紫微垣和天市垣，紫微星垣（北极星）位于三垣的中央，是所有星宿的中心。紫，即为"紫微正中"，皇宫是人间的"正中"；"禁"是指皇宫大内，严禁侵扰。

故宫修建于1406年，工程的营建者是明成祖朱棣。朱棣曾在北京做燕王，对北京的地理有深刻的认识。

《明史》记载，修建故宫时征集了全国著名工匠10多万名，役使民夫达100万之多，整个工程历时15年，直到1421年才最后完成。此后又多次重建和扩建，但整体面貌保持不变。

故宫是一座砖木结构建筑，所用的建筑材料来自全国各地。木料主要来自京郊房山悬山中，也有部分来自湖广、江西、山西等省。汉白玉石料亦来自房山。宫殿里砌墙用的砖叫澄浆砖，是在山东临清烧制的；铺地用的方砖叫作金砖，是在苏州烧制的。整个紫禁城用砖超过了1亿块。

施工所用的材料做工非常精细。譬如砌墙用的澄浆砖，是先把泥土放入池水中浸泡，经过沉淀，然后取出过滤后的细泥，最后才把细泥晾干做坯。还有就是砖块之间、石板之间的粘合剂，材料是煮过后捣碎的糯米和鸡蛋清，选用这种粘合剂，不仅粘力强，而且效果平整美观。

建成后的故宫占地面积72万平方米，内有房屋有9999间，外有高达10米的城墙（南北960米，东西760米），四角各有一座屋顶有72条脊的角楼。在最外端，还有一条宽52米的护城河环绕四周。

故宫的建筑布局整体分为外朝和内廷两大部分。外朝是明清皇帝治理朝政的主要场所，以太和、中和、保和三大殿为中心，文华殿和武英殿分列两翼。内廷是皇帝处理日常政务和皇族后妃们居住的地方，一般称为"三宫六院"，主要包括乾清宫、交泰殿、坤宁宫、东西六宫以及御花园。

外朝三大殿是故宫中轴线上的主要建筑。三殿均建在汉白玉砌成的8米高巨大平台上，台分3层，中上层各9级，下层台阶21级，每层都有汉白玉栏杆围绕，总面积约8.5万平方米。太和殿也称"金銮殿"，是紫禁城的正殿，也是建筑群中最为高大的建筑。它高26.92米，东西面宽63.96米，南北进深37.20米。中和殿位于太和殿的后面，是一座亭子形方殿，高18.87米。保和殿为三大殿的末殿，屋顶为歇山式，高20.87米。

故宫建筑设计严谨，表明了我国古代的木构建筑设计到明清时期已经非常规范化和程序化。在这一时期，殿式建筑以"斗口"作为基本模数。每一个等级的各部分用料尺度是一定的。确定了斗口，就确定了各种尺度，大大简化了工程营建的程序。拼合梁柱构件技术也是这一时期的重大成果。通过小块木料的拼合组成可用的大木料，大大节省了工程用料。在建筑施工中，广泛采用了模型设计的方法，称之为"烫样"。

故宫是我国同时也是世界上现存规模最大最完整的古代木结构建筑群，它是我国木结构建筑的典范。1987年，联合国教科文组织世界遗产委员会将其列为世界文化遗产。

郑和下西洋

明成祖夺得皇位后，有一件事总使他心里不安稳，那就是皇宫大火扑灭之后，没有找到建文帝的尸体。为了把这件事查个水落石出，他派出心腹大臣去各地秘访建文帝的下落，但是这件事不好公开宣布，就借口说是求神问仙。

后来，明成祖又想，建文帝会不会跑到海外去呢？于是，他就决定派一支队伍，出使国外。这是明成祖派郑和下西洋原因的其中一种观点。他想到跟随他多年的宦官郑和，是最合适的人选。

郑和，本姓马，小字三保。郑和自幼受到家庭探险精神的熏陶，为他日后出海远洋打下了基础。明初，郑和入宫做宦官，因靖难立战功，赐姓郑名和，人称"三保太监"。

1405年六月，明成祖正式派郑和为使者，带一支船队出使"西洋"。那时候，

郑和像

人们叫的"西洋"，指的是我国南海以西的海和沿海各地。郑和带的船队，一共有2.78万多人，除兵士和水手外，还有技术人员、翻译、医生等。他们驾驶62艘大船，从苏州刘家河（今江苏太仓浏河）出发，经过福建沿海，浩浩荡荡，扬帆南下。

郑和第一次出海，到了占城（在今越南南方）、爪哇、旧港（在今印度尼西亚苏门答腊岛东南岸）、苏门答腊、满刺加、古里、锡兰等国家。他每到一个国家，先把明成祖的信递交国王，并且把带去的礼物送给他们。许多国家见郑和带了那么大的船队，而且态度友好，都热情地接待他。

郑和这一次出使，一直到第三年九月才回来。西洋各国国王见郑和回国，也都派了使者带着礼物跟着他一起回访。各国的使者见了明成祖，送上大批珍贵的礼物。明成祖见郑和把出使的任务完成得很出色，高兴得合不拢嘴。后来，明成祖觉得没有必要再去寻找建文帝了，但是出使海外的事，既能提高中国的威望，又能促进与各国的贸易往来，有很多好处。此后，郑和又进行了6次出海航行：1407年九月~1409年九月，1409年十月~1411年七月，1413年十一月~1415年七月，1417年五月~1419年八月，1421年一月~1422年八月，1431年闰十二月~1433年七月。郑和出海7次，先后到过印度洋沿岸30多个国家。

前三次的出行，郑和最远都只到达古里。他们在东南亚及南亚一带活动，打通航道，建立贸易中转站。后面几次主要进行商品贸易，郑和航队给所经国家带去大量中国的瓷器、铜器、丝绸、锦绮和茶叶，同时带回来许多亚洲

国家的特产，如胡椒、象牙、宝石、药材、香料和珍禽异兽等，大大促进了中国与亚洲各国的经济交流。每到一处，郑和都派人了解当地风俗习惯，宣扬中华文明。

第四次出海到达非洲东海岸的麻林国时，麻林国遣使随贡，献上麒麟、天马、神鹿等吉祥珍兽，给京城带来了轰动。成祖龙颜大悦，认为异邦进贡麒麟是国势鼎盛、尧舜再世的征象。

在第七次即将航行出使时，成祖驾崩，仁宗即位，下令停止下西洋。宣宗即位后，看见因下西洋活动的停止，海外诸国来朝日益减少，就决定再次遣使下西洋。这时郑和已年近60，又踏上了最后一次下西洋的航程。1433年农历三月船到古里时，郑和因积劳成疾而病逝，王景弘代郑和率船队于七月抵达南京，结束了伟大的航程。

郑和是中国历史上杰出的航海家，他在航海、外交、军事、建筑等方面都表现出卓越的智慧与才识。郑和在明军中长大，经受了战火考验，深得朱棣宠信。加上郑和知识丰富，熟悉西洋各国的历史、地理、文化、宗教，具有卓越的外交才能。在下西洋前，郑和曾出使暹罗、日本，有外交活动的经验。此外，郑和具有一定的航海、造船知识。在下西洋途中，郑和通过航海实践，不断地丰富航海知识，积累航海经验，提高航海技术，使他能成功率领船队远航。正是由于郑和自身条件和所具备的才能，加上他为朱棣所赏识，并委以重任，成为下西洋船队的统帅，不负众望，出色地完成下西洋的远航任务。

自2005年起，每年的7月11日被定为中国的航海日，规定全国所有船舶鸣笛挂彩旗，这一天正式郑和首次下西洋的公历日期——1405年7月11日。

郑和七下西洋，时间持续29年，行踪遍及亚非30多个国家和地区，最南到达爪哇，西北到波斯湾和红海，最西侧非洲东海岸，是历史上空前的壮举，其时间之早、规模之大，都是后来的哥伦布和麦哲伦所不及的。郑和下西洋，加强了中国与南洋各地联系，传播了中华文明，影响十分深远。郑和下西洋是中国古代历史上最后一件世界性的盛举，由于郑和下西洋的政治目的大于经济目的，没有发动民间的商业贸易，全部的开支都依赖明朝强大的国力来支撑，于是，明朝全盛时期过后，再也没有雄厚的经济实力来支持这项庞大的工程了，下西洋也随之停止。

土木之变

明成祖从他侄儿手里夺得皇位，怕大臣不服他的管制，便特别信任身边的宦官。这样一来，宦官的权力就渐渐大起来。到了明宣宗的时候，连皇帝批阅奏章也交给宦官代笔，宦官的权力更大了。

有一年，皇宫要招收一批太监。蔚州（今河北蔚县）有名叫王振的人，年轻的时候读过一点书，参加几次科举考试都名落孙山，便在县里当了教官。后来因为犯罪该判充军，听说皇宫招太监，就自愿进了宫，从而充了罪罚。宫里识字的太监不多，王振粗通文字，所以大家都叫他王先生。后来，明宣宗派他教太子朱祁镇读书。朱祁镇年幼贪玩，王振就想出各种各样法子让他玩得高兴。

宣宗卒时，朱祁镇仅有9岁，朝臣有人欲立襄王为帝。在大学士杨士奇、杨荣等人力争下，终使朱祁镇于正月初十即皇位，是为明英宗，以第二年为正统元年。二月，尊皇太后为太皇太后。太皇太后主持军政大事，下令停办所有不急之务，勉励幼小的皇帝好学上进。

这一做法致使仁宣时期政治较好的状况得以延续，"海内富庶，朝野清晏""纲纪未弛"。同时，杨士奇、杨荣、杨溥等元老重臣依然在朝中发挥重大作用。他们遵从宣宗遗嘱，在太皇太后的领导下尽心辅佐幼主，对稳定明王朝政局、保持良好的局面，起到了重要的作用。

当时，侍奉朱祁镇读书的太监便是王振，他善于迎合朱祁镇的心理，深受朱祁镇赏识。朱祁镇即位后不久，王振便当上了司礼监太监，帮助明英宗批阅奏章。明英宗年少好玩，根本不问国事，王振趁机掌握了朝廷军政大权。朝廷大员谁敢顶撞王振，不是被撤职，就是被充军发配。一些王公贵戚都讨王振的好，称呼他"翁父"。王振的权力可以说是顶了天了。

这个时候，我国北方的蒙古族瓦剌部已经强大起来。1449年，瓦剌首领也先派3000名使者到北京进贡马匹，要求赏金。王振发现也先谎报人数，而且还将进贡的马匹减少了，于是就削减了赏金。也先又为他的儿子向明朝求婚，也被王振拒绝。这样一来，也先被激怒了，他率领瓦剌骑兵进攻大同。守大同的明将出兵抵抗，被瓦剌军打得溃不成军。

边境的官员向朝廷告急，明英宗召集大臣商量对策。大同离王振家乡蔚州不远，王振在蔚州有大批田产，他怕家产受损失，竭力主张英宗带兵亲征。兵部尚书邝埜（埜同野）和侍郎于谦认为朝廷准备不够充分，不能亲征。明英宗对王振言听计从，不管大臣劝谏，就冒冒失失决定亲征。

明英宗叫他弟弟郕王朱祁钰和于谦留守北京，自己跟王振、邝埜等官员100多人，带领50万大军从北京出发，浩浩荡荡向大同开去。

过了几天，明军的前锋在大同城边被瓦剌军打得全军覆没，各路明军也纷纷溃退下来。明军退到土木堡（在今河北怀来东）时，太阳刚刚下山，有人劝英宗趁天没黑，再赶一阵，进了怀来城（今河北怀来）再休息，即使瓦剌军来了，也可以坚守。可是王振却想着落在后面装运他家财产的几千辆车子，硬要大军在土木堡停下来。土木堡名称叫作堡，其实没有什么城堡可守。不久，明军就遭到了瓦剌军的伏击。明军毫无斗志，丢盔弃甲，狂奔乱逃。瓦剌军紧紧追赶，被杀和被乱兵踩死的明军不计其数，邝埜在混乱中被杀死，祸国殃民的奸贼王振也被禁军将领樊忠一铁锤砸死。明英宗做了俘虏。历史上把这次事件称作"土木之变"。

此一战役，明军死伤数10万，文武官员亦死伤50余人。英宗被俘的消息传来，京城大乱。廷臣为应急，联合奏请皇太后立郕王朱祁钰即皇帝位。皇太后同意众议，但郕王却推辞不就。文武大臣及皇太后正在左右为难之时，英宗秘派使者到来，传口谕命郕王速即帝位。郕王于九月初六登基，是为景帝，以第二年为景泰元年，奉英宗为太上皇。瓦剌自俘虏明英宗，便大举入侵中原，并以送太上皇为名，令明朝各边关开启城门，乘机攻占城池。十月，攻陷白羊口、紫荆关、居庸关，直逼北京。

于谦守京城

英宗被俘的消息传到北京后，满朝文武大臣乱作一团，没有一个人能拿出好主意。翰林侍讲官徐珵主张走为上策，向南撤退。此时，朝中你一言，我一语，吵吵嚷嚷，毫无结果。正在关键时刻，兵部侍郎于谦挺身而出，他说："京都是国家的根本，如果朝廷一撤出，大势就完了，大家难道忘了南宋的教训吗？"

于谦，字廷益，浙江钱塘人。为永乐十九年进士，曾任监察御史、兵部侍郎、大理寺少卿、山西、河南巡抚、兵部尚书等职。

于谦的主张得到许多大臣的赞同。皇太后和郕王朱祁钰眼看在这关键时刻能站出一位力挽狂澜的忠臣，当然满心欢喜，立即委以于谦兵部尚书的重任，让他负责指挥军民守城。

景泰元年（1450年）九月，景帝即位不久，瓦剌军进逼宣府城下。于谦面对敌我兵力悬殊的态势，一面抓防卫，一面抓备战，大力征募新兵，调运粮草，赶制兵器，不到一个月，就征集了20万人马，做好一切迎敌的准备。

十月，也先挟持着被俘的皇帝英宗攻破紫荆关，兵逼北京城。于谦主张先打掉也先的嚣张气焰，鼓舞士气。他调集了22万军队，做好迎战准备，并做了周密布置：都督王通、副都御史杨善率部守城，其余将士分别驻扎在9个城门外，列阵待敌。

明军副总兵高礼首先在彰义门外告捷，歼敌数百，夺回民众千人。狡猾的也先眼看明军有于谦等将领指挥，硬攻不能取胜，便变换手法，以送还英宗为名，准备诱杀于谦等人，但被于谦识破了。

也先见此计不成，便采取强攻。于谦不在正面与敌人拼杀，他派骑兵佯攻，把敌军引入伏击圈内，便用埋伏好的火炮轰击。瓦剌军伤亡惨重，也先的弟弟勃罗也在炮火中丧生。

瓦剌军围攻京都，屡遭挫败，进攻居庸关又遭守将罗通的抵抗。也先怕归路被明军切断，忙带着英宗向良乡（北京房山区东）后撤。明军乘胜追击，

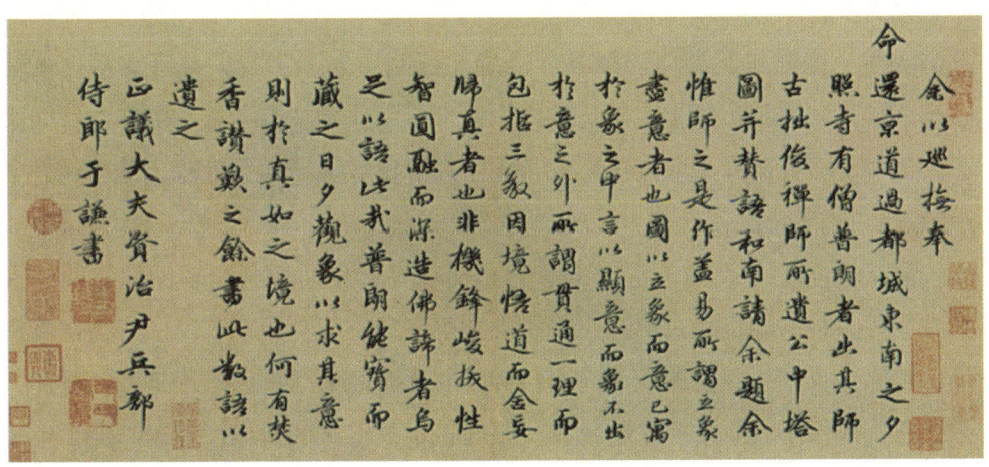

于谦《题公中塔图赞》

大获全胜。也先带着残兵败将逃回塞外。

北京之战，瓦剌军受到重挫，引起内部不和。也先见留着英宗也没有多大作用，就把他送回了京都。从此，瓦剌军再也不敢进犯明朝了。

于谦迫使瓦剌于景泰元年释放英宗，并说服景帝迎英宗归国。他改革亲军旧制，创立团营，整肃军纪，加强训练，毫不松懈。他本人才识过人，忧国忧民，深受景帝器重。天顺元年（1457年）正月，于谦被陷害致死。他曾有"粉身碎骨全不怕，要留清白在人间"的著名词句，不幸竟成为他自身的写照。后人辑他的诗文为《于忠肃集》流世。

宪宗即位后，为于谦平反，恢复官衔。孝宗即位后，又追赠其为太傅，谥肃愍，为他建"旌功祠"。后神宗改谥为"忠肃"。

张居正改革赋役

明世宗千方百计寻找长生不老的药方，不但没有得到，反而误服了有毒的"金丹"，命丧九泉。明世宗死后，他的儿子朱载垕即位，这就是明穆宗。

明穆宗在位期间，大学士张居正才华出众，得到穆宗的信任。隆庆六年（1572年）五月，仅仅执掌朝政6年的明穆宗病危，他诏令大学士高拱、张居正、高仪为顾命大臣，令他们辅佐幼帝。二十六日，穆宗于乾清宫病逝，享年36岁，葬于昭陵。六月初十，皇太子朱翊钧遵遗诏继承帝位，改次年为万历元年，是为明神宗。

大学士张居正，湖广江陵县（今湖北江陵）人，字叔大，号太岳。嘉靖二十六年（1547年）进士，历任编修、礼部侍郎兼翰林院学士、吏部左侍郎兼东阁大学士、礼部尚书兼武英殿大学士，加少保兼太子太保等职，是明代著名政治家。

隆庆六年七月，他与宦官冯保的私交很好，且两人共同辅助幼年明神宗执掌朝政。神宗即位只过了一个月，大学士张居正即利用宦官冯保将高拱排挤掉，代之为首辅，并推荐礼部尚书吕调阳兼文渊阁大学士，参预机务。至此，张居正、冯保两人执掌明王朝政权。张居正根据穆宗的嘱托，像老师教学生一样，辅导年仅10岁的明神宗。他自编了一本图文并茂的历史故事书，叫作《帝鉴图说》，每天讲给神宗听。

神宗把张居正当作严师看待，既尊敬又惧怕。再加上太后和宦官冯保支持张居正，朝中大事几乎全部由他做主了。为扭转嘉靖、隆庆以来军政腐败、财政空虚、民不聊生的局面，以除旧布新、振纲除弊和富国强兵为宗旨，张居正在整顿吏治、整饬边防、整顿经济、兴修水利等众多方面进行了一系列的改革。

那个时候，沿海的倭寇已经肃清了，但北方的鞑靼部还不时入侵中原，对明王朝构成威胁。张居正把抗倭名将戚继光调到北方去镇守蓟州（在今河北北部），戚继光从山海关到居庸关的长城上修筑了3000多座堡垒，以防鞑靼的进攻。戚家军号令严明，武器精良，多次打败鞑靼的进攻。鞑靼首领俺答见使用武力不行，便表示愿意和好，要求通商。张居正奏明朝廷，封俺答为顺义王。以后的二三十年中，明朝和鞑靼之间没有发生战争，北方各族人民的生活也安定下来。

当初，由于朝政腐败，大地主兼并土地，巧取豪夺，地主豪绅越来越富，国库却越来越穷。张居正下令清查土地，结果查出了一批被皇亲国戚、豪强地主隐瞒的土地，这样一来，使一些豪强地主受到了抑制，增加了国家的收入。

丈量土地后，张居正又把当时名目繁多的赋税和劳役合并起来，折合成银两来征收，称为"一条鞭法"。经过这种税收改革，一些官吏就不能营私舞弊了。

经过10年的努力，张居正的改革措施收到明显的效果，使十分腐败的明朝政治有了转机，国家的粮仓存粮也足够支用10年的。但是这些改革触犯了一些豪门贵族的利益，他们表面不得不服从，背地里却对张居正恨之入骨。

由于张居正的权力太集中了，明神宗皇权旁落。这时候，又有一批亲近的太监在内宫用各种办法给他取乐。

后来，由张居正做主，把那些引诱神宗胡闹的太监全部赶出宫去，太后还让张居正代神宗起草了罪己诏（皇帝责备自己的诏书）。这件事发生后，明神宗与张居正的矛盾进一步激化。

1582年，张居正病死，明神宗亲政。那些对张居正不满的大臣纷纷攻击张居正执政时专横跋扈。第二年，明神宗把张居正的官爵全部撤掉，还派人查抄了张居正的家。张居正的改革措施也遭到极大的破坏，刚刚有一点转机的明朝政治又昏暗下去。

努尔哈赤建后金

当明王朝政治越来越腐败的时候，满族的前身女真族那时正居住在今松花江南北以及黑龙江一带。早在11世纪时，女真族的完颜部就曾建立过政权。元时一部分女真人迁入中原，另一部分仍留在东北。明初女真生产渐渐发展，出现了阶级分化。作为满族主体的建州女真定居于赫图阿拉（今辽宁新宾一带），接受明政府的有效管辖，定期交纳贡赋。建州女真不断扩大势力，渐渐强大起来，其首领是爱新觉罗·努尔哈赤。

努尔哈赤像

努尔哈赤出生在建州女真的贵族家庭里。祖父觉昌安和父亲塔克世都被明朝封为建州左卫的官员，努尔哈赤从小就学习骑马射箭，练得一身好武艺。

努尔哈赤25岁那年，建州女真部土伦城城主尼堪外兰，引来明军攻打古勒寨城主阿台。阿台的妻子是觉昌安的孙女，觉昌安便带着塔克世到古勒寨去，途中碰上明军攻打古勒寨，觉昌安和塔克世都死在混战中。

努尔哈赤痛哭了一场，葬了他的祖父、父亲，但是想到自己的力量太弱，不敢得罪明军，就把怨恨全集中在尼堪外兰身上。努尔哈赤满腔悲愤地回到家里，找出了他父亲留下的盔甲，分发给他手下的兵士，向土伦城进攻。尼堪外兰根本不是努尔哈赤的对手，狼狈逃走。努尔哈赤攻克了土伦城后，趁机又征服了建州女真的一些部落。

努尔哈赤灭了尼堪外兰，声名远扬。过了几年，他统一了建州女真。这样一来，引起女真族其他部落的恐慌。当时女真族有三部，除了建州女真之外，还有海西女真和"野人"女真。海西女真中数叶赫部实力最强。1593年，叶赫部联合了女真、蒙古9个部落，合兵3万，分3路向努尔哈赤进攻。

努尔哈赤听到九部联军来攻，便在联军来路上埋伏了精兵；在路旁山岭边，安放了滚木石块。九部联军一到古勒山下，建州兵就派出一百骑兵挑战。叶赫部一个头目冲过来，马被木桩绊倒，建州兵上去把他杀了，另一头目当时

·八旗制度·

努尔哈赤在统一女真各部的过程中，把原先的"牛录"（一种女真人从事军事和狩猎的小行动集体）改造成为"固山"（汉语"旗"的意思）。到1601年，他已经设立了黄、白、红、蓝四旗，1615年，正式建立了八旗制度。规定每300人立为一牛录，5牛录立一扎兰额真，5扎兰额真立一固山额真（旗）。同时又在旧有的黄、白、红、蓝四旗之外，增加镶黄、镶白、镶红、镶蓝四旗（在原来四种颜色的旗帜上镶上不同颜色的边缘，规定黄、白、蓝旗镶红边，红旗镶白边）。皇太极即位以后，又把归附的蒙古人和汉人编为蒙古八旗和汉军八旗。以后又将东北少数民族编入布特哈八旗。八旗制度在建立之初，兼有军事、行政和生产三方面的职能。后来受到中原文化的影响，把黄色作为皇帝的专用颜色，因此满族八旗正黄、镶黄两旗就成了天子亲自统率的两旗，顺治以后，加上正白旗，合称为上三旗，地位要高于另外的下五旗。

被吓昏过去。这样一来，九部联军没有了统一指挥，四散逃窜，努尔哈赤乘胜追击，打败了叶赫部。又过了几年，努尔哈赤统一了女真族各部。

努尔哈赤统一了女真后，把女真人编为八个旗。旗既是一个行政单位，又是军事组织。为了麻痹明朝，努尔哈赤继续向明朝朝贡称臣，明朝廷认为努尔哈赤态度恭顺，便封他为"龙虎将军"。

1616年，努尔哈赤认为时机成熟，就在八旗贵族的拥护下，在赫图阿拉即位称汗，国号金。历史上为了跟过去的金国区别，把它称为"后金"。

 袁崇焕大战宁远

萨尔浒大战之后，明王朝派老将熊廷弼出关指挥辽东军事。熊廷弼是个很有指挥才能的将领，可是担任广宁（今辽宁北镇）巡抚的王化贞却怕熊廷弼影响他的地位，百般阻挠熊廷弼的指挥。1622年，努尔哈赤向广宁进攻，王化贞带头出逃。熊廷弼面对混乱的局势，只好保护一些百姓退到山海关内。

广宁失守后，明王朝不问事由，便把熊廷弼和王化贞一起打进大牢。熊廷弼一死，派谁去抵抗后金军呢？

这时，详细研究了关内外形势的主事袁崇焕向兵部尚书孙承宗说："只要给我人马军饷，我能负责守住辽东。"

袁崇焕，字元素，广东东莞人。万历四十七年进士，历兵部主事、监军

金事、宁前兵备金事。天启三年（1623年）九月奉命筑宁远城，进而升为右参政、按察使职，驻守宁远。

那些被后金的攻势吓破了胆的朝廷大臣听说袁崇焕自告奋勇，都赞成让袁崇焕去试一试。明熹宗给了他20万饷银，要他负责督率关外的明军。

袁崇焕到了关外，在宁远筑起三丈二尺高、两丈宽的城墙，装备了各种火器、火炮。孙承宗还派了几支人马分别驻守在宁远附近的锦州、松山等地方，与宁远互相支援。

袁崇焕号令严明，辽东的危急局面很快就扭转过来。正当孙承宗、袁崇焕守卫辽东有了进展之时，却遭到魏忠贤的猜忌。

魏忠贤先是排挤孙承宗离了职，又派了他的同党高第指挥辽东军事。高第是个庸碌无能之辈，他一到山海关，就召集将领开会，说后金军太厉害，关外防守不了，让各路明军全部撤进山海关内。

袁崇焕坚决反对撤兵，高第见说服不了袁崇焕，只好答应袁崇焕带领一部分明军在宁远留守，却要关外其他地区的明军限期撤退到关内。

努尔哈赤看到明军撤退时的狼狈相，认为明朝容易对付。1626年，他亲自率领13万人马，渡过辽河，向宁远进攻。

努尔哈赤带领后金军气势汹汹地到了宁远城下，冒着明军的箭石、炮火，猛烈攻城。明军虽然英勇抵抗，但是后金兵倒下一批，又上来一批，情况十分危急。袁崇焕下令动用早就准备好的大炮，向后金军轰击。炮声响处，只见一团火焰，后金兵被炸得血肉横飞，纷纷后撤。

第二天，努尔哈赤亲自督战，集中优势兵力攻城。袁崇焕登上城楼瞭望台，沉着应战。等到后金军冲到逼近城墙的地方，他便命令炮手瞄准后金军密集的地方发炮。这样一来，后金军伤亡就更大了。正在后面督战的努尔哈赤也受了重伤，不得不下令全军撤退。

袁崇焕见后金军退兵，就乘胜杀出城去，一直追了30里，才得胜回城。

努尔哈赤受了重伤，回到沈阳后，伤势越来越重，没过几天，就去逝了。他的第八个儿子皇太极接替了他，做了后金大汗。

宁远大捷后，袁崇焕升任辽东巡抚。其后他积极调兵遣将，修缮城池，有力地遏制了后金的军锋。

清朝兴衰

闯王李自成

李自成雕像

　　崇祯帝即位的第二年，陕西闹了一场大饥荒，老百姓没粮吃，连草根树皮也被吃光了。在这种情况下，一些地方官吏还照样催租逼税。于是，陕西各地爆发了农民起义。

　　高迎祥曾以贩马为业，善骑射，膂力过人。他揭竿于安塞，率部活动于延庆府，上阵时白袍白巾，身先士卒。崇祯三年（1630年）十一月，高迎祥与王嘉胤、王自用部会合东渡入晋。崇祯四年（1631年）六月，义军首领王嘉胤被南山总兵曹文诏部下杀害，陕晋各路义军结成三十六营，高迎祥为领袖之一，称为"闯王"。

　　崇祯二年冬天，明王朝从甘肃调了一支军队开赴北京。这支军队走到金县（今陕西榆中）时，由于兵士们领不到军饷，闹到了县衙门。带兵的将官出来弹压，有个年轻兵士引头，把将官和县官杀了。这个兵士就是李自成。

　　李自成是陕西米脂人，出生在一个农民家庭里，少年时就喜欢骑马射箭，练得一身好武艺。

　　李自成父亲死后，他去了明朝负责传递朝廷公文的驿站当驿卒。明朝末年的驿站制度有很多弊端，明思宗朱由检在崇祯元年（1628年）对驿站制度进行了改革，精简驿站。李自成因丢失公文被裁撤，失业回家。同年冬天，李自成因缴不起举人艾诏的欠债，被艾举人告到米脂县衙。县令晏子宾将他"械而游于市，将置至死"，后由亲友救出，同侄子李过于崇祯二年（1629年）二月

到甘肃甘州（今张掖市甘州区）投军。

这一次，李自成在金县杀了朝廷命官，带着几十个兵士一起投奔王左挂领导的农民军。不久，王左挂禁不住高官厚禄的诱惑，投降了朝廷，李自成不得不另找队伍。后来，他打听到高迎祥领导一支队伍起义，自称"闯王"，就去投奔了高迎祥。高迎祥见李自成带兵来投奔，十分高兴，立刻叫他担任一个队的将官，大家把他叫作"闯将"。

李自成所率军队纪律严明、作战勇敢，对百姓秋毫无犯，虽经受过几次挫折，但最终发展成为起义军中力量最强大的。面对各地农民纷纷揭竿而起的局面，明政府改变了招抚的政策，转而采用剿杀的政策。但是义军实行游击战，且基础深厚，官军虽连连取胜，但怎么也剿除不净。

为了对付官军围剿，高迎祥把13家起义军的大小头领约到荥阳开会，商量对敌办法。李自成认为起义军应该分成几路，分头出击，打破敌人的围剿。大家听了，都觉得李自成说得有道理。经过商量后，13家起义军分成了6路。有的拖住敌军，有的流动作战。高迎祥、李自成和另一支由张献忠领导的起义军向东打出了包围圈。

1633年底，高迎祥、李自成等率起义军突破黄河天险，杀入明朝的心脏地带——河南。他们乘势前进，转而向安徽方面挺进。1635年，起义军攻下明皇

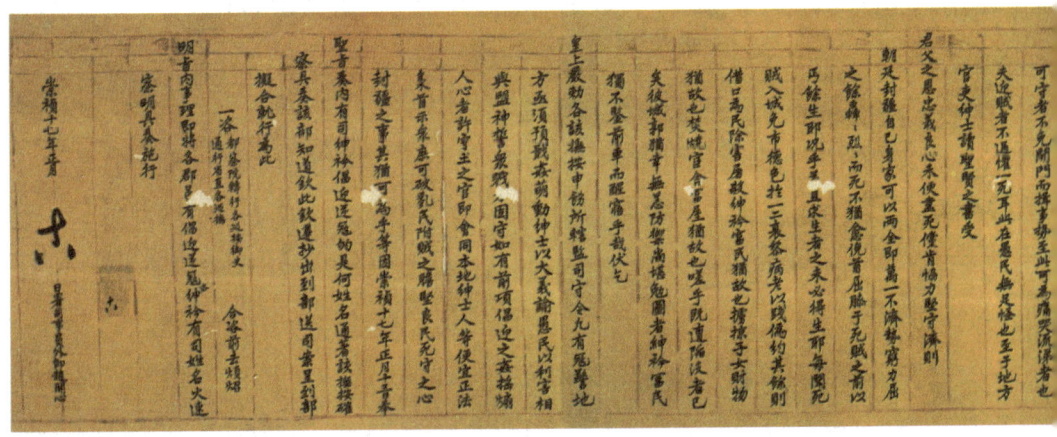

兵部报告李自成活动情况行稿　明

这是崇祯十七年（1644年）明朝兵部向各地下属机构发布的行稿。在行稿中，明政府不得不承认李自成的军队受到农民"如醉如痴"的欢迎，许多地方官员也"开城款迎"。行稿要求各地主迅速报告"倡迎逆贼"的官员的情况。1644年春，李自成在西安称帝，建立大顺政权，准备率领军队向北京进攻，行稿就是在这种形势下发布的。两个月后，李自成率领军队攻取北京，明朝灭亡。

室凤阳老巢，那儿有朱元璋的祖坟。起义军进城后，焚毁皇陵宫殿，刨了皇家祖坟。崇祯帝闻知祖坟被挖大为吃惊，下罪己诏请求祖先在天之灵宽恕自己。崇祯帝悲伤过去后，命兵部尚书杨嗣昌专力剿杀。

有一次，高迎祥带兵向西安进攻。陕西巡抚孙传庭在盩厔（今陕西周至）的山谷里埋下了伏兵，高迎祥没有防备，被捕牺牲，李自成带领余部杀了出来。将士们失去了主帅，心情十分沉痛。大伙认为闯将李自成是高迎祥最信任的将领，加上他有勇有谋，就拥戴他做了闯王。从那以后，李闯王的名声就传开了。

· 李自成墓 ·

李自成葬在湖北省通山县城东南45千米九宫山北麓的牛迹岭，其陵墓背依九宫山老崖"虎山"，傍西流溪水，坐南朝北。关于李自成墓的来历，当地民间世代传说，李自成死后，尸暴于野，几位朱姓农民不忍目睹此惨景，乃用两口旧水缸合成一个"石棺"，就地挖坑，收殓埋葬。现在的"闯王陵"经过重修，整体建筑依山就势，气势宏伟。墓位于陵园正中平台之上，左右双狮守护。椭圆形的墓冢长满了厚厚的绿草，墓前立有荷花绿大理石墓碑，高2.7米，宽0.9米，上刻郭沫若书"李自成之墓"。李自成由胜利的巅峰，跌落到失败的深渊，兵败身亡。这一段极富于戏剧性变化的历史，吸引了不同时代、不同阶层的人们的注意，为之扼腕叹息。

李闯王的威名越高，越使明王朝害怕和仇恨。崇祯帝命令总督洪承畴、巡抚孙传庭专门围剿李自成，李自成的处境一天比一天困难起来。在这个困难

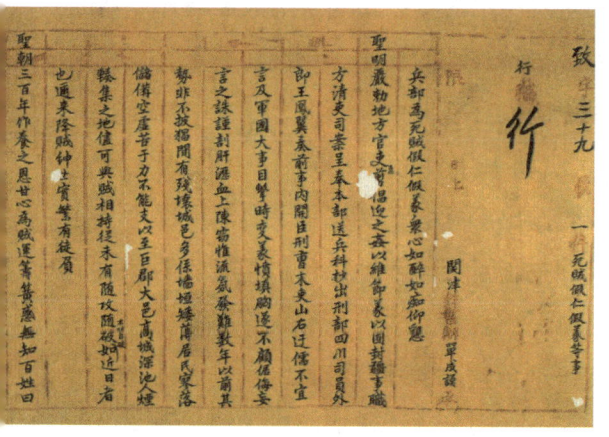

的时刻，另两支起义军的首领张献忠、罗汝才都接受了明朝的招降，李自成手下的将领也有叛变的，这使李自成处于极其危险的境地。

1638年，李自成从甘肃转移到陕西，准备打出潼关去。洪承畴、孙传庭事先探听到起义军的动向，便在潼关附近的崇山峻岭中，布置了三道埋伏线，然后故意让开通向潼关的大路，诱使李自成进入他们的包围圈。李自成中了官兵的计，起义军经过几天几夜的搏斗，几万名将士在战斗中阵亡，队伍被打散了。

李自成和他的部将刘宗敏等17个人冲出重重包围，翻山越岭，排除了千难万险，才到了陕西东南的商洛山区，隐蔽起来。

 ## 郑成功收复台湾

隆武帝在福州建立政权后，他手下的大臣黄道周一心想帮助隆武帝出师北伐，抗清复明。但是掌握兵权的郑芝龙贪图富贵，抛弃了隆武帝，向清朝投降，隆武政权也就瓦解了。

郑成功，原名森，字大木，隆武政权重臣郑芝龙之子。南明隆武帝对他十分赏识，并封他为延平郡王，赐姓朱，改名成功，因此亦称为"国姓爷"。郑芝龙降清时，郑成功率师拒降，"不受诏，不剃头"，打出"背父救国"的旗号，单独跑到南澳岛，招募了几千人马，坚决抗清。

郑成功是个将才，在他的努力下，队伍渐渐强大起来，在厦门建立了一支水师。他跟抗清将领张煌言联合起来，乘海船率领17万水军，开进长江，向南京进攻，一直打到南京城下。清军见硬拼不行，就用假投降的手段欺骗他。郑成功中了清军的计，最后打了败仗，又退回厦门。

郑成功回到厦门时，清军已经占领福建大部分地方，他们采用封锁的办法，将沿海居民内迁30里，同时，禁止舟船出海，以切断东南人民与郑成功的联系。这给郑成功造成许多困难。为了扭转被动的局面，郑成功准备收复我国被荷兰侵占的领土台湾，用作抗清斗争的最后基地。

台湾自古以来就是我国的领土。明朝末年，荷兰人趁明王朝腐败无能，霸占了台湾。1624年，荷兰殖民者被明逐出澎湖后，又占领了台湾南部，并建立了许多据点，如台湾城和赤崁城，并蚕食了大量土地。1642年，荷兰打败了西班牙独霸台湾，在台湾实行残暴的殖民统治。

郑成功少年时期曾经跟随父亲到过台湾，亲眼看到台湾人民遭受的苦难。这一回，他决心赶走殖民者，就下令让他的将士修造船只，积蓄粮草，准备渡海。

这时，在荷兰军队里当过翻译的何廷斌赶到厦门见郑成功，说台湾人民受殖民者欺侮压迫，早就想反抗了，只要大军一到，一定能够把荷兰人赶走。

何廷斌还送给郑成功一张台湾地图，把荷兰殖民者的军事布置都告诉了郑成功。郑成功有了这个可靠的情报，信心就更足了。

1661年三月，郑成功亲率2.5万名将士，乘坐几百艘战船，浩浩荡荡从金门出发。他们冒着风浪，越过台湾海峡，在澎湖休整几天，便直取台湾。

荷兰侵略者听说郑军攻打台湾，十分惊慌。他们把队伍集中在台湾（在今台湾东平地区）和赤崁（在今台南地区）两座城堡里，还在港口沉了好多破船，想阻挡郑成功的船队登岸。

何廷斌为郑成功领航，利用海水涨潮的机会，驶进了鹿耳门，登上台湾岛。

殖民者调动一艘最大的军舰"赫克托"号，气势汹汹地开了过来，阻止郑军的船只继续登岸。郑成功沉着镇定，指挥他的60艘战船把"赫克托"号围住，随即一声令下，60多只战船一齐开炮，把"赫克托"号击沉了。有3艘荷兰船见势不妙，吓得掉头就跑。

随后，郑成功派兵猛攻赤崁。赤崁的殖民者拼死顽抗，一时攻不下来。有个当地人为郑军出主意说，赤崁城的水都是从城外高地流下来的，只要把水源切断，敌人就会不战自乱。郑成功采用这个办法，没出3天，赤崁的殖民者就乖乖地投降了。

盘踞台湾城的殖民者企图顽抗，等待援兵。郑成功采取长期围困的办法逼他们投降。在围困8个月之后，郑成功下令向台湾城发起猛攻。荷兰侵略者走投无路，只得扯起白旗投降了。

1662年初，侵略者头目被迫到郑成功大营，在投降书上签了字，灰溜溜地离开了台湾。收复台湾后，郑成功在台湾设置行政机构，将赤崁城改为安平城，在台湾设承天府，下辖天兴、万年两县；将台湾城改为安平镇。建立了与大陆一致的郡县制，大力开发台湾，发展农业生产，鼓励开荒，招徕大陆移民，积极发展海外贸易，促进了台湾社

·清设台湾府·

郑成功死后，其子郑经继续坚持抗清，并着力开发管理台湾。但随着时间的推移，清政府统治全国的局势已定，台湾也就失去了它作为抗清据点的意义。郑经死后，后继者已不再坚持抗清立场，但向清廷提出独立的要求。

1683年，康熙派施琅率兵攻打台湾并占领了台湾，正式设台湾府。台湾府下辖三县，隶属福建省。

会经济发展。他还带来了先进农具和耕作技术，高山族从此以后也同大陆一样使用牛耕和铁犁种田，生活逐渐安定。

1662年五月初八，郑成功病逝。他的儿子郑经率领军队，继续驻守台湾，进行抗清活动。1683年，清军进入台湾，设置台湾府。

郑成功是我们民族的英雄，他收复了台湾，使台湾重新回到祖国的怀抱，捍卫了中国领土和主权的完整；驱逐了荷兰侵略者，结束了荷兰对台湾历时38年的统治，保卫了中华民族的利益；兴建了台湾，促进了当地的经济开发和社会发展，具有重大的历史意义，他的壮举将永载史册。

 # 康熙帝削藩

顺治十八年（1661年）正月初七夜，顺治帝福临病逝。初九，其子玄烨即位，时年8岁，以第二年（1662年）为康熙元年。

康熙帝亲自执政后，大力整顿朝政，使新建立的清王朝渐渐强盛起来。但是，南方的三个藩王却成了康熙帝的一块心病。

三藩问题由来已久。早在顺治年间，平西王吴三桂、平南王尚可喜、靖南王耿继茂奉命南征，为清王朝一统天下立下了汗马功劳。因而顺治帝在统一全国后，并没有及时撤除三藩，而是命令他们留守其地。日积月累，三藩的势力日盛，成为威胁中央的地方割据势力。三藩拥兵自重，把持地方财政，欺压百姓，甚至利用沿海交通的便利条件，置朝廷的海禁政策于不顾，大肆进行走私活动。

康熙帝即位之初，四大臣辅政。他们对三藩采取笼络、包容之策，企图借助他们的力量对付南明、农民军余部，因而对三藩的所作所为不闻不问，三藩的势力更加嚣张。康熙帝亲政后，敏锐地看出三藩已成为国家的心腹之患，把它列为自己亲政所必须解决的大事之一。

康熙帝亲政之前就采取措施，逐步削弱三藩的势力，他收缴大将军印，裁兵节饷，严禁欺行霸市、借势扰民，解除藩王总管云贵两省事务的职务。亲政以后，康熙专心学习经史典籍，借鉴历朝历史，他清楚地认识到，三藩的性质不是同宋初的开国功臣一个类型，而是同唐末藩镇一个性质。于是他更加抓

紧整顿财政，筹措军费，扩大兵力，并主动缓和满汉矛盾，以争取民心，为撤藩工作做准备。

康熙帝虽有撤藩之意，但鉴于"三藩俱握兵柄"，他也不敢贸然行动。正在他犹豫不决的时候，平南王尚可喜给他提供了一个机会。康熙十二年（1673年）三月，尚可喜上奏要求"归老辽东"，主动提出了撤藩问题。康熙帝立即抓住机会，顺水推舟，应允了尚可喜的要求，并对他的行为加以表彰。

康熙帝读书像

一石激起千层浪，康熙帝的行为引起了其他二藩的恐慌。其时，吴三桂之子吴应熊正在京师，他立即派人快马加鞭送给其父书信一封，信中写道："朝廷久疑王，今二王皆有辞职疏，而王独无，朝廷之疑愈深。速拜疏发使来，犹可及也。"吴三桂为了消除皇帝的疑心，便接受了其子的建议，立即上疏"请求撤回安插"，耿继茂之子耿精忠迫于形势，也上书一封，请求撤回安插。

两王上书到达京城，朝臣对是否撤藩的事情意见不一，大多数官员惧怕吴三桂的势力，主张暂时妥协，先行撤去耿精忠的藩国。康熙帝认为与其等吴三桂蓄谋已久，养痈成患，不如痛下决心，三藩并撤。于是康熙十二年八月，康熙帝派礼部侍郎折尔肯、翰林院学士傅达礼带手诏前往云南，户部尚书梁清标赴广东，吏部右侍郎陈一炳往福建，会同地方官员料理三藩迁移事务。

但是吴三桂申请撤藩不过是故作姿态，没想到康熙帝竟然如此迅速地批准他撤藩。吴三桂感到愤愤不平，即与其党羽密谋起兵。九月初，康熙帝所遣办理迁移事务的大臣到达云南后，吴三桂阳奉阴违，表面上接受诏书，暗地里却一再拖延动身日期，加紧叛乱的步伐。十一月二十一日，吴三桂杀死云南巡抚朱国治，逼使云贵总督甘文焜自杀，扣留了折尔肯，自称"周王"，决定以次年为周王元年，公开反叛清朝。

吴三桂反叛的消息传到北京，举朝震惊。大臣中主张向吴三桂妥协的人很多，大学士索额图竟然要求将"前议三藩当迁者，皆宜正以国法"。康熙帝

也知情势严重，但他知道撤藩的决策没有错，此时向吴三桂妥协，只能长他的气焰，灭自己的威风，他下定决心要与吴三桂一比高低。吴三桂起兵前后，曾经致书平南、靖南二藩，台湾郑经以及贵州、四川、湖广、陕西等地官吏，他还发布了蛊惑人心的《反清檄文》。一时间，滇、黔、湘、蜀纷纷响应。吴三桂主力东侵黔湘，很快兵力便达到14万。接着河北总兵察禄也反于彰德，塞外又有察哈尔部布尔民的叛乱，可谓"东南西北，都在鼎沸"。

康熙帝没有退路可走，当即采取措施，布置兵力，"增派八旗精锐前往咽喉要地荆州固守"，停撤广州和福州二藩，孤立吴三桂，拘禁额驸、吴三桂之子吴应熊及其家属，赦免散处各地的原属吴三桂的官员，削除吴三桂爵位，并悬赏捉拿吴三桂。

康熙十四年（1675年），吴三桂与清王朝的对抗达到了顶峰。叛军在全国形成了三大战场：耿精忠控制的福建、浙江、江西为东线，湖南是正面战场，以及四川、陕西、山西、甘肃为西线。康熙帝分析形势，定下战略方针：以荆州为战略立足点，顶住湖南战场的吴军主力，只对峙而不主动出击；主攻从侧翼入手，先解决耿精忠、王辅臣两股主要叛军，然后再集中力量对抗吴三桂。康熙帝还并用剿灭、招抚两手，亲自致书王辅臣、耿精忠等人，表示只要他们"投诚自归"，即赦免前罪，仍像从前一样对待他们。康熙十五年（1676

·怀柔政策·

清朝入主中原以后，统治者采取了一系列措施巩固统治。康熙皇帝是一位颇有谋略和远见的英明人物。他采取重视德化及人心向背的"怀柔政策"，特别强调"满蒙一体"，团结拉拢蒙古、藏各族的上层王公贵胄。具体措施是优给廪禄、减免徭赋、加封爵位，保证他们的世袭权利，而且规定他们轮流到北京或承德朝见皇帝。皇帝给予他们以极高的礼遇。怀柔政策的推行，在国内化兵戈为玉帛，受到了朝野上下的一致拥护，对于巩固封建国家的统治有着十分积极的意义。

年），王辅臣兵变降清。十月，耿精忠投降。十二月，尚可喜之子尚之信也公开反吴。康熙帝践约，一律优待他们。如此一来，那些蒙受蛊惑的将领和将官纷纷投降，吴军渐渐分化瓦解。

康熙十七年（1678年）八月，吴三桂暴病身亡。其孙吴世璠即大周皇位，改元洪化。他见势不妙，退居贵阳。清军在解决两翼之后，开始战略反攻，进入湖南。康熙十八年（1679年）正月，清军攻克岳州。接着势如破竹，一路收复长沙、常德、衡州。至此，湖南、四川、贵州、广西被收复。康熙帝又下令兵分三路，进军云南。康熙二十年（1681年）十一月，昆明城破，历时八年的内战以吴三桂的覆灭而告终。

三征噶尔丹

在《尼布楚条约》签订后的第二年，沙俄政府不甘心失败，又唆使准噶尔（蒙古族的一支）的首领噶尔丹向漠北蒙古进攻。

那时，蒙古族分为漠南蒙古、漠北蒙古和漠西蒙古三个部分。除漠南蒙古已归属清朝外，其他两部也都向清朝臣服了。准噶尔部是漠西蒙古的一支，本来在伊犁一带过着游牧生活。自从噶尔丹统治准噶尔部以后，他先兼并了漠西蒙古的其他部落，又向东进攻漠北蒙古。漠北蒙古人逃到漠南，请求清朝政府保护。康熙帝派使者到噶尔丹那里，叫他把侵占的地方还给漠北蒙古。噶尔丹依仗沙俄撑腰，不但不肯退兵，还大举进犯漠南。

康熙帝决定亲征噶尔丹。1690年，康熙帝兵分两路：左路由抚远大将军福全率领，从古北口出兵；右路由安北大将军常宁率领，从喜峰口出兵，康熙帝亲自带兵在后面坐镇。七月十四日，康熙帝离开北京，不料途中忽患感冒，只好取消亲征计划。

七月十五日，气焰嚣张的噶尔丹向清军宣战，屯兵于西巴尔台（今内蒙古克什克腾旗土河），然后又逐步南下，占据了距京师仅有350千米的乌兰布通。噶尔丹把几万骑兵集中在大红山下，后面有树林掩护，前面又有河流阻挡。他把上万只骆驼缚住四脚放倒在地，驼背上加上箱子，用湿毡毯裹住，摆成长长的一个驼城，叛军就在那箱垛中

北征督运图

远征漠北，最大的困难是粮饷的运送与供应。为解决这一难题，康熙帝特遣内阁学士范承烈督运西路军粮。此图描绘的是范承烈在大营门口查验军粮的情景。

《康熙南巡图》局部　清

　　《康熙南巡图》构图完整，用笔细密，色彩绚丽，画面宏大而不繁杂。画中人物众多，但每处都被刻画得细致入微，衣冠服饰也没有一点马虎之处，每个人的举手投足之间各不相同，富有神韵。画中房屋桥梁井然有序，舟船横于水上，各种树木高挺而出，枝繁叶茂，给整个画面平添了不少神采。作品以鲜明的色彩和工整的手法，真实、细致地表现了所经之处的风俗人情、州县河、名胜古迹以及商业繁荣的情况，在某种程度上表现了清初的社会生活和人民的生产劳动，所以这卷《康熙南巡图》具有珍贵的史料价值和艺术价值。

间射箭放枪，阻止清军进攻。

　　噶尔丹还派使者向清军提出交出他们的仇人的要求。康熙帝命令福全反击。八月一日，清军向乌兰布通推进，向噶尔丹大军发起猛攻。清军用火炮火枪对准驼城的一段集中轰击。驼城被打开了缺口。清军的步兵骑兵一起冲杀过去，福全又派兵绕出山后夹击，把叛军杀得七零八落，噶尔丹乘夜逃跑。

　　噶尔丹回到漠北，一面佯装向清朝政府表示屈服，一面在暗地里重新招兵买马，图谋东山再起。康熙三十三年（1694年），康熙帝约噶尔丹会见，订立盟约。噶尔丹不但不来，还派人到漠南煽动叛乱。

　　康熙三十四年（1695年），噶尔丹又燃叛乱战火，率领骑兵3万，向漠南大举进攻。

　　康熙三十五年（1696年），康熙帝决定再次御驾亲征，分三路出击噶尔丹：黑龙江将军萨布素从东路进兵；大将军费扬古率陕西、甘肃军兵，从西路出兵，拦截噶尔丹的后路；康熙帝亲自带中路军，从独石口迎击噶尔丹大军。

　　康熙帝的中路军到了科图，遇到了敌军前锋，但东西两路还没有到达。这时候，有人传言沙俄要出兵帮助噶尔丹。随行的一些大臣害怕起来，劝康熙帝退兵。康熙帝气愤地说："我这次出征，还没有见到叛贼就退兵，怎么向天

下人交代？再说，我中路一退，叛军全力对付西路，西路不是更危险了吗？"

康熙帝决心已定，继续进兵克鲁伦河，并且派使者去见噶尔丹，告诉他康熙帝亲征的消息。噶尔丹在山头望见清军黄旗飘扬，军容整齐，便连夜拔营逃走了。康熙帝一面派兵追击，一面派快马通知西路军大将费扬古，让他们在半路上截击。

噶尔丹带兵奔走了五天五夜，到了昭莫多（在今蒙古国乌兰巴托东南），正好与费扬古军相遇。费扬古在树林茂密的地方设下埋伏，然后派先锋把叛军引到预先埋伏的地方，叛军一到，便前后夹击。叛军死的死，降的降。最后，噶尔丹只带了几十名骑兵逃走了。清军大获全胜。

昭莫多之战后，噶尔丹流窜于塔米尔河流域。为了彻底消灭噶尔丹的势力，康熙帝采取收服降众、断绝噶尔丹外援的策略，彻底地孤立了噶尔丹。噶尔丹之侄策妄阿拉布坦也遣使入朝，接受了清朝的册封，噶尔丹已处于四面楚歌的境地，但他顽固不化，拒不接受清廷的招抚。

康熙三十六年（1697年）二月六日，康熙帝第三次率兵亲征噶尔丹。出京城，经过山西大同、陕北府谷、神木、榆林等地，于三月二十六日，康熙大军抵达宁夏。这时，噶尔丹原来的根据地伊犁已经被他侄儿策妄阿拉布坦占领；他的左右亲信听说清军来到，也纷纷投降，愿意做清军的向导。噶尔丹走投无路，服毒自杀。五月十六日，康熙帝胜利回京。

从那以后，清政府重新控制了阿尔泰山以东的漠北蒙古，分封了当地蒙古贵族称号和官职。随后，又在乌里雅苏台设立将军，统辖漠北蒙古。

乾隆帝禁书修书

乾隆帝朝服像

清王朝经过康熙、雍正两朝的经营，经济发展很快。到雍正帝儿子清高宗弘历（也叫乾隆帝）在位的时候，已经可以称得上国富民强了。清朝初期的文治武功在这个时期都达到了鼎盛。

1757年，原来已归服清朝廷的准噶尔贵族阿睦尔撒纳发动叛乱。乾隆帝派兵两路进攻，平定了叛乱。

乾隆帝跟他祖父、父亲一样，不仅注意武功，还十分重视文治。他一面继续招收文人学者做官；一面又大兴文字狱，镇压有反清嫌疑的文人。乾隆时期文字狱之多，大大超过了康熙、雍正两朝。

但是，乾隆帝明白，光靠文字狱来实行文化统治去不了根儿，还有成千上万的书籍贮藏在民间。如果里面有不利于他们统治的内容，那就无可奈何了。后来，他想出一个一举两得的办法，就是集中全国的藏书，来编辑一部规模空前巨大的丛书。这样做，一来可以进一步笼络大批知识分子，显示皇帝重视文化；二来借这个机会正好可以把民间藏书统统审查一下。

1773年，乾隆帝正式下令开设四库全书馆，派了一些皇亲国戚和大学士担任总管，那些皇亲国戚大多是挂名监督的。真正担任编纂官的都是当时一些有名的学者，如戴震、姚鼐、纪昀等人。

要编这样一套规模巨大的丛书，先得收集大量的书籍。乾隆帝下了命令，叫各省官员搜集、收购各种图书，并且定出了奖励办法，私人进献图书越多，奖励越大。这道命令一下，各地图书便源源不绝送到北京。两年之中，就聚集了2万多种，再加上宫廷里收藏的大量图书，数量就很可观了。书收集得差不多了，乾隆帝就下令四库全书馆的编纂官员对图书进行认真检查。凡是有"违碍"（对清统治者不利）字句的，一律毁掉。经查发现在明朝后期的大臣奏章里，提到清皇族的上代时不那么尊重，乾隆帝认为这是很不体面的，就下令把这类图书一概烧毁。据不完全统计，在编《四库全书》的同时，被查禁烧毁的图书也有3000多种。

后来，这部规模巨大的《四库全书》终于编出来了。编纂者们对大批图书进行编辑、校勘、抄写，足足花了10年工夫，到1782年正式完成。这套丛书按经、史、子、集四部44类编排，共收图书3461种，多达7万多卷，共计3.6万册。《四库全书》始修于乾隆三十八年，完成于乾隆五十八年（1793年）。在乾隆四十七年缮写完第1部之后，又缮写6部及副本1部，分别藏于故宫文渊阁、圆明园文源阁、沈阳故宫文溯阁、承德避暑山庄文津阁等处。后来历经战火，《四库全书》或被抢，或被烧，保存比较完整的仅有藏于承德避暑山庄文津阁的那一部，现收藏于国家图书馆。

乾隆帝编修《四库全书》是结合从《永乐大典》中搜辑佚书和大规模地征集民间遗书两项活动同时进行的，因而《四库全书》及《四库全书总目》两书的收书范围和质量都远远地超过了前代。不论乾隆帝当初的动机怎样，这部书对后代人研究我国古代丰富的文化遗产，毕竟是一项重大而珍贵的贡献。

民族英雄林则徐

林则徐像

在乾隆、嘉庆在位期间，清朝的国力开始由强盛走向衰弱。与此同时，英、美、法等国正逐渐完成工业革命，资本主义需要广阔的商品市场和原料产地，英国首先将目光投向了中国。

鸦片，俗称大烟，是用罂粟汁熬制而成的麻醉毒品，吸食者极易上瘾，长期吸食能导致身体委顿、精神颓靡。早在清初，鸦片就已随其他商品一起输入到了中国。以英国为首的西方殖民者为扭转贸易逆差，改变白银大量流向中国的局面，转而采用倾销鸦片的恶毒手段，以此敲开中国的大门。英国是最大的鸦片贸易贩子，美国次之，俄国也从中亚向中国北方输入鸦片。鸦片的大量流入，使殖民者们大发横财，却给中国带来了巨大灾难，鸦片大量输入严重冲击了中国封建经济，清政府在对外贸易中开始处于逆差地位。大量白银外流，使清政府国库空虚，财政拮据，百业萧条。鸦片也最初只在沿海行销，后来逐渐深入内地，吸食上瘾者不可胜数，严重毒害了中国

图解 中国通史

人的肉体和心灵。鸦片贩子大量行贿也使清政府的吏治更加腐败。

种种情况使人民要求禁烟的呼声越来越强烈，政府和一些正直官员也逐渐认识到禁烟的重要性。1838年六月，鸿胪寺卿黄爵滋等人上奏，痛陈鸦片的祸害，揭发官吏包庇鸦片烟贩，主张坚决遏制鸦片的输入。他认为要禁绝鸦片，必先加重严惩吸食者。湖广总督林则徐和两江总督陶澍等人十分赞成黄爵滋的主张。1838年农历七月到九月，林则徐三次复奏道光帝，指出若不禁烟，长此

广州海战图　清

这幅英国凹版图画中，一艘中国战船因被英国战舰"奈米西斯"号开炮击中而烧毁。此战发生于1841年1月，地点在珠江三角洲亚森湾，在两个小时的作战中，11艘中国战船被击沉，500名船员阵亡，而英军只有几人受伤。"奈米西斯"号是英国的第一艘铁甲战舰。在这样的战舰面前，中国海军的木船不堪一击。

以往，数十年后，"中原几无可以御敌之兵，且无可以充饷之银"。林则徐的话坚定了道光帝严禁鸦片的决心。

林则徐是福建侯官（今福州）人，他的父亲林宾日是个以教书为业的秀才。林则徐27岁那年被选为翰林院庶吉士。在京时期，他与南方出身的清流派小京官结成文学团体"宣南诗社"，社友中有陶澍、黄爵滋、龚自珍等人。他们之间常常议论时局，讨论治世的学问，这自然为林则徐日后出任封疆大吏，建立斐然政绩打下了良好的基础。

1839年农历一月，林则徐离开北京，宣布这次出差将自备车轿，自带役夫，沿途供应不许铺张，若有犯者，言出法随。这种严肃的态度使英国的毒贩们感到了情势的转变。到达广州后，林则徐又在行馆门外张贴告示：严禁收取地方供应，所有随从人员不得擅离左右。在两广总督邓廷桢的帮助和合作下，林则徐暗访密查，充分掌握了广州鸦片走私和经营情况，然后下令收缴外商鸦片，还让他们保证以后来船永不再夹带鸦片，如果有，货全部没收，人立即正法。广州人民也纷纷行动起来，配合林则徐的缴烟命令。鸦片贩子不愿交出鸦片，操纵广州的外商商会破坏禁烟行动。林则徐便下令中止中英贸易，命令海关禁止外人离开广州，终于从四月到五月二十一日收缴了鸦片2万多箱。

道光十九年（1839年）四月二十二日，林则徐在虎门开始销烟，在场群众

成千上万，争相观看这次焚烟活动。林则徐先让兵士在海滩上挖成两个15丈见方的池子，池底铺上石条、四壁栏桩钉板，防止渗漏。又在前面设一涵洞，后面通一水沟。之后，将水车从沟道推入池子，将盐撒进，又把鸦片切成小块，投入卤水中，浸泡半小时后再将石灰投入，池中立刻水汤滚沸，围观群众欢呼声震天动地。退潮时，兵士启放涵洞，池中水汤随浪潮鼓动送入大海。然后再用清水洗刷池底，不留下半滴烟灰。就这样，在连续20多天的时间里，收缴的鸦片全部被销毁。

林则徐指导中国人民的禁烟斗争，具有了反抗侵略、捍卫民族的伟大意义。虎门销烟谱写了近代史上中国人民反对外国侵略光辉篇章的第一页。

第一次鸦片战争

当英、美、法等列强进行如火如荼的资本主义革命时，清政府正闭关锁国，自以为"天朝上国"，不思改革，遂使中国在世界上落伍。英国通过鸦片贸易从中国攫取了大量白银，同时使我国军民身衰体弱，统治阶级有识之士纷纷要求禁销鸦片。

1839年，湖广总督、钦差大臣林则徐奉命于1月底到达广州，他一方面整顿海防，允许人民群众持刀杀敌；另一方面宣布收缴鸦片。3月，英国鸦片贩子被迫交出鸦片237万余斤。6月3日，林则徐下令把这些鸦片在虎门海滩当众销毁，以示中国政府禁烟的决心。

英国政府以此为借口向中国发动了战争，1840年1月，以懿律和义律为正副全权代表，懿律为侵华英军总司令，出兵中国。5月，英国舰船40余艘、士兵4000多名先后到达澳门附近海面，鸦片战争爆发。懿律率英军进犯广州海口，看到广州军民早已严密布防，遂转攻厦门，又被邓廷桢军击退。6月，英军北上攻占定海作为军事据点。8月，英舰抵达天津大沽口外。

道光帝慑于英军武力，又为投降派的劝说所动摇，遂改变态度，罢免了林则徐，改派直隶总督琦善为钦差大臣去天津和英军谈判。而此时英军因夏秋换季，疾疫流行，遂放弃定海，于8月中旬南返，双方议定在广州谈判。琦善到广州后，一反林则徐所为，命令撤除海防水勇，镇压抗英群众，一心议和。

1840年12月，琦善与义律在广州开始谈判。英军趁中方严防撤除、又因谈判而致海防松懈无备之际，于1841年1月7日发动突袭，攻陷了虎门附近的沙角、大角两炮台，并单方面宣布所谓"穿鼻草约"。1月26日，英军攻占了香港岛。

道光帝得知琦善开门揖盗，丢失两炮台后，下令锁拿琦善，并向英宣战，派侍卫内大臣奕山为靖逆将军，调兵万余赴粤抗英。英军先发制人，出动海陆军攻虎门，广州提督关天培亲率清兵迎击，清军刀矛不敌英军坚枪利炮，关天培中弹牺牲。2月26日，英军攻占虎门、猎德、海珠等炮台，溯珠江直逼广州。4月，奕山率大军抵广州。5月24日，英军进攻广州，一路占领城西南的商馆，一路由城西北登陆，包抄城北高地，不久攻占城东北各炮台，并炮击广州城。奕山执行"防民甚于防寇"的方针，对英军侵略消极抵抗，在英军的迅猛攻势下，他与英人签订《广州和约》并征得道光帝批准，以缴600万银圆换得英军撤出广州地区。

与清政府的妥协投降态度相反，广州三元里人民在广州北郊牛栏冈附近同窜入这里的千余英军英勇作战，打死打伤英军数十人，并把四方炮台围得水泄不通。在广州知府的调停下，英军才得以解围。

英政府并不满意懿律和义律在中国获得的权益，改派璞鼎查（后来的首任港督）为全权代表来华，扩大侵略战争。1841年8月21日，璞鼎查率37艘舰队、陆军2500人离开香港岛北上，攻破厦门，占据鼓浪屿；10月1日再次攻陷定海，定海总兵葛云飞英勇殉国。10日，英军攻占镇海（今属宁波），钦差大臣、两江总督裕谦战死，英军旋占宁波城。道光帝闻讯大惊，忙派吏部尚书大学士奕经调兵赴浙以收复失地。1842年3月，奕经在准备不充分的情况下全面反击，清军数战不利，撤回原地。

战败消息传到京师，朝野上下震动，道光帝无奈，只得派盛京将军耆英和伊里布赴浙向英军请和。璞鼎查不理会耆英的乞和，继续深入。1842年5月18日，英军攻取浙江平湖乍浦镇，6月16日攻吴淞口，吴淞炮台守将陈化成壮烈牺牲，宝山、上海沦陷。英军溯长江西上，于7月21日陷镇江，8月，英舰陆续到达南京下关江面。清政府已无心再战，遂接受英方停战的条件，29日，在英军舰"汉华丽"号上，耆英、伊里布与璞鼎查签订了中国近代史上第一个不平等条约《南京条约》。条约共7条，主要内容是：割让香港岛，赔款2100万银圆，广州、福州、厦门、宁波、上海五口通商等。

鸦片战争严重侵害了中国的主权，标志着中国开始逐步陷入半殖民地半封建社会。

火烧圆明园

圆明园始建于明朝。1709年，康熙帝将它赐给四子胤禛，并赐名为圆明园，"圆"乃"君子之灵魂"，"明"为"用人之智慧"，是康熙帝授其子孙为人治国之计。雍正即位后，将圆明园大规模扩建，乾隆三十五年（1770年），圆明园三园格局基本形成。后来圆明园又经过嘉庆、道光、咸丰等皇帝的经营，才营造成为一座规模宏伟、景色秀丽的宫苑。清朝皇帝每到盛夏就来此避暑听政，所以圆明园也被称为"夏宫"。

圆明园共经营了150多年，它由圆明园、万春园、长春园三园组成，其中以圆明园最大，此外它还有许多属园，建筑面积达16万平方米，园里共有100多个景点。它继承了中国历代优秀的造园艺术，汇集了全国的名园胜景，是我国园林艺术的集大成之作。同时，它也大胆吸收西方建筑形式。有一组中西合璧的"西洋楼"建筑群，兼备中、日、西欧三种风格。除此之外，圆明园还是一座皇家博物馆，珍藏了无数的孤本秘籍、名人字画、鼎彝礼器、金珠珍品和铜瓷古玩等，堪称人类文化的宝库。

1856年，正当清政府忙于镇压太平天国运动之时，英法联军在俄国和美国的支持下，发动了新的旨在扩大《南京条约》所取得权益的侵略战争，这就是第二次鸦片战争。在这次战争中，中华文化遭受到一次空前的劫难。著名的皇家园林圆明园不仅被残暴洗劫，甚至被野蛮的侵略者们付之一炬。

1860年10月5日，英法联军兵临北京城下，听说清军驻守力量在北城最

圆明园九州清晏图　清

薄弱，便绕道安定门、德胜门，进犯圆明园。首先闯入的是法国侵略军，当法军攻破宫门时，园内太妃董嫔恐受辱而自缢身亡，护园大臣亦投水自尽。侵略者们见物就抢，口袋里装满了珍品宝物。刚开始司令部还对士兵们有所节制，后英军亦赶到，联军司令部发

被抢劫与焚毁后的圆明园大水法遗址

出了"自由抢劫"的通知，一万多名士兵军官贪婪地扑向琳琅满目的珍藏，进行疯狂的洗劫，能抢就抢，能运就运，对于那些搬不走的大件器物，他们就丧心病狂地砸碎破坏。大肆洗劫后，额尔金在英国首相支持下，竟下令烧毁圆明园。

10月7日到9日，迈克尔率英军第一师持火燃园，园内300多名太监、宫女、工匠都葬身于火海，大火连续烧了三天三夜，这座世界名园化为一片焦土。10月13日，侵略军攻占了安定门，控制了北京城，10月18日，再次抢劫万寿山、玉泉山和香山等多处珍贵文物，并进行第二次大焚烧。

这次焚烧圆明园的事件之后，有些偏僻角落和水中景点并没遭劫，清廷30多年间仍将此处当成重兵看守的禁苑，进行一系列的修复工程，同治、光绪和慈禧还常到此巡游。1900年，八国联军侵华，圆明园再次遭受劫难，遗址被彻底破坏。

圆明园被焚使中国文化蒙受了巨大的损失，大量的珍奇、瑰宝、文物流落国外。它见证了外国列强无耻侵略我国的罪恶，提醒我们不忘国耻、奋发向上，为祖国的振兴和强大而不停奋斗。

慈禧夺权

咸丰在位的10年，内忧外患不断：先是太平军起义，然后是捻军大乱淮泗；而英、法等国又乘机要挟，大动干戈；沙俄更是狮子大开口，一下子就割

去了东北100多万平方千米的土地，甚至连清朝的龙兴之地也不放过。这真是爱新觉罗宗室的奇耻大辱。

在这种内忧外患的交迫下，咸丰帝身染重病，一病不起。1861年7月，咸丰帝在多次昏厥之后，知道自己将要去世，便考虑托孤一事。他知道懿贵妃（慈禧）是权力欲极强的女人，而皇后钮祜禄氏（慈安）没有主见。为了防止出现女后专权的局面，他把辅政的重责交给协办大学士、尚书肃顺和怡亲王载垣、郑亲王端华等八大臣。在他看来，八大臣联手足可以对付懿贵妃，即便是恭亲王站在懿贵妃一边也不怕。

慈禧太后像

但是，由于咸丰留下了"御赏""同道堂"两枚印章，便埋下了后宫垂帘听政的祸根。原来，"御赏"是咸丰帝赐给皇后钮祜禄氏的私章，"同道堂"是咸丰帝赐给独子载淳的私章。这两枚私章成为皇权的象征，咸丰帝的意思已十分明确，那就是说，用这两枚印章来制约八大臣。

不久，八大臣上了一个极有利于懿贵妃的章疏：尊皇后钮祜禄氏为慈安皇太后；尊懿贵妃叶赫那拉氏为慈禧皇太后。

幼帝的生母叶赫那拉氏原为咸丰的宫人，因生载淳而被封为懿贵妃，载淳继位后被尊为慈禧太后。时年26岁的慈禧有着极强的权势欲，很想个人把持朝政大权。咸丰在位时，慈禧曾帮咸丰帝批阅奏折，这给她提供了很好的学习机会。按照清朝家法，太后可以垂询国事，此所谓"听政"。慈禧利用此规矩，在先帝驾崩后就向东宫慈安太后提出应废除"顾命体制"，而改为垂帘听政之制。慈安太后宽厚和平，不懂朝政，一切听慈禧的安排。贸然提出垂帘的主张，必然会招致大臣的反对和清议的不满，慈禧于是开始拉拢恭亲王奕䜣共商计策，两人一拍即合。

1861年10月，皇室护送咸丰灵柩回京，两宫太后偕幼帝载淳先到北京。11月2日，慈禧发动政变，以幼帝之命发布上谕，解除载垣、端华、肃顺的职

务，并处以死刑。同时宣布两太后垂帘
听政，命奕䜣为议政王，入军机处，改
年号为"同治"。虽然垂帘听政的是两
个皇太后，但实际上实权只掌握在慈禧
一人之手。由于得到多数文武大臣的支
持，又采取了不予株连的明智政策，所

慈禧皇太后之宝玺及玺
文　清

以政局没有发生重大动荡。这次政变因发生在辛酉年，因此被称为辛酉政变。

从此，慈禧便掌握了清王朝的政权。她依靠曾国藩、李鸿章等组织的汉
族地主武装，勾结外国侵略势力，先后镇压了太平天国和捻军等起义，使清
王朝的统治得到暂时稳定。中日战争中，她一味求和，幻想列强出面干涉、
调停，导致了甲午战争的失败，与日本签订了丧权辱国的《马关条约》。1898
年，光绪帝为了振兴国家而决定变法，慈禧发动政变，扼杀新政，囚禁光绪
帝于瀛台，开始复出训政。1900年，八国联军入侵北京，慈禧挟光绪帝出逃
西安，并于第二年签订了丧权辱国的《辛丑条约》。1908年11月14日，光绪帝
死，她命立年仅3岁的溥仪为帝，年号宣统，自己也于次日病死，结束了对清
朝长达47年的统治。

 洋务运动

洋务，又称夷务，泛指包括通商、传教、外交等在内与西方资本主义有
关的一切事物。洋务运动指清政府一批具有买办性质的官僚军阀在19世纪60年
代到90年代为挽救统治危机，自上而下推行的一场以引进西方的军事装备、机
器生产和科学技术为主要内容，以富国强兵为目的的自救运动。

洋务派在中央以总理衙门大臣奕䜣、侍郎文祥等为代表，在地方上以曾
国藩、李鸿章、左宗棠、张之洞等为代表，同治登基后他们握有实权，可以左
右清朝的政局。洋务派的指导思想是"中学为体，西学为用"，他们认为中国
的政治制度比西方好得多，只是火器比不上西方列强，只要清政府掌握了西方
的近代军事技术和装备，就可以强盛起来。洋务运动分为前后两个阶段，19世
纪60年代为第一阶段，洋务派打着"自强"的旗号，依照西方资本主义国家的

办法制造新式枪炮和船舰，兴办了一批军事工业企业；70年代到90年代是第二阶段，以"求富"为口号，洋务派开始民用工业企业。

在第一阶段洋务派建立的军工厂中规模较大的有江南制造总局、金陵机器局、福州船政局、天津机器局等。李鸿章在曾国藩的支持下在上海创立江南制造总局，创办经费为54万余两白银，工人2000余人，主要生产枪炮、弹药和小型船舰，还附设译书馆来翻译西方书籍，这是洋务派创办的规模最大的军工企业。这些军工企业全部都是官办企业，由清政府和湘、淮系军阀控制，具有浓厚的封建性，同时对外国有着严重的依赖性，从设计施工、购置机器设备、生产技术直到原料供应完全依赖于外国，并长期受外国人控制，但这些近代企业毕竟也具备了一定的资本主义因素。

如汉阳兵工厂是洋务派大臣张之洞于1890年创建的。张之洞先向德国定购了制造新式快枪和新式快炮的机器，后又定购了制造枪弹、炮弹和炮架的机器。汉阳兵工厂分为枪厂、炮厂、枪弹厂、炮弹厂、炮架厂和翻沙厂，另外还建有配套的汉阳炼铜厂等军事工业。枪厂主要制造新式快枪；炮厂主要制造用于野战和山地战的快炮。其他四厂生产的都是枪炮厂的配套产品。汉阳兵工厂对巩固国防发挥了重大作用，甲午战争期间，该厂生产枪炮为前线的主要武器。一直到20世纪40年代，汉阳兵工厂仿德国88式毛瑟步枪而造的"汉阳式"步枪还是中国军队的主要装备。

由于在创办军工企业的实践中遇到资金、原料、运输等困难，洋务派认识到必先求富才能自强，所以决定发展民用企业以积累资金，有了雄厚的经济基础后才能制造洋枪炮以自强御侮。自70年代起，洋务派开始大力发展工业企业，到90年代就已创办了大约20家民用企业，包括交通运输、采矿、纺织、冶炼等各个行业。规模较大的有上海轮船招商局、上海机器织布局、电报总局、铁路交通运输业等。在这些企业中，上海轮船招商局是最有成就的一个，它是1872年李鸿章在上海创办的，是中国第一家近代轮船航运

轮船招商局　清

·反对外国教会侵略行为的斗争·

　　随着外国资本主义势力深入内地，人民群众掀起了反对外国教会的斗争。教会一般都是外国势力入侵的先行军和帮凶，人民对其极其憎恨，各地发生了多起捣毁教堂、驱逐外国传教士的斗争。19世纪60年代后期形成一个反侵略的浪潮，其中以1870年的天津教案和60年代贵阳教案最为出名，中法战争期间一直到90年代，反教会一直是人民群众反抗半殖民地半封建统治秩序的主要形式。

公司，也是洋务派兴办的第一个民用企业。这个企业在经营过程中屡遭英美轮船公司的排挤，但并没有被挤垮，一直在夹缝中求生存。

　　洋务派在兴办军工、民用企业的同时，还进行了筹建海军、加强海防、设立外文学馆、派遣留学生等活动。1875年，两江总督沈葆桢、直隶总督李鸿章等人奏请筹建北洋、南洋、粤洋三支海军。1885年，三洋海军已初具规模。1867年，奕䜣设立京师同文馆，以教习外语为主，同时兼习天文、历史和数理化。此后，各类学堂学馆在各地纷纷建立。1872年，中国首次派遣留学生到国外，30名学生由上海赴美留学。此后，清政府还多次派遣留学生到国外学习。

　　洋务派的活动旨在维护清王朝的封建统治。他们创办了中国第一批近代工业企业，培养了近代中国第一批新型的科技、军事和翻译人才，是近代最早觉醒的先行者。洋务派向西方学习的探索，尽管带有浓重的封建性和对外国的强烈依赖性，但其进步作用也是不容忽视的。

甲午战争

　　1868年明治维新以后，日本开始大力发展资本主义，建立近代国家，并具有强烈的军国扩张欲望。明治政府一建立就制定了旨在征服中国和世界的所谓"大陆政策"：侵占中国台湾，再征服朝鲜，进一步侵占中国的东北和蒙古，继而征服全中国，最后独占亚洲，称霸世界。

　　1894年春，朝鲜爆发了东学党起义，以"除暴安良"和"逐灭夷倭"为口号。起义很快席卷了朝鲜南部很多地区，朝鲜政府无力镇压，便向清政府求援。清派直隶提督叶志超等率兵2500人赴朝助剿。日本伺机而动，决定出兵朝鲜，趁机挑起中日冲突以发动侵略战争。朝鲜东学党起义被镇压后，清政府照会日本，建议中日两国同时撤兵。日本拒不撤兵，蓄意扩大事态。面对日本的挑衅，清统治集团内部出现了主战和主和两派意见。以光绪帝为首的帝派力主加强战备，以武力遏制日本的扩张，但实权掌握在慈禧太后和李鸿章手上，他们对日避战求和。日本重兵压境，驻朝清兵多次请添援军，李鸿章不予理会，反而把解决中日争端的希望寄托在国际列强的调停上，但西方列强对日本发动战争均持默许和支持的态度。

7月底，清援军途经丰岛海面时，突遭日舰袭击，清军官兵死伤惨重，日本不宣而战，正式挑起侵华战争。1894年8月1日，中日两国同时正式宣战。9月，日陆军分4路会攻平壤，清军与日军在城外展开激战。左宝贵指挥清军英勇抵抗，死守城北玄武门一带，并亲自登城开炮轰击日军，不幸中炮牺牲，玄武门失守，主将叶志超逃跑。

9月17日，中日在黄海海面上进行了激烈的海战。提督丁汝昌率领北洋舰队与日军展开激烈战争，丁汝昌受伤后仍坐于甲板上鼓舞士气，由"定远"号管带刘步蟾代其指挥督战。"致远"号管带邓世昌在鏖战多时、船舰受重创的情况下，下令舰船猛撞日舰，不幸中鱼雷，全舰官兵壮烈殉国。"经远"号亦在其管带林永升指挥下坚持战斗到最后一刻。黄海海战北洋舰队虽然损失了5艘军舰和近千名士兵，但也重创了日舰。由于李鸿章实行"保船制敌"的消极防御方针，命令北洋海军集于威海卫，不准出战，致使日本掌握了黄海制海权。

10月，日军偷渡鸭绿江成功，九连城、安东等相继失守，日军进逼辽阳。与此同时，日军另一支军队由辽东半岛的花园口登陆，南犯金州。徐邦道率部分清军与日在金州激战，因寡不敌众、后援不济而退守旅顺，另一清军将领赵怀业不战而逃，弃守大连。11月17日，日军进攻旅顺，只有徐邦道一部奋勇迎敌，孤立无援，旅顺失守。22日，日军进入旅顺，进行了惨绝人寰的大屠杀，历时4天，杀害2万多人，血流成河，尸横遍野。旅顺失守后，清政府多次派人向日本求和，日军不予理会，将进攻重点转向北洋舰队基地威海卫。当时北洋舰队实力尚存，可与日军一战，但李鸿章严禁其出击，造成了被动挨打的局面。威海一战，北洋舰队全军覆没，提督丁汝昌拒降自杀，定远管带刘步蟾亦自杀殉国。1895年初，日军战略重点转向辽东半岛，辽东半岛沦陷。3月，清政府派李鸿章赴日议和。1895年4月17日，李鸿章屈服于日本的压力，与伊藤

博文签订了《马关条约》，甲午战争结束。

《马关条约》是《南京条约》以来最严重的不平等条约。日本割占了中国大片领土，进一步破坏了中国的领土完整，助长了列强侵略中国的野心，引发了列强瓜分中国的狂潮，给中华民族带来了空前严重的危机。

 戊戌政变

1895年到1898年，在中国发生了一场颇有声势的资产阶级维新变法运动。到了1898年，百日维新成为这次运动的高潮。这是一场由资产阶级改良主义者领导的改革。维新运动的主要领导人是康有为。

中日甲午战争后，帝国主义列强掀起瓜分中国的狂潮，民族危机空前严重。就在德国强占胶州湾的消息传出后不久，康有为第5次赴京上书光绪帝，提出变法自救的强烈主张。这份上书亦被阻，但其内容已在北京广为传抄。1898年初，

光绪帝朝服像

光绪帝知道了上书内容，想召见康有为，但被恭亲王奕䜣所阻，光绪帝只好指派翁同龢、李鸿章等五大臣接见康有为。后康有为第6次上书光绪帝，即著名的《应诏统筹全局折》，继续强调变法的急迫性，并提出具体措施。光绪帝一心想改变国势贫弱的局面，于是决心接纳维新主张。

1898年5月，恭亲王奕䜣病死，变法阻力减少。康有为即刻鼓动帝党官员上书敦请变法，光绪帝接受建议，于6月11日颁布由翁同龢草拟的《定国是诏》，变法运动正式开始。16日，光绪帝在颐和园召见康有为，商讨具体变法措施。光绪帝任命康有为总理衙门章京上行走一职，准予专折奏事；赏杨锐、刘光第、谭嗣同、林旭四品卿衔，擢为军机章京，参与新政。变法期间，光绪帝发布了上百道变法诏令，包括：政治方面设制度局，裁减冗员，提倡西学等；军事方面设厂制造军火，改用西法精练军队。这些措施虽然是没有触及根本政治制度的变革，但都有利于民族资本主义经济的发展和近代资产阶级进步

思想文化的传播。

随着变法运动的高涨，以慈禧为首的顽固派与维新派的矛盾也日益尖锐。

慈禧太后首先逼迫光绪帝下令将翁同龢革职。接着，逼迫光绪帝任命荣禄为直隶总督兼北洋通商大臣，统

梁启超旧照　　　　　康有为旧照

率北洋三军，这实际上是把北京控制在她的手里。慈禧太后又用光绪帝的名义，宣布在10月19日去天津检阅军队，准备到时发动政变，逼迫光绪帝退位。

在这危急的时刻，光绪帝便与维新派的主要人物反复商量，认为唯一能想到的办法，就是依靠袁世凯的军事力量。

袁世凯早年曾在天津小站督练新建的陆军，当时是荣禄的部下，是北洋三军中的重要将领。当光绪帝皇位难保之时，谭嗣同挺身而出，表示愿意冒险去找袁世凯，说服他出兵帮忙。

当天深夜，谭嗣同独自到了袁世凯的寓所，拿出光绪帝的密诏，并将维新派的全部计划也和盘托出，要袁世凯扶持光绪帝诛杀荣禄，消灭后党。谭嗣同慷慨激昂地说："今天只有你能救皇上。如果你愿意，就请全力救护；如果你贪图富贵，就请到颐和园告密，你可以升官发财！"

袁世凯正颜厉色地说："你把我袁某看成什么人了！皇上是我们共事的圣主，救驾的责任，你有，我也有！"

第二天，光绪帝召见了袁世凯，要他保护新政。退朝之后，袁世凯匆匆赶回了天津。一到天津，他就去向荣禄告密。荣禄得报后，连夜乘专车进京，赶往颐和园去向慈禧太后报告。

第二天凌晨，慈禧太后就带着大批人马，气急败坏地从颐和园赶到紫禁城，下令把光绪帝囚禁在中南海的瀛台。对外则宣布光绪帝生病，不能亲理政务，由慈禧太后"临朝听政"。同时，下令大肆搜捕维新派和倾向维新派的官员。百日维新期间推行的新政，除了京师大学堂等少数几项措施以外，全部被废除了。这一年是戊戌年，所以，通常把这场政变称为"戊戌政变"。

维新派领袖康有为得知消息后，从天津搭乘英国轮船逃往香港。梁启超

当天得到日本使馆的保护，化装逃往日本。

1898年9月28日，慈禧太后下令杀死谭嗣同、康广仁、刘光第、林旭、杨锐、杨深秀六人，他们被称为"戊戌六君子"。

至此，资产阶级改良主义运动彻底失败了。戊戌变法虽然失败了，但它对中国历史发展产生了不可磨灭的影响，留下了深刻的历史教训。它是资产阶级领导的一次政治改革运动，也是一场思想启蒙运动，符合中国近代社会发展的趋势，具有爱国救亡的积极意义。它的失败证明，在半封建半殖民地社会的中国，资产阶级改良的道路是行不通的。

末代皇帝

光绪帝在位34年，最终抑郁而死。在光绪帝病死前，醇亲王载沣被宣入中南海，跪在慈禧的帏帐前。

慈禧开口说："载沣，你得了两个儿子，这是值得喜庆的事。光绪已将不起，我又在病重之中。现国家有难，朝廷不可一日无君，我决定立你的长子溥仪为嗣，继承皇位，赐你为监国摄政王！"向来懦弱的载沣听了这番话，如五雷轰顶，手足无措，不知该怎么办才好，只是反复念叨说："溥仪仅仅3

幼年溥仪旧照

岁，溥仪仅仅3岁……"慈禧马上劝慰说："这是神意，也是列祖列宗牌位前卜卦请准了的！明天，你将溥仪带进宫，准备举行登基仪式。"

慈禧的决定传到醇王府，醇王府立即炸锅了。溥仪的祖母不等念完谕旨就昏了过去。刚苏醒过来，便一把夺过溥仪，紧紧抱在怀里，一把鼻涕一把泪地说："你们把自家的孩子（指光绪）弄死了，却又来要咱的孙子，这回咱是万万不能答应的！"

对于慈禧的歹毒，她是领教过的，所以她止不住地哭闹着，不忍心让孙子再落入慈禧的魔掌。后来，府中的人不得不把她扶走。这时候接皇帝的内监要抱溥仪走，但3岁的溥仪见到这些生人，拼命地挣扎，他一点也不管"谕旨不可违"的说教，连哭带打不让太监来抱。于是，太监们一商量，决定由载沣抱着"皇帝"，带着乳母一起去中南海。

1908年11月14日，一群太监将溥仪带入皇宫。第二天，慈禧便一命呜呼了。到了12月2日，清廷举行了隆重的皇帝登基大典。

登基大典开始时，不满3周岁的溥仪坐在皇帝的龙床宝座上竟哇哇地大哭起来。他父亲载沣侧身坐在龙床上，双手扶着他，叫他不要再哭闹。

根本还不懂事的溥仪见那些文武百官不断地磕头，高呼"万岁、万岁、万万岁"，加之山崩地裂般的锣声、鼓声、钟声，更加害怕，哭声也更大了。载沣觉得在这样的盛典上，皇帝却哭闹不止，太不像话，心中一急，不由脱口而出，叫道："就快完了！就快完了！马上回老家了！一完就回老家了！"

话一出口，文武官员们不由得窃窃私语起来："怎么说是'快完了'呢？说要'回老家'是什么意思呢？""回满族老家？不就是结束近270年的清朝统治吗？"

载沣这一番话竟不幸得到了应验。到了1911年，溥仪当皇帝不到3年，辛亥革命就爆发了，在重重压力下，隆裕皇太后不得不替溥仪宣布退位，大清帝国就此宣告灭亡了。

辛亥革命

同盟会成立后，以孙中山为首的革命派积极宣传革命思想，夺取思想阵地的领导权，为推翻清朝做舆论准备。与此同时，革命派组织和发动了一系列武装起义，由于群众基础薄弱，这些起义都相继失败了，但它有力地冲击了清朝的反动统治，扩大了革命影响，激发了全国人民的斗志，鼓舞了更多的志士仁人投身于反清斗争。

武汉地处长江中游，号称"九省通衢"，是当时的水陆交通中心，又是帝国主义侵略中国的重要据点和清朝统治的一个重心，也是资产阶级革命党人活动非常活跃的地区。1904年，武汉成立了第一个革命团体科学补习所，随后

又成立了日知会、文学社和共进会等革命团体。革命党人在武汉长期进行革命宣传和组织工作，大批青年学生、群众加入革命队伍。革命党人深入新军中进行宣传，把反革命武装变为革命武装。到武昌起义前夕，新军中已有三分之一的士兵参加了革命组织，成为武昌起义的主力军。

1911年的广州黄花岗起义和四川保路风潮推动了革命形势的迅速发展，尤其是四川保路运动爆发后，清朝调湖北军入川镇压，统治阶级在武汉的兵力减弱，武昌起义的时机成熟。9月，在同盟会中部总会的推动下，文学社和共进会在武昌召开联席会议，成立了起义临时总指挥部，推举文学社领导人蒋翊武为总指挥，共进会领导人孙武为参谋长，并制订了起义计划，预定在中秋节起义。同时，拟定文件，绘制旗帜，制造炸弹，为起义做准备。起义前夕，孙武在汉口俄租界赶制炸弹时不慎爆炸受伤，革命机关遭到破坏，革命的旗帜、文告及党人名册全被搜走，起义计划暴露。起义总指挥部及其他机关也被破坏，起义领导人大批被捕或逃亡。革命党人和新军中的革命士兵见事态紧急，决定自行秘密联络，提前发动武装起义。

10月10日晚，武昌城内新军工程第八营的革命党人和广大士兵在熊秉坤率领下首先发难，打响了武昌起义的第一枪。他们杀死镇压起义的反革命军官，冲出营房，占领楚望台军械库。各处响应的起义士兵齐集楚望台，并临时推举吴兆麟担任指挥，向总督衙门发动进攻。湖广总督吓得惊魂丧胆、走投无路，急忙从总督署后围墙上打开一个洞逃之夭夭。各起义部队在统一指挥下，经过一夜激战，攻占了总督衙门，占领了武昌，武昌起义胜利了。随后，起义军又占领了汉阳和汉口，革命军在武汉三镇取得胜利。

武昌起义胜利后，由于同盟会主要领导人孙中山、黄兴等均不在武汉，革命党人便推举新军协统黎元洪为都督。湖北军政府成立后，宣布国号为"中华民国"，废除大清年号。同时，号召各地发动起义，共同推翻清朝的统治，建立共和制。

辛亥革命是以孙中山为首的资产阶级革命派领导起义以来第一次取得的胜利，它在中国历史上第一次树起民主共和国的旗帜，是一次完整意义上的资产阶级民主革命。作为反帝反封建的伟大革命，辛亥革命极大地影响了各国的民族解放运动，掀起了各国人民反抗压迫的民族解放热潮。